글로벌 의료마케팅

본 과제(결과물)는 교육과학기술부의 재원으로 한국연구재단의 지원을 받아 수행된 광역경제권 선도산업 인재양성사업의 연구 결과입니다.

글로벌 의료마케팅

김현식 · 윤동훈

小花

머리말

21세기 들어 국경을 넘나들며 보다 나은 의료서비스를 추구하는 소비자가 지속적으로 증가하고 있다. 나아가 국내만이 아니라 해외 의료 소비자를 겨냥하여 그들의 욕구에 맞는 의료서비스를 제공하려는 치열한 경쟁도 격화되고 있다.

이 책은 의료 소비의 글로벌화와 의료산업화 등 급속한 환경 변화 속에서 글로벌 의료서비스 마케터가 현명한 의사결정을 하기 위해 고려해야 할 점들을 사례와 문헌을 토대로 기술하고 있다.

이 책은 4편으로 이루어져 있다.

1편에서는 글로벌 의료서비스의 이해를 도모하기 위해 의료산업화의 현황을 살펴본 후 글로벌 의료마케팅 환경을 정리하고 의료관광산업을 조망하였다.

2편에서는 글로벌 의료마케팅 전략 설계의 일환으로 글로벌 의료소비자 행동을 이해하기 위한 틀을 조망한 후 이를 기반으로 글로벌 의료시장 세분화와 표적시장 선정, 나아가 포지셔닝 방향을 살펴보았다.

3편에서는 글로벌 의료마케팅 믹스 전개 방향을 글로벌 의료서비스 관리, 신서비스 출시, 의료서비스 가격관리, 의료서비스 유통관리, 의료서비스 마케팅 커뮤니케이션(IMC) 관리 등 다양한 맥락에서 조망해 보았다.

4편에서는 글로벌 의료마케팅의 전망과 발전 방향을 모색하기 위해 글로벌 의료마케팅의 고객만족과 윤리를 살펴보고 우리나라 의료마케팅의 전망과 발전 방향을 정리하였다.

정부 정책 및 현장의 정보 해석이 요구되는 1편과 4편은 윤동훈, 마케팅 체계의 접목이 요구되는 2편과 3편(9, 10장 제외)은 김현식이 집필하였다.

현업에 있는 저자와 학교에 있는 저자의 상호 시너지가 발휘되길 기대하고 있으나 바쁜 집필 일정상 여전히 부족한 부분이 눈에 띄는 것이 사실이어서 지속적인 노력을 통해 부족한 부분을 보완해 가야 할 것으로 생각된다.

앞선 마케팅 분야의 저서들과 논문에 힘입어 이 책을 집필할 수 있었는바 혹시라도 이 책에서 의미있는 시사점을 얻는 독자가 있다면 다양한 선행 연구자들의 공로일 것이며 혹시라도 이 책에서 결함이 발견된다면 저자의 탓으로 볼 수 있을 것이다.

목차

제2편 글로벌 의료마케팅 전략 설계

제1편

글로벌 의료서비스의 이해

제1장 의료산업화와 글로벌 시장

도입 사례

동남아시아의 선두적인 의료기관

래플즈병원(Raffles Hospital) · 메이요 클리닉(Mayo Clinic)의 기업적 가치를 예상해 보자.

2000년 초 샴쌍둥이 분리 수술로 유명해진 싱가포르의 래플즈병원은 래플즈 메디컬 그룹(Raffles Medical Group)으로 싱가포르 주식시장에 상장되어 있다. 래플즈병원은 1997년 영리법인으로 상장했으며, 2008년 매출액이 2억 800만 싱가포르달러이다. 원화로 환산하면 1,708억 원(1S$ = 851원)이다.

세계적 의료기관인 메이요 클리닉은 2007년 56억 3,700만 달러의 매출고를 올렸고 순이익으로 2억 9,300만 달러를 기록했다. 원화로 매출액이 7조 3,281억 원(1$ = 1,300원), 순이익은 3,809억 원 규모다.

의료서비스의 시장 규모는 지속적으로 증가하고 있으며, 글로벌 의료서비스 환경을 주도하기 위한 효율적인 의료산업화 사업을 시행하고자 하며, 향후 2010년 의료산업화 관련 법안이 발효가 되면 투자 유치가 활발히 일어날 것으로 예상할 때 전략적 대응을 위해 사전 준비를 해야 할 것이다.

학습 목표

1. 의료산업화를 정의하고, 의료산업화의 중요성에 대해 다룬다.
2. 의료서비스를 고부가가치 산업의 신성장 동력화하기 위한 의료산업화의 범위 및 세부 내용을 알아본다.
3. 글로벌 의료시장 동향과 의료산업화 선진 국가의 사례에 대해 살펴본다.

1. 의료산업화의 정의

최근 정부는 의료서비스를 공공재의 영역에서 산업재의 영역으로 새롭게 해석하여 차세대 성장 동력으로 육성하고 의료서비스의 산업화를 통하여 의료서비스의 질적 향상과 관련 산업의 발전, 수출을 통한 국부 창출 등을 포괄하는 개념으로 정책을 추진하고 있다.

의료산업화란 고부가가치, 기술·지식 집약적인 의료서비스를 차세대 국가 성장 동력화하기 위해 의료서비스를 공공재의 영역에서 산업재의 영역으로 새롭게 해석하고 생산재 부문(의약품, 의료 기기 등)과 의료서비스 부문을 집중 육성하여 경제 발전에 기여하고 고용을 창출하며, 아울러 경쟁을 통한 의료의 질 향상으로 고급화된 소비자의 의료 욕구를 충족시켜 가는 과정이다.

부가가치가 높은 의약품, 의료 기기, 의료서비스 부문을 세계 시장에 개방하기 위하여 의약품 산업, 의료 기기 산업의 산업 경쟁력 강화와 의료서비스 부문의 금융 자본 진입으로 구분하여 정부의 의료서비스 산업화 정책을 추진하고 있으며 이를 통한 의료산업 전반에 걸쳐 경쟁력을 확보하고 경쟁력을 키워 나가고 있다. 의료산업화 영역은 의료서비스와 같은 3차 산업뿐 아니라, 제약과 의료 기기의 개발과 생산이라는 2차 산업도 포함되어 추진되고 있다.

의료서비스 산업은 국민 건강을 보호하고 증진하는 등 공공재의 성격을 가지며, 각 국가별로도 독자적인 체계를 구성하여 운영된다는 특징이 있다. 국가별로 적용하고 있는 무역 환경 및 의료 체계의 상이성과 의료인 등의 양성, 수급 체계 및 면허, 인증 체계 등의 제도적 차이성으로 인해 단기간에 의료서비스 산업을 수출하거나 이에 투자하는 것이 어렵다. 국가별로 국민 건강과 직결되는 사안은 쉽게 허용하거나 개방할 수 없는 공공재 사안이므로 의료서비스는 다양한 사회 환경과 상황을 고려한 접근이 필요한 분야이다.

의료의 산업화는 의료의 국제적 수준이 선행되어야 한다. 이를 위해서는 한국인(국내 거주)이 아닌 국외·국내 거주하는 외국인 환자가 병원 또는 관련 의료시설에서 적절한 의료서비스를 받을 수 있도록 병원의 제반 인적, 물적 자원은 물론 관련 업무 시스템을 국제 인증의 수준으로 재정비, 보완하여 수용 능력을 확보하는 병원의 국제화(Hospital Globalization)가 달성되어야 할 것이며, 이 책에서는 의료산업화를 의료서비스 산업화에 초점을 맞춰 사용하기로 한다.

2. 의료산업화의 중요성

의료산업화의 주된 내용인 의료서비스 산업화는 매우 광범위하고 전 방위적으로 그 중요성은 국내 건강보험의 악성적인 문제를 해결하고 국익(國益) 창출과 국민 일자리 창출 등의 경제적 효과를 달성하고자 하는 새로운 정책이라는 점에서 중요한 의미가 있다. 특히 생명공학, 신약, 첨단 의료 기기 등의 미래 유망 기술이 향후 기술 특화로 이어져 고부가가치 산업으로 활성화될 것으로 전망하고 있다.

또한 의료서비스 산업은 국제화(Globalization)와 현지화(Localization)에 기초한 무역 시장의 개방과 변화에 민감하게 반응하고 있다. WTO DDA 협상(최혜국 대우, 내국민 대우, 시장접근)을 통한 국가 간 무역 진입 완화 · 제거하는 노력에 따라 의료산업화 시장에 있어서도 원격 진료, 외국 자본 투자 허용, 외국 의료 인력 면허 인정 등에 관한 양자간(또는 다자간) 협상이 진행되는 등 Glocalization(국제화 + 현지화)에 적극적으로 대응하는 노력이 진행되고 있다.

국제적 수준의 차별화된 고급 의료와 이를 제공하는 최고 수준의 병원이 필요하다는 점이 강조되고 있으며, 이는 의료시장의 개방은 필연적이라는 점을 인식하고 영리법인의 필요성, 중요성을 인지하고 일정 부분 민간 의료보험의 역할 또한 인정해야 할 것이다. 여기에 따른 병원 경쟁력의 핵심은 고객 만족과 의료의 질, 효율적 경영에 있고 병원들은 경쟁력을 향상시키는 것이 의료산업화의 가장 중요한 요소일 것이다.

의료산업이 발전하면 BT(생명공학 기술) · HT(인간공학 기술) · IT(정보 기술) · NT(나노기술) 등의 미래형 산업을 선도할 수 있기 때문에 정부에서는 의료산업을 국가 전략산업으로 삼고 돈이 들어오게 하고 일자리도 만들어 내고 고급수요를 충족시키는 서비스 산업으로의 육성 의지를 밝힌 바 있다. 그러나 의료서비스 정책은 산업정책과 사회정책이 맞부딪치는 영역으로 대부분의 국민이 의료서비스를 큰 부담 없이 이용할 수 있게 하는 사회정책적 목표와 부가가치와 일자리 창출을 목표로 하는 산업정책적 목표를 동시에 추구해야 하며 이 목표는 모두 국민들의 후생 증진을 위해 중요성이 인정되는 정책인 만큼, 의료산업화가 가져올 긍정적이고 부정적 영향 모두를 냉정하게 평가하고 비교해야 할 것이다.

의료산업화의 중요성과 긍정적, 부정적 영향 모두를 고려한 국제경쟁력을 바탕으로 글로벌 의료마케팅을 전개해 가는 것 또한 의료산업화의 중요한 요소가 될 것이다

3. 의료산업화의 범위

의료서비스를 고부가가치 산업의 신성장 동력화하기 위한 구체적인 내용은 아래와 같다.

1) 의료기관 영리법인화

의료기관 영리법인화라는 것은 관련법(의료법)을 개정하거나, 특별법(제주특별자치도) 등을 통해 영리법인이나 개인이 의료기관 운영에 참여할 수 있게 만든다는 것이다.

투자 자본 부족으로 인한 시설이나 인력의 부족한 부분에 대해 질적 향상을 기대할 수 있다. 이는 의료산업화의 주요한 부분으로서 질적인 향상이 곧 경쟁력 강화가 되어 실질적인 수입이 증가할 수 있을 것으로 기대한다.

그러나 영리법인과 비영리법인은 기본적인 경영 철학이 다르다. 영리법인은 수익의 극대화가 주목적이고 비영리법인은 수익을 분배하지 않고 법인에 재투자하는 방식으로 운영된다.

영리법인은 외부 자금(주식 발행 등)으로 병원의 시설을 확충하고 인력의 질을 향상시켜 운영을 하겠지만 보험 급여는 제한되어 있으므로 수익 창출을 고려한 고액 입원실, 수익 위주의 진료 과목 개설 등 의료의 양극화를 초래할 수 있고 기대 수익이 나지 않을 경우 경비를 줄이기 위해 오히려 질적인 저하가 올 수도 있다.

고객 만족 부분에서도 수입을 고려한 고객 중심으로 실천 전략을 수립하여 비용 절감과 효율성을 고려한 병원 운영이 예상된다.

국내에서는 특별자치도인 제주도에서 먼저 시도하였으며 성공을 위해 노력 중이다. 정부에서도 제주도가 국제자유도시와 동북아 관광 허브 기능을 할 수 있도록 의료 분야에 대한 투자형 개방 병원을 건강보험 당연 지정제 유지, 비영리법인의 투자 개방형 의료법인 전환 금지, 법인 허가제 및 보건복지부 사전 승인 절차, 병원급 이상 설립 허용, 보험회사 및 제약업체의 투자 개방형 의료법인 설립 및 지분 참여 금지 등의 조건을 부여한 투자형 영리의료법인을 추진으로 향후 도내 전체적인 의료서비스 질 향상 및 의료와 관광, 의료와 휴양의 접목으로 의료관광객 유치 노력에도 큰 도움이 될 것으로 예상하는 입장이기에 가시적인 변화가 나타날 수도 있을 것이다.

2) 건강보험 당연 지정제 폐지

건강보험 당연 지정제는 모든 병원과 의원 등의 요양 기관은 정당한 사유 없이 건강보험 적용을 거절할 수 없고 가입자에게 의료서비스를 제공해야 하는 제도를 건강보험 당연 지정제라고 한다.

건강보험법 제40조의 규정에 의한 건강보험 당연 지정제는 본래 낮은 진료 수가를 이유로 의료보험의 적용을 기피하는 의료기관을 규제하기 위한 방안으로 마련되었다. 건강보험에 가입한 모든 국민들은 어떤 의료기관에서 진료를 받더라도 건강보험의 혜택을 누릴 수 있도록 하는 제도이다.

그러나 갈수록 늘어나는 건강보험의 재정 부담은, 작은 정부를 지향하는 정부 입장에 부담이 되고 보험료 인상도 국민적 지지를 얻기는 더 더욱 어려운 상황이기 때문에 당연 지정제를 폐지하고 민간 의료보험을 도입함으로써 건강보험 재정의 안정화를 이루려 하지만 영리 의료법인의 허용 시 다시 뜨거운 쟁점이 될 가능성이 있다.

[그림 1-1] 마이클 무어 감독의 영화 〈식코〉

3) 의료서비스 규제 완화

의료서비스의 질적 향상과 다양화를 위해 영리 의료법인 도입 검토, 의료 분야 투자 확대와 다양한 의료서비스 확충을 위한 민간 의료보험 활성화 추진(상품 표준화, 공사보험 정보 공유 등의 제도 개선 추진), 외국인 환자에 대한 유인 알선 허용(의료법 개정) 등의 제도 개선 추진, 타깃 국가별 의료관광상품 개발 및 홍보, 해외 환자에게 one-stop 서비스를 제공하기 위한 의료 코디네이터 양성과 인프라 구축, 의료인의 다문화 이해와 언어 능력 배양을 위한 국제 아카데미 운영 등이 있다.

보건복지부와 법무부는 2009년 5월 11일부터 해외 환자들을 위한 메디컬 비자를 신설 운영한다. 새로 도입된 비자는 기존의 단기 종합(C3 · 90일), 일반(G1 · 1년) 비자에 치료 목적의 입국을 의미하는 메디컬(M) 표기를 더해 C3(M), G1(M)으로 표기된다. 성형을 비롯한 미용 치료 등 간단한 진료에는 단기, 뇌졸중 등 장기 치료와 재활을 요하는 경우라면 1년짜리 비자를 발급받으면 된다.

외국인이 메디컬 비자를 받으려면 해당 국가의 진료 기록, 국내에서 치료비를 낼 수 있다는 재산 증명, 국내 병원의 예약 확인증 등을 제출하면 된다. 발급은 한국보건산업진흥원에 외국인 환자 유치를 위해 등록한 기관 가운데 법무부에서 비자업무 대행 허가를 받은 곳이 할 수 있다.

의료계에서는 그동안 "해외 환자들이 치료를 위해 우리나라를 찾을 때 비자 발급에 시간이 오래 걸려 치료 시기를 놓칠 수 있다"며 관련 제도를 개선해 줄 것을 지속적으로 요구해왔다. 이에 따라 정부는 이미 지난 2006년 무사증으로 입국한 외국인 환자 및 가족 무사증 장기 체류 허용 지침을 시행, 1회 최대 4년 범위 내에서 탄력적으로 부여하는 기타 자격(G-1) 체류 자격 변경을 허가했다.

한국관광공사 자료에 따르면 의료를 목적으로 입국한 외국인 수가 2008년 25,000명으로 2007년 16,000명에 비해 56%나 증가했다고 한다.

관광공사 측은 증가 이유에 대해 환율과 함께 정부와 각 지자체의 활발한 환자 유치 계획에 따른 것으로 보고 있다.

정부에서는 이 같은 의료관광 사업의 잠재력을 매우 높게 사 지속적인 환자 유치 지원에 나섰고 2009년 외국인에 한해 환자 유인 알선을 전담하는 의료관광 알선업을 공식 허용하였고 국가 간 통상 문제를 해결할 수 있도록 지속적으로 의료서비스 규제를 완화하고 있다.

4) 글로벌 시장 현황

글로벌 의료마케팅(의료관광) 시장의 성장은 의료관광시장 규모 15.54%(2005년 vs 2007년), 의료관광객 수 16.50%(2005년 vs 2007년)로 매우 크게 증가하고 있으며, 미국인의 3%가 이미 의료관광을 경험하였고, 2010년 6백만 명의 미국인이 해외로 의료관광을 위해 출국할 것으로 추정하고 있다.

전략적 의료마케팅 대상국인 일본, 미국, 중국 중 일본은 건강 수준과, 건강 보험, 일반 의료기관의 수준은 높은 것으로 인식되고 있다. 그러나 일본 건강보험제도의 특성상 해외여행 · 체류 중 발생한 질병에 대해서 현지에서의 의료 이용을 보장하는 해외 진료비 상환 제도(해외 요양비 제도)가 있어 해외 의료서비스를 이용하려는 고객이 증가하고 있다.

일본 · 미국 · 중국 고객은 우리나라에 대한 여행 정보 수집 경로로 인터넷을 활용하는 비율이 증가하고 있으며, 인터넷 이외에 호기심, 지인 추천, 여행사, 서적을 통해 여행 정보를 수집하고 있다.

일본 고객은 미국 · 중국 고객에 비해 우리나라를 재방문하는 비율이 비교적 높으나, 미국 · 중국 고객은 재방문율을 제고할 수 있는 대안 개발이 필요한 실정이다. 일본 고객의 경우, 저렴한 경비와 가까운 거리가 주요한 재방문 요인으로 일본 고객 1인당 여행비는 미국 · 중국 고객에 비해 낮은 편이어서 여행비에 걸맞은 다양한 여행 상품의 개발이 필요하다.

미국 · 중국 고객 고객은 우리나라를 방문하는 주요 목적으로 사업 · 전문 활동, 여가, 휴가 위락을 위해 오는 경우로서 관광, 오락, 비즈니스 관련 활동이 주를 이루고 있어서 의료서비스 활성화를 위해선 비즈니스 또는 관광 · 치료 관련 활동이 연계된 하나의 패키지 상품의 제공이 필요하다

일본, 미국, 중국 고객이 가장 많이 방문한 지역은 서울로서 다양한 관광지에 대한 홍보 또는 개발이 요구되며, 주요 불편 사항은 언어와 관련된 것으로 이를 개선하기 위한 적절한 인력 배치를 통한 안내소 운영을 활발히 할 필요가 있다.

전략적 타깃 국가인 일본, 미국, 중국에 대해서 국가별 의료 체계, 경제 · 건강 수준, 우리나라의 특정 의료서비스에 대한 수용도를 파악하여 우리나라 의료서비스에 대한 해외 수요를 이해할 필요가 있다. 또한 고객의 불편 사항을 최소화하고 다양한 의료서비스 상품을 개발 · 제공하여 우리나라를 방문하는 의료서비스 이용자의 만족도를 높임으로써 우리나라를 지속적으로 방문하는 수요를 창출할 수 있을 것이다.

아울러 각국 고객의 의료서비스 해외 소비 현황, 보건 의료 체계, 특성, 지불 방식과 더불어 우리나라 의료기관의 특정 의료서비스에 대한 수용도 조사 · 분석 또한 이루어져야 할 것이다.

국제적으로는 의료서비스를 산업화하여 차세대 성장 동력 산업으로 육성하고자 하는 노력이 현재 진행 중에 있는데, 특히 싱가포르, 중국 등은 국제적 의료 허브(Hub) 구축을 표방하여 다양한 노력을 기울이고 있으며, 태국, 인도, 아랍에미리트 등은 자국 내 의료 수준을 향상시키고, 주변 국가에서 환자를 유치하여 국내 산업을 활성화하고자 하는 노력을 경주하고 있다.

각국은 이러한 의료서비스 산업의 현재 지향점으로 주로 치료 위주 산업화를 추구하고 있다. 싱가포르의 경우에는 의료서비스 산업을 국가 성장 엔진으로 선택하여, 임상 분야에서 최고화 추구 및 외국 환자 유치를 목표로 하여 의료서비스 산업의 활성화에 적극적인 투자와 관심을 보이고 있다. 미국의 경우에는 국가 주도보다는 민간 차원의 일류 병원(MD 앤더슨, 존스 홉킨스, 메이요 등)을 중심으로 외국인 환자를 유치하기 위해 국제 의료 센터를 운영하고 있으며, 이곳을 이용하는 외국인의 편의를 위해 외국어 통역 서비스, 환자 가족 거주 안내 등의 편의를 제공하고 있다.

또한 미국, 프랑스, 이스라엘, 태국, 쿠바 등의 국가에서는 보건관광사업에 대해 관심을 두고 관광자원(휴양)과 의료서비스를 결합하여 부가가치를 창출하고자 하는 노력을 경주하고 있어 세계 의료관광 경쟁이 심화되고 있는 실정이며 국가로는 스웨덴, 헝가리, 독일, 인도, 태국, 싱가포르, 말레이시아, 브라질 등이 있다.

(1) 해외 의료관광 사례

① 필리핀

■ **Cebu Doctor's University Hospital**

- 2008년 한 달에 약 10만 명의 의료관광객을 유치, 현재는 한 달에 100만 명 유치 목표를 추진 중이다.
- 의료관광 개발을 위해 호텔, 여행사, 스파시설과 협약을 맺고 의료관광 패키지 상품을 제공하고 있다.

■ **The Farm at San Benito**

- 히포크라테스의 헬스 리조트로서 건강과 웰빙을 위한 아시아 최초의 건강 리조트(교통신문, 2004)
- 우수한 의료기술과 자연환경을 바탕으로 필리핀식 메디컬스파의 원형을 만듦
- 전문 의료진에게 건강 검진을 받고 이에 맞는 스파와 마사지 등 20여 개의 프로그램 제공
- 5가지 종류의 숙박시설, 레스토랑, 스파시설, 천연 정원 등이 있다.

② 인도

■ **Apollo Hospital Group**

- 아폴로 그룹의 병원은 18개의 병원으로 구성되어 있음
- 인도 10개의 JCI 인증 병원 중 아폴로병원이 4곳을 차지함
- 아폴로병원 중 델리에 위치한 병원은 매년 20만 명을 치료하며 이중 12,000명 정도가 외국인임
- 외국 환자 대부분은 미국, 영국, 유럽, 호주, 아프리카인이다.

■ **Ananda Spa Resort**

- 홀리스틱 웰니스 철학을 중심으로 전인적인 치유 활동 제공
- 아유르베다 또는 현대 의학 방식으로 신체, 정신 건강을 검진
- 검진 후 철저히 개인별 맞춤 프로그램 제공

- 아유르베다, 요가, 명상, 해독 등을 이용한 치료 요법을 제공
- 5가지 종류의 숙박시설, 정원, 골프시설 등이 있다.

③ 독일

■ **Sonnenberg-klinik**

- 독일, 유럽 지역의 대표적인 국립의료원
- 자연적 치료 요법을 도입한 재활 치료와 요양 전문 클리닉
- 암 전문 치료와 재활 치료인 식단, 마사지, 온천, 운동 병행
- 4가지의 대체 요법 치료법 제공
  : 영적 치료 - 명상 요법, 그림 요법, 음악 치료
  : 육적 치료 - 침, 부황
  : 생약 치료 - 동종 요법
  : 건강 요리법 - 환자의 건강에 따라 요리를 직접 만들어서 섭생하게 하는 프로그램

■ **Bad Worishofen**

- 건강을 테마로 매년 100만 명 이상의 관광객을 유치하는 독일의 대표적인 산촌 마을
- 기후 요법과 지형 요법을 이용한 건강증진 요법이 발달되었음
- 냉수욕에 초점을 맞춘 물 요법을 사용하는 크나이프 요법의 발상지로서 만성 관절 류머티즘 고령자가 많이 방문함
- 숙박시설, 의료기관, 방문자 센터, 식당, 치유 정원, 산책 코스
- 환자의 건강 상태 및 질병 종류에 따라 노르딕 워킹 및 냉수욕 등의 개인 맞춤형 프로그램 제공

④ 태국

■ **Bumrungrad International Hospital**

- 연간 154개국에서 30만 명의 외국인들이 찾고 있음
- 총 병원 직원 2,000명 중 의사는 700명, 이중 1/3 이상이 미국 의사 자격증을 소지함
- 외국인 환자 유치를 위해 전 세계 8개국에 지역 사무실을 운영
- 병원 구내 74실의 별관 숙소와 아파트형 호텔을 직영하고 있음
- 여행사와 제휴를 맺고 외국인 환자를 유치하고 있음

■ **Chiva-som Resort**

- 세계 100대 Best-Best에서 5번째로 최고의 스파로 선정됨
  (Conde Nast Traveler Magazine, 2004)

- 상담을 거친 후 고객에게 맞는 트리트먼트를 선택할 수 있으며, 고객에 따라 추천되는 패키지는 Foundation, Discovery, Transformation 3종류임
- 리조트에 간호사, 의사, 물리치료사, 치료 전문가 등 전문 인력이 관광객을 보살핌
- 57개의 태국 스타일 숙박시설, 레스토랑, 도서관, 수영장

토의 문제

1. 오늘날의 글로벌 의료산업화 시장의 경쟁을 심화시키는 데 기여하는 요인은 무엇인가?
2. 의료산업화의 범위에는 어떤 사항들이 있으며, 각각의 요소들이 산업화에 미치는 영향력은 무엇인가?
3. 글로벌 의료산업화 시장성을 국가별로 비교 설명하라.

참고문헌

신재기, 유명희, 2009, 『의료관광마케팅』, 한올출판사,

류상직, 2009, 구글웹뉴스.

유지윤, 2009, 「한중 연해지역 관광교류 협력방안」.

Asian Medical Tourism Analysis, 2008.

제2장 글로벌 의료마케팅 환경

도입 사례

급속한 환경 변화 속에서 생존 전략을 찾는 국내 병원 산업이, 환자를 치료해야 할 병원이 구급차 신세를 지게 될 것이다. 병원 산업에 위기가 닥쳤다는 신호는 여기저기서 들려온다. 중소 병원들의 도산율이 10%를 웃돌고, 종합병원들도 만성 적자에 허덕이고 있다. 여기에 지난해 하반기부터 급증하기 시작한 병상 공급이 올해 들어 절정에 달할 것이라는 예상과 기준 병실 확보 비율을 상향 조정한다는 정책 등 향후 전망을 더욱 어둡게 한다. 대한병원협회에 따르면 종합병원과 의원을 합쳐 올해 2만 개 이상의 병상이 추가로 공급될 전망이다. 이에 따라 병원들은 환자를 고객으로 모시는 의식 전환을 비롯한 다양한 차별적 전략을 들고 나오고 있다. 다양한 수익 사업을 펼치기도 하고, 병원 프랜차이즈 확대와 병원 지주회사 설립도 모색하고 있다.

병원 산업의 1차 위기는 의약 분업이 실시됐던 2000년에 있었고, 당시 많은 개인 의원들이 문을 닫았다. 2차 위기는 올해부터 시작되고 있다. 향후 2~3년 안으로 대규모 M & A가 불가피하고 대형 종합병원들도 구조 조정의 대상이 될 것으로 전망된다.

학습 목표

1. 글로벌 의료마케팅의 거시적, 미시적 환경 분석에 대해 다룬다.
2. 거시적 환경 분석과 미시적 환경 분석의 세부 내용을 알아본다.
3. 한국 글로벌 의료마케팅의 환경 분석을 살펴본다.

1. 글로벌 의료마케팅 환경 분석

글로벌 무한경쟁 의료시장에서 우리는 의료시장 개방의 압력을 피부로 느끼고 있다. 의료시장의 개방은, 교육 시장의 개방과 함께 현재 우리나라의 가장 중요한 이슈가 되고 있다.

막대한 고용 창출과 경제 발전 효과를 거둘 수 있다는 전망이 대두되면서, 의료산업화에 대한 정부의 조치를 재촉하고 있는 것이다.

현대 산업 사회가 다양화, 글로벌화되면서 비약적인 발전을 거듭하고 있으며 이는 서비스 산업 부문에서 더욱 두드러지고 있다. 그리고 이러한 발전의 과정에는 의료계도 포함되어 있으며 의료 기술이 발전되고 의료계가 맡아야 할 범위가 확장되면서 병원의 규모가 대형화되어 공공성의 의료에 대한 수요와 공급 체계에서 글로벌 의료마케팅을 도입할 수밖에 없는 현실이다.

의료마케팅의 특징은 상충 관계인 공공적인 면과 상업적인 면이 조화롭게 유지해야 하는 어려움이 있으며 윤리적인 치료철학이 뒷받침되어야 한다. 병원 경영 원칙이나 치료 원칙이 분명해야 고객에게서 의료서비스의 가치를 인정받게 된다. 그리고 고객 만족을 위해 행하는 모든 요소가 마케팅인 특징이 있다. 이를 위해 고객을 세부 고객으로 분류하여 고객에 대한 이해와 마케팅을 해야 하는 매우 어려운 특징이 있다.

이러한 의료마케팅의 어려운 특징을 잘 이해하기 위하여 우선 글로벌 의료마케팅 환경에 대한 분석을 살펴보기로 한다.

마케팅 환경(marketing environment)이란 기업의 마케팅 목표 달성에 영향을 미치는 기업 내 · 외부 요인들의 집합을 의미한다. 마케팅 활동에서 환경이 중요한 이유는 환경 변화가 위협 요인으로 작용하여 마케팅 목표의 달성에 영향을 미치기 때문이다.

1) 거시적 환경

거시적 환경(macro environment)이란 정치적 · 법률적 · 경제적 · 인구적 변화 등과 같이 기업이 속한 산업의 밖에서 발생하여 마케팅 활동에 영향을 미치는 요인들로 대개 장기간에 걸쳐 발생하고 기업에 영향을 미치게 된다.

의료서비스 산업화는 미래 신성장 동력 산업으로 많은 관심을 받으며 육성되고 있다. 태국 · 싱가포르 · 인도와 같은 개발도상국에서는 국가 경제의 중요한 부분으로 급속히 성장하고 있으며 성공적인 것으로 평가받고 있다. 의료서비스 산업이 많은 관심을 끄는 이유는 선진국 대비 저렴한 치료비가 매력적인 요인이며, 고객에 대한 의료서비스가 비교적 표준화되어 의료사고나 부작용에 대한 불안감이 해소되었다는 점이다. 더욱이 교통의 발달로 국가 간 여행이 편리해지고 선택이 다양해졌으며, 글로벌 시대에 접어들면서 용이해진 환전과 경제 발전에 따른 고소득층의 증가도 의료서비스 산업의 수요가 증가하게 된 이유이다. 의료서비스를 통해 성형 수술, 에스테틱 등 뷰티 시술과 고관절 이식술, 심장 수술과 같은 주요 수술을 받기 위해서 외국으로 나가고 있는데, 이는 자국에 비해 비용이 저렴하기 때문으로 파악되고 있다.

싱가포르는 매년 25만 명 이상의 의료관광객이 방문하고 있으며, JCI(Joint Commission International)의 국제 인증과 항공 노선의 허브(Hub)라는 점을 적극 활용하고 있고, 태국은 매년 100만 명 정도가 의료관광 목적과 병행해서 태국을 방문한다. 2008 한국보건산업진흥원 등의 자료에 따르면 특히 태국은 연간 150만 명의 의료관광객이 찾아 벌어들이는 수익이 1조 원이 넘고, 싱가포르와 인도 등도 3억 달러가 넘을 정도로 의료관광 대국으로 발전했다.

(1) 경제적 환경

국제 의료서비스 마케팅 관리자는 반드시 각국의 경제 상황을 파악해야 한다. 국제 시장으로서의 타깃 국가의 선호도는 그 국가의 의료서비스 경제 구조와 의료 소비 수준 두 가지 요인에 영향을 받는다.

한 국가의 의료서비스 경제 구조는 그 국가의 의료상품과 서비스에 대한 욕구, 소득 수준, 고용 수준 등을 결정짓는다.

두 번째 경제적 환경 요인은 각국의 의료 소비 수준이다. 의료산업화된 국가는 저, 중, 고소득층이 공존하는 반면에 의료 수요의 불균형 국가는 대부분의 가구들이 소득 수준이 매우 낮은 편이다. 또 다른 경우의 국가는 소득 수준이 매우 낮은 저소득층과 소득 수준이 매우 높은 고소득층만이 존재하기도 한다. 많은 고급 의료 브랜드의 마케팅 관리자는 급속히 성장하는 중국 의료 소비자 시장을 공략하기 위해서 발 빠르게 움직이고 있다.

중국의 급격한 경제력 상승은 신흥 백만장자들과 두터운 중산층을 만들어 내고 있다. 또한 고급 의료 브랜드들에 대한 국제적 홍보로 고객을 끌어들임에 따라 많은 중국 고객이 과시적인 소비자로 구성된 의료 쇼핑 시장을 형성했다.

국가와 국가 고유의 경제적 환경은 국제 의료서비스 마케터들이 어느 글로벌 마켓에 어떻게 들어가야 하는지를 결정하는 데 영향을 미칠 것이다.

(2) 정치 · 법률적 환경

국가마다 정치적 · 법률적 환경은 큰 차이가 있다. 특정 국가에서 의료사업을 할 것인지 여부를 결정하기 위해서는 해당 국가의 해외 의료 소비에 대한 요구도, 정부의 관료성, 정치적 안정성, 정부의 통화 규제와 같은 요인을 고려해야 한다.

외국 의료기관에 대해 매우 호의적인 국가가 있는가 하면, 비호의적인 국가도 있다. 정치적 안정성 또한 중요한 문제이다. 기업은 해당 국가의 통화 규제를 고려해야 한다. 의료기관은 그들에게 가치 있는 통화로 이익을 실현하려고 한다. 이상적으로 에이전시, 의료기관들은 자국 통화 또는 혹은 세계적으로 통용되는 통화로 의료 비용을 지불받고자 한다. 그러나 이러한 통화로 의료 비용을 지불할 여건이 안 될 경우도 있음을 유념하는 통화 규제를 고려하여야 한다.

(3) 문화적 환경

각 국가마다 그들 나름의 풍속, 규범, 금기 사항이 있다. 따라서 의료기관은 글로벌 의료서비스 마케팅 프로그램을 수립할 때 각 국가의 문화가 고객(환자)의 반응에 어떻게 영향을 미치는지 검토해야 한다. 그리고 그들의 의료서비스 제공 형태 등이 현지 문화에 어떻게 영향을 미치는지도 알아야 할 것이다.

문화적 차이를 이해하는 의료기관은 국제적으로 의료상품을 포지셔닝할 때 문화적 차이를 강점으로 이용할 수 있다. 따라서 문화적 전통, 선호도, 의료 소비 행동 등을 이해함으로써 의료기관은 황당한 실수를 피할 수 있으며, 비교 문화적(cross-cultural) 기회를 이용할 수도 있게 된다.

2) 미시적 환경

미시적 환경(micro environment)이란 기업이 속한 산업의 주요 구성 요소들을 말하는데, 경쟁자, 소비자, 유통 기관, 원재료 공급 업자, 기업 내부 환경 등과 같이 마케팅의 목표 달성에 직접적인 영향을 미치는 요인들이다.

글로벌 의료마케팅의 환경을 몇 가지로 구분하여 보면, 첫째, 교통의 발달, 둘째, 국제적 네트워크의 발전, 셋째, 국제적 의료서비스 인증 및 품질 확보, 넷째, 의료기관들의 상업화 노력, 다섯째, 에이전시의 활동 등이다.

(1) 교통의 발달

국가 간 이동을 위한 수단과 관련 제도가 간편해지면서 국가 간의 여행이 일반적으로 증가한 것이 첫째 요인이라고 볼 수 있다.

EU의 경우 EU 내 이동은 국내만큼 이동이 용이해졌으며, 동남아 국가들은 의료 비자 발급 등을 통해 관련 제도를 간소화하였다.

또한 2000년 이후 저가 항공사의 출현은 항공비를 대폭 축소시켜 여행비가 국가 간 이동에 장애가 되지 않고 있다.

(2) 국제적 네트워크 발전

IT 네트워크를 통한 각국 간 의료서비스의 가격, 품질의 비교가 쉬워졌다. 의료서비스 고객은 제공되는 서비스의 질과 내용에 대한 검색, 정보 전달, 이용에 더욱 예민해졌다.

반면 글로벌 의료서비스 마케터는 IT를 이용한 온라인 마케팅을 보다 더 쉽게 활용할 수 있게 되었다.

(3) 국제적 의료서비스 인증 및 품질 확보

의료서비스 제공의 시설, 장비, 의료 인력 및 환자 안전 관리 시스템 등의 미국 병원인증제도인 JCI(Joint Commission International)를 취득하여 고객이 자국 수준의 의료서비스를 받을 수 있다는 신뢰를 주고자 노력하고 있다. 또한 미국식 의료 교육을 받은 의료진의 언어 구사는 국제적 의료서비스 제공이 가능하게끔 하는 가장 중요한 문제이다.

ISO 인증 또한 자국보다는 국제적 인증 형태로 진행되고 있다. 미국 ISO 품질 인증을 획득함으로써 JCI와는 다른 형태의 의료서비스 품질에 대한 신뢰를 고객들에게 전달하고 있다.

(4) 의료기관들의 상업화 노력

병원시설, 입원실을 호텔 수준으로 제공하고 공항 픽업 등 외국인의 편의를 극대화시키며, 해외 사무소 설치, 해외 마케팅 에이전시 선정, 해외 광고 등 적극적인 마케팅을 실시하고 있다.

글로벌 의료기관들의 영리법인 경영 방식을 도입하여 의료 수익 극대화를 위한 다양한 수익 창출 활동을 시작하고 있다. 의료는 공공재라는 근본적인 철학은 변함이 없지만, 무한 경쟁시대에 존속하기 위해서는 불가피한 선택이며, 적극적으로 추진되고 있다.

(5) 에이전시의 활동

의사, 간호사, 컨설턴트 등의 인력으로 구성된 전문 에이전시(알선 회사)들이 의료서비스, 관광 정보를 제공하여 해외 치료를 알선하고 있다. 미국 회사인 Medical Tourism International, Global Choice Healthcare, Planet Hospital, IndoUSHealth, Med Retreat과 미국 의료관광 비영리단체인 MTA(Medical Tourism Association) 등이 있다.

에이전시 시장은 급속도로 증가되고 있어 각 국가, 의료기관들은 에이전시의 홍수 속에서 가장 현명한 선택을 하여야만 되는 상황에 직면하고 있다.

3) 경쟁 분석

의료마케팅의 특성은 의료서비스 산업(의료기관)과 제약 산업 · 의료 기기 산업이 상호 작용하면서 진행되고 있는데, 의료서비스의 고부가가치 산업화를 위해 의료관광사업 활성화와 신의료 기술 개발이 민간 주도로 동시에 진행되고 있으며 부가가치가 높은 관광산업과 연계, 진행되고 있다.

의료마케팅 산업인 의료관광산업은 높은 의료서비스 수준, 저렴한 의료 수가, 안전한 의료 환경, 차별화된 관광자원을 이용하여 의료산업의 성장 가능성, 세계적 치료 기술, 저렴한 의료비 및 국제적 이동 시간이라는 장점의 비교 우위를 가지는 특성이다.

강점을 가지고 있는 치료 분야를 특화하고 지역의 관광지 연계 등을 통해 해외 환자를 유치하며 관련 산업으로의 확대에 따라 웰빙, 요양, 스파, M.I.C.E 융합 등의 패키지 상품과 비급여 서비스 상품 중심으로 관련 산업 간 융 · 복합된 다변화된 의료서비스가 출현되고 있다.

글로벌 의료마케팅은 일반 제품 마케팅과는 달리 몇 가지 제한 사항이 있다. 첫째, 전문적인 의료마케팅 관리가 의료서비스 부문에서는 아직까지 생소한 편이기 때문에 의료마케팅에 대한 정의를 단순히 광고나 대중 관계 정도로만 여기고 있어 용어의 정의조차 아직은 불분명한 상태이다. 그래서 의료서비스 영역에 의료마케팅, 글로벌 의료마케팅 개념을 채택하여 광범위하게 마케팅 관리를 수행하려면 앞으로 많은 노력이 필요하다. 둘째, 의료서비스 부문에서는 글로벌 의료마케팅 기술이 그 가치를 인정받지 못하고 있다. 의료서비스 조직에서는 의료마케팅에 대해 비중을 크게 두지 않고 의료마케팅 관리자의 견해를 가치 있게 인정하지 않는 경향이 있는데, 의료마케팅 관리자에게 힘을 실어 주지 않는 한 의료마케팅은 성공하기 어렵게 된다. 셋째, 조직 구조의 차이이다. 서비스 산업에서는 서비스의 질을 높은 수준으로 일관성 있게 전달하여 고객 만족을 달성시키기 위해서는 마케팅과 조직의 운영을 통합하는 조직 구조로 조정하는 노력을 해야 한다. 넷째, 경쟁 성과에 대한 자료가 제한되어 있다는 것이다. 일반 제품인 경우는 각 상표들에 대해 각종 자료가 축적되어 있어서 활용이 가능하나, 대부분의 의료서비스 경우에는 마케팅 결과에 대한 자료나 서비스 관리자에 대한 구체적인 자료를 획득하기 어렵다. 다섯 번째로, 의료 수가에 대한 비용을 결정하는 데 있어서 의료기관은 의료상품에 대한 고정 비용과 운영 비용을 결정하기가 더 어렵다. 다양한 의료서비스가 같은 조직에서 동시에 제공될 경우 의료서비스의 단위당 평균 생산 비용을 모르면 제공 수가를 결정하기가 어렵기 때문이다.

위에서 본 바와 같이 마케터는 다양한 환경 요인 중 현재 수행 중인 마케팅 업무와 관련된 요인들을 찾아내고, 이에 대한 지속적인 추적과 대응 방안을 모색하도록 하여야 할 것이다. '마케팅을 하는 것'이 중요한 것이 아니라 '마케팅을 어떻게 하는 것'이 중요하다.

■ 국제 의료마케팅 실무 사례

① 싱가포르 의료관광

온라인 마케팅: 홈페이지 중심으로

* Homepage
- 인트로 페이지로 싱가포르 의료 소식, 행사 소개, 다른 페이지로 이동

* World-class Healthcare
- 싱가포르 의료서비스를 선택하는지에 대한 설명
- 싱가포르 의료기관을 이용한 해외 환자의 소감 소개 이를 통해 신뢰도 제고

* Healthcare Services Listing
- 해외 환자를 위한 국제 센터 소개 및 각 의료기관의 국제 센터 링크 서비스 제공
- 의료기관을 민간과 공공 의료기관을 구분하여 각 의료기관 홈페이지로 링크 서비스 제공

* News
- 싱가포르 의료서비스, 의료관광 및 해외 환자 유치 관련 소식 제공(언론 보도, 기사 등)

* Events
- 싱가포르에서 개최되는 의료 관련 행사 소식 제공

* Visitor Information
- 방문 관련 일련의 정보 제공(교통, 숙박, 비자, 도착 및 출발 등)
- 관광 관련 일련의 정보 제공(테마별로 구분하여 간단한 소개와 함께 자세한 정보를

제공하는 공간으로 관련 정보를 제공하는 타 인터넷 사이트로의 링크 서비스를 함께 제공)

– Map 서비스 제공: 도시 지역별 의료기관 지도를 제공

* Feedback/ Survey/ FAQ

– 홈페이지 관련 개선 사항에 대한 의견 수렴

– 싱가포르 의료 이용 및 이용 의사 관련 조사 결과를 수록하여 다른 해외 환자에게 싱가포르 의료에 대한 신뢰도를 제공

– 자주 하는 질문 내용을 수록하여 간단한 정보를 제공

② 말레이시아 의료관광

온라인 마케팅: 홈페이지 중심으로

구축된 홈페이지를 통해 외국인의 말레이시아 의료서비스 및 관광에 대한 모든 요구의 단일 창구 역할을 담당하고 있다.

온라인을 통하여 치료와 관광에 대한 정보와 상담 업무까지도 담당하며 해외 환자를 대상으로 말레이시아의 의료기관 및 의료진에 대한 신뢰할 만한 정보 제공 및 해외 환자가 이용할 수 있는 최적의 의료기관을 선택할 수 있도록 도와준다. 또한 해외 환자가 휴양을 함께 요구할 경우 숙박 및 기타 요청 사항에 대한 옵션을 제공하고 있다.

메신저 기능을 도입하여 상담원과 메신저를 통한 실시간 문의가 가능하다.

* About Us

– www. malaysiahe althcare.com에서 제공하는 서비스 및 말레이사의 의료서비스를 선택하는 이용에 대한 소개

* Service

– 치료 계획, 여행 계획, 도착, 사후 관리에 관련 일련의 과정을 설명

* Treatment & Holiday

– 치료와 휴양이 연계된 상품 검색(상품 내용 및 가격 서비스 제공, 휴양지 사진 게재, 상세 정보도 링크 서비스로 제공받을 수 있음)

* Treatment Sector

– 원하는 치료 분야 서비스에 대한 정보 제공(휴양과 연계된 패키지 상품이 아님)

* Medical Services

– 10개 의료서비스 분야에 대한 의료기관 및 의사에 대한 정보 제공

* Success Stories
  - 외국 이용자의 성공 스토리 게재
* Talk to Me: yahoo, google, skype, msn 메신저 및 온라인 전화 서비스 활용을 통한 실시간 상담 서비스 제공

말레이시아 민간병원연합(APHM: Association of Private Hospital of Malaysia) 주도로 해외 환자 유치를 위한 프로모션 및 홍보 활동을 전개

③ 태국 의료관광

태국 정부는 태국관광청 주도로 의료관광 관련 홍보 활동을 전개하고 있다. 태국 의료관광 관련 영문 책자가 각 태국관광청 해외사무소에 비치되어 있으며 현지어로 제작된 간단한 소식지가 비치되어 있다. 책자 관련 요청이 있을 경우 우편으로 송부해 주는 서비스도 제공한다. 태국 정부는 태국 의료 수준에 대한 대외 신뢰도를 제고하고 태국을 국제 기술 컨퍼런스 센터로 육성하고 태국 의료진의 능력과 실적을 국제 사회에 소개하는 활동을 전개하고 있다.

④ 필리핀 의료관광

필리핀 정부는 싱가포르보다 가격 면에서 경쟁 우위임을 홍보함과 동시에 필리핀의 의료관광의 주요 대상인 인도 및 중동 환자 유치를 위해 다각적인 홍보 및 마케팅 활동을 전개하고 있다.

2. 한국 의료마케팅 환경 분석

1) 외부 환경 분석

(1) 병상의 무차별적 공급 확대

현재 우리나라의 병원 산업은 전반적으로 병상이 공급 과잉된 상태이다. 대한병원협회의 자료에 따르면 2002년 기준으로 병원급 이상 급성 병상 수요는 14~16만 병상으로 추정되는데 공급량은 18만 병상으로 약 20%가 과잉 공급된 상태이다. 물론 장기 요양 병상 수요는 많이 부족해 장기 요양 대상자들이 급성 병상을 이용함에 따라 의료비 지출이 많아지는 문제가 발생하기도 한다. 이런 공급 초과 상황에서 국내 주요 병원들이 경쟁적으로 병상을 늘리고 있다. 연세대 세브란스병원의 경우 신축 건물에 기존 병상과의 조정을 포함해 1,000병

상이 증설되었고 현재 1,277병상의 삼성서울병원도 700병상을 증설하여 1,900병상을 운영중이며, 서울아산병원은 2,400병상을 운영중이다. 대형 병원들의 몸집 부풀리기 경쟁은 단기적으로 종합 전문 의료기관의 입원 적체 현상을 해소하기 위한 것이다. 대한병원협회 및 중소병원협회에 따르면 2005년 5.9% 수준이던 병원급 이상 의료기관의 도산율이 2007년에는 8.0%로 높아졌다.

(2) 의료시장 개방

지난 1월 내국인도 경제자유구역 내 외국 병원의 개설을 허가하는 경제자유구역법 개정안이 국회에서 통과되었다. 이에 따라 의료시장 개방이 현실화되면서 인천과 부산, 경남 진해, 전남 광양만 등에 설립된 경제자유구역 안에 개설되는 외국 병원에서 일반 환자들이 진료를 받을 수 있게 될 전망이다. 현재 미국 하버드대학병원이나 펜실베이니아대학병원 등의 참여가 추진되고 대기업과 합작 가능성도 검토되고 있다. 이를 통해 소비자는 적잖은 혜택을 볼 수 있지만, 국내 병원들은 타격을 입을 수밖에 없다. 외국 병원들이 국내에 진출하면 막강한 자본력을 동원해 곳곳에 지원까지 만들 것으로 예상할 수 있어 자본력이 취약한 국내 병원들의 타격이 우려되는 상황이다. 현재 국내 의료계에서는 의료시장 개방으로 인한 역차별 논란을 제기하면서 경제특구 내에 국내 병원 진출을 요구하고 있다.

(3) 의료 광고 확대

의료법 개정(포지티브 규제에서 네거티브 규제로 개정) 시행 이후 주요 대형 병원들은 TV 광고를 할 수 있게 되었다. 지금까지는 TV와 라디오 광고가 전면 금지되어 왔고 일간신문 광고도 월 2회까지만 허용됐으나, 개정 이후 무제한 가능하다. 이에 따라 종합병원을 중심으로 한 협진 병원들이 광고를 확대할 가능성이 높고, 프랜차이즈 형태의 병원들도 광고전에 동참할 것으로 예상된다. 의료 광고가 확대될수록 중소 병원들은 더욱 힘들어질 수밖에 없을 것이다.

(4) 실손 의료보험 등장

생명보험회사에서 실손 의료보험을 판매하게 된다. 기존 생명보험은 보장 한도가 정해졌으나, 실손 의료보험은 보장 한도가 없으며, 실손 의료보험을 판매하는 생명보험사는 병원을 선택할 수 있게 된다. 이 과정에서 병원과 생보사 간 파워게임이 벌어질 수 있으며, 협상력을 갖추지 못한 중소형 병원의 경우 새로운 시장에서 소외될 가능성이 높아진다.

이와 같은 급격한 환경 변화 속에서 의사들도 체계적인 환경 분석을 통해 위협과 기회 요인을 분석하고, 병원의 경쟁력을 높이는 다양한 마케팅 전략을 수립하기 위한 노력이 어느 때보다 요구되고 있다.

(5) 기술 · 지식 집약적 산업으로 육성

우수한 의료 인력 자원을 이용한 한국 브랜드의 가치 창출, 제고를 위해 지식 서비스 산업에 대한 가치를 인식하여 적극 지원, 육성되고 있다.

의료법 개정을 통해 외국인 환자를 유치할 수 있는 법적 근거를 마련하였고 외국인 환자를 유치하기 위한 광고 · 홍보 활동이 가능하다.

산업 측면에서는 의료 기술, 특히 글로벌 경쟁력을 갖춘 새로운 의학 기술 또는 첨단 장비를 이용한 의료서비스 기술의 추적은 기술 집약적 의료서비스의 육성, 구조적 측면에서는 지식 산업, 특히 지식 서비스 산업의 육성에 많은 지원이 이루어지고 있다. 핵심 의료서비스 기술에 특화된 핵심 역량(core competence)을 지닌 의료기관으로 운영되도록 지원하고 있으며, 한 차원 높은 미래형 산업 구조로 이행하기 위해 점차 서비스 산업, 특히 지식 서비스 산업의 육성과 관련 의료기관 간의 네트워크화 촉진을 강조하고 있다.

2) 내부 환경 분석

(1) 의료 기술의 경쟁력 확보

암에 대한 전문 치료 장비와 기술 수준이 뛰어나고, 피부과, 성형외과, 치과 서비스 수준이 높으며 한류에 의한 한류 스타 모방 성형 수술 환자 증가, IT 인프라, 지리적 이점, 우수 의료 인력 확보 등이 경쟁력 요소이다.

또한 국제적인 의료서비스 수준인 JCI(Joint Commission International) 인증과 한국형 JCI 제도 도입 등으로 의료 기술의 경쟁력 확보에 노력하고 있다.

(2) 의료서비스의 가격 경쟁력

의료 기술 수준은 세계적 수준으로 평가되고 있으면서 의료 비용은 일부 진료 항목 비교 미국 대비 1/10, 일본 대비 1/5, 싱가포르와 비교해도 1/2 수준으로 저렴하다고 평가되고 있다.

미국의 경우, 영리 병원과 비영리 병원의 의료비를 견줘본 연구 결과, 영리 병원의 의료비가 무려 19% 더 높은 것으로 나타났다. 힘멜스타인(David U. Himmelstein) 교수는 그 이유가 영리 병원이 투자가들에게 더 많은 이익을 남겨 주기 위해서는 '돈이 되는(money-maker)' 특정 진료 영역, 예컨대 심장병과 정형외과에 집중적으로 진출하고 불필요한 고급 기술을 사용하기 때문이라고 설명했다. 사망률 비교에서도 영리 병원은 비영리 병원보다 2% 높게 나타났다고 덧붙였다.

힘멜스타인 교수는 특히 영리 병원의 비효율성은 행정 관리비에서 뚜렷이 나타났다고 밝혔다. 미국의 6,227개 전국 병원을 대상으로 병원별 행정 관리 비용을 살펴보니 영리 병원은 전체의 34.0%, 비영리 병원은 24.5%, 공공 병원은 22.9%로 나타나 영리 병원이 훨씬 더 비효율적인 것으로 나타났다는 것이다.

이와 같은 이유로 한국에서의 의료관광, 즉 해외 환자 유치의 산업화는 영리법인 설립 문제와는 구분되므로 의료서비스 가격 경쟁력은 높다고 말할 수 있다.

(3) 적극적 마케팅

의료기관과 에이전시가 공동으로 의료서비스 상품을 개발하고, 양 · 한방 영역을 융합하는 의료서비스 상품도 개발하였다. 또한 해외 에이전시와의 직접 마케팅(Direct Marketing-M.O. U 체결)도 진행하고 있다.

3) SWOT 분석

〈표 2-1〉 한국 의료관광 SWOT 분석

STRENGTH(강점)	WEAKNESS(약점)
- 외국인 진료센터시설의 고급화 - 협진 (다른 과 진료) 체제의 차별화 - 국제적 수준의 의료진, 전문 진료 코디네이터 운영	- 외국인 진료에 대한 인식 부족 - 외국 환자에 전담인력 부족 - 의료소비자에 대한 정확한 DATA 부족 : 시장조사, 고객 Need 파악 미비 - 한국 의료 홍보(Homepage 포함) 부족 - 체계적 마케팅 전략 미흡
OPPORTUNITY(기회)	**THREAT(위협)**
- 외국인 전용센터 고급 진료 가능 - 외국환자 유치에 대한 국가적 지원 - 국가 차원의 관심 및 지원	- 국제적 경제 불안정 및 질병 발생 대처 - 국제적 경쟁 구도 심화 - 국내 유치 병원 간의 과다한 경쟁구도

자료: 인하대병원 보고서(2010)

토의 문제

1. 글로벌 의료마케팅의 경쟁을 가속화하는 원인은 무엇인가?
2. 의료마케팅의 두 가지 환경 분석에 대한 세부 내용과 각각의 분석 내용을 활용한 마케팅 전략에 대해 논하라.
3. 의료마케팅 SWOT 분석을 이용한 한국의 글로벌 의료마케팅 전략을 수립 설명하라.

참고문헌

신재기, 유명희, 2009, 『의료관광마케팅』, 한올출판사.

안광호, 권익혁, 임병훈, 2008, 『마케팅 관리적 접근』, 학현사.

황여임, 2006, "한국 의료관광시장 확대를 위한 마케팅 전략에 관한 연구: 외국인 관광객 유치중심," 경희대 석사학위 논문.

제3장 의료관광산업

도입 사례

해외 환자를 유치하자는 의료관광은 말은 무성하지만 일부 성형외과 등을 제외하고는 아직 실적은 미미한 편이다. 이런 가운데 지방의 한 병원이 연 80%에 육박하는 해외 환자 증가율을 기록하고 있어 화제다.

부산 수영구의 좋은강안병원에선 도처에서 외국어가 들리고 낯선 문자로 된 안내문이 곳곳에 붙어 있다. 부산에서도 외국인이 많이 사는 수영구에 위치해 있어, 지역 특성상 외국인 환자가 하나 둘 찾아오기 시작했고 전략적으로 외국인 환자 유치에 적극 나서기 시작했다. 현재 국내의 건강보험 시스템으로는 병원의 현상 유지만 가능할 정도지만 외국인 환자에게는 내국인의 2배 수준으로 진료, 치료비를 받을 수 있기 때문에 새로운 장비, 건물, 인건비를 해결하는 부가 수입이 된다. 그렇다고 외국인 환자 유치가 쉬운 것은 아니다. 외국인 환자 한 명 진료에는 1시간 반에서 2시간이 걸린다. 내국인 진료보다 훨씬 긴 시간이다. 통역을 거쳐야 하고 서류도 한국어, 영어, 자국어 등으로 각각 준비해야 하기 때문이다.

정부는 2009년 1월 신성장동력산업종합추진계획을 발표하면서 외국인 환자 유치 숫자를 2013년까지 20만 명으로 늘리겠다고 했다. 또한 5월 1일부터는 외국인 환자에 대한 유치 및 알선 행위가 허용된 상태이다. 이런 가운데 지방 소형 병원이면서도 알차게 외국인 환자를 유치하고 있는 부산 좋은강안병원은 좋은 본보기가 되고 있다.

학습 목표

1. 의료관광산업을 정의하고, 의료관광산업의 구조를 파악한다.
2. 의료관광산업의 경쟁력 분석 내용에 대해 알아본다.
3. 한국 의료관광산업의 시장 동향과 현황에 대해 살펴본다.

1. 의료관광산업의 개념

의료관광산업은 의료산업화의 대표적인 부문으로서 관광과 연계된 의료서비스인 의료관광(Medical Tourism)의 비즈니스화된 총체적인 개념이라고 정의한다. 의료관광은 환자가 진료, 휴양과 관광 활동을 병행하는 것뿐만 아니라 의료 기술이 뛰어나고 가격 경쟁력이 있는 국가에서 진료를 받기 위해 여행하는 것까지 포함하는 것으로 의료관광의 내용이 의료관광산업의 주를 이루므로 또한 중요하다고 할 수 있을 것이다. 의료관광의 내용은 환자가 치료를 위해 자국의 의료 시스템 대신에 해외에 가서 의료서비스를 받는 행위의 비즈니스를 의미한다. 환자들은 관광 및 휴식과 연계된 의료서비스, 중증난치병 치료 또는 저렴한 치료 등 다양한 이유로 해외 의료서비스를 경험하고자 한다. 즉, 가격, 품질 등의 다양한 이유 때문에 교육, 비즈니스와 관련된 해외여행처럼 외국에서 치료서비스를 받는 것이다.

의료관광에 대한 논의는 건강관리를 중심으로 하는 헬스투어리즘과는 구분하여야 한다. 관광지 고유의 특징에 헬스케어 서비스와 관련 부대시설을 이용하여 관광객을 유치하는 관광이 헬스투어리즘으로 정의될 수 있다.

의료서비스의 국제화 개념을 다시 한 번 말하면, 국외·국내 거주하는 외국인을 대상으로 고객이 병원 또는 관련 의료시설에서 적절한 의료서비스를 받을 수 있도록 하는 병원의 제반 인적, 물적 자원은 물론 관련 업무 시스템을 국제 인증의 수준으로 재정비, 보완하여 수용 능력을 확보하는 것이므로 의료관광산업은 의료관광(Medical Tourism) 고객에 대한 국제화 의료서비스를 제공하는 비즈니스 산업이라고 할 수 있다.

의료관광은 해외 의료 고객 유치 방법 중 하나로서, 의료서비스와 관광이 상호 복합된 분야이다. 의료관광은 의료서비스와 휴양, 레저, 문화 활동 등 관광 활동이 결합된 새로운 관광 형태이다. 그러나 실제 의료관광은 의료를 기반으로 하는 치료가 주된 목적이고 이를 관광이라는 형태로 지원하는 비즈니스 모델의 한 방법이라고 해석하는 것이 바람직하다고 할 수 있다. 즉, 의료관광은 의료에 관광을 접목한 것이라고 할 수 있다.

의료관광산업은 관광자원을 매개로 한 의료서비스 기술의 새로운 지식 산업 영역이기 때문에 국제적인 차세대 성장 산업으로 발전할 가능성이 매우 크다.

의료관광은 관광산업의 유형을 다양화하고 의료서비스 경쟁력을 활용하기 위해 발전하였고, 특히 동남아에서는 산업 분야로서 유망하게 되자 국가들이 적극 육성하고 있다. 선진국 대비 저렴한 비용과 선진국 수준의 의료서비스를 갖추고 있는 국가들은 공통적으로 의료 허브를 지향하고 있으며 의료산업을 21세기 국가 전략 산업으로 삼고 특히 외화 획득의 주요 수단으로 활용하고 있다.

의료관광 고객들은 의료 대기 시간, 저렴한 의료비, 해당 국가에 대한 호기심 등으로 아시아 국가를 방문하고 있으며, 다양한 의료서비스 경험을 목적으로 성형 수술, 암 수술 등의 중증 치료도 경험하고 있다. 의료관광은 체험 관광 중 의료를 체험함으로써 자국에서는 경험할 수 없는 특이한 체험 산업으로서, 미래 관광산업을 주도하는 한 분야로 성장할 것이다.

의료관광산업은 외국인 환자를 국내에 유치할 수 있도록 하는 의료법 일부 개정법률안을 통한 합법적인 산업 분야로서 의료 비용뿐만 아니라 숙박, 관광 등과 연계해 부가 수익 창출도 가능하다. 보건복지가족부 조사에 따르면, 해외 환자 1인이 우리나라에서 쓰는 평균 진료비는 374만 원 정도다. 우리나라 환자 1인 평균 진료비인 99만 원의 4배 가까이 된다. 이에 더해 환자와 함께 들어온 보호자 등의 동반자 1인이 관광을 하며 쓰게 되는 비용을 계산하면, 외국인 환자 1인 유치 시 경제적 효과는 697만 원이나 된다.

의료관광산업의 매력은 소액 투자자와 청년, 여성, 자국 내 외국인 노동자들에게 고부가가치 사업의 기회를 준다는 점이다. 우리나라도 기존의 간호사, 통역사, 관광 가이드, 스튜어디스, 홍보, 서비스 업계 청년 인력들이 의료관광 전문가로 '진화(進化)'하기 위해 사설 교육 기관 등에서 의료관광 전문 지식을 습득하고 있다. 그러나 윤리 등 정신적 요소가 빠진 채 사업적으로만 치닫게 되면 환자를 돈으로 보는 현상 등 부작용이 생길 수 있다. 심화되면 국민들에게 혜택을 주고 있는 우리나라의 공공 의료도 타격을 받게 될 수 있으므로 초기에 정부의 합리적이고 세심한 개입과 통제가 필요하다.

다국적 컨설팅 그룹 맥킨지 & 컴퍼니(McKinsey & Company)의 조사에 따르면 2012년 글로벌 헬스케어 시장 규모는 1,000억 달러(약 150조 원) 정도다. 의료관광청을 만들어 의료관광을 집중 육성하고 있는 싱가포르 정부는 2012년 연 100만 명 해외 환자 유치, 30억 달러(약 4조 5천억 원, GDP의 1%) 수입, 관련 일자리 1만 3,000개를 목표로 하고 있다. 인도 정부는 2012년 의료관광 수입이 20억 달러(약 3조 원)에 이를 것으로 예상하고 있다. 우리나라도 해외 환자 유치와 의료관광이 경제를 살리고 일자리를 창출할 것으로 기대하고 있다. 의료관광산업은 국부 창출과 국가 이미지 및 브랜드 가치에 기여할 것으로 확신하고 있다. 장기적으로는 미국을 가장 큰 시장으로 보고 있다. 세계 1위 경제 대국이지만 의료서비스는 취약해 공략하기 좋은 대상이라고 분석한다. 실제로 미국 내부에서도 자국의 건강보험 체계에 대한 불만이 적지 않다. 현재 약 3,500만 명 정도의 미국인이 건강보험에 가입하지 않고 있고, 국민 5~6명 중 한 명이 의료 사각 지대에 놓여 있는 상황이다. 이미 많은 미국인들이 병을 고치거나 예방하기 위해 의료관광을 떠나고 있다. 미국 내 병원에 지불할 진료비 정도면 관광까지 즐길 수 있는 의료관광에 매력을 느끼는 것이다. 최근 미국의 시사경제지 『비즈니스위크』는 '서비스가 좋고 비용이 저렴한 외국 병원을 찾는 미국인들이 급증하는 추세'라며 "2007년 태국 범룽랏병원(Bumrungrad Hospital)에 매년 미국과 유럽 등 전 세계에서 40만 명 정도가 가고 있다"고 보도했다. 범룽랏병원 등 글로벌화를 지향하는 태국 병원들이 참여하고 있는 '태국 메디컬 허브 프로젝트'에는 질병 예방, 테라피, 태국 전통 마사지 등도 포함되어 있다. '광범위한 건강관리 서비스'를 무기로 병이 드러나지 않은 일반인에까지 그 타깃을 확장한 것이다.

글로벌 의료관광 경쟁 시장에서 성공하려면 어떻게 해야 하는가? 첫째, 마케팅적 사고와 실천이 세분화된 해외 시장을 중심으로 이루어질수록 바람직하다. 둘째, 우리 의료기관의 서비스를 무엇으로 어떻게 보이게 하겠는가의 관점에서 사고하고 실천하는 것이 필요하다. 셋째, 개별 서비스에 대한 브랜드 가치 상승을 추구하는 마케팅적 사고와 실천이 필요하다. 넷째, 시대적인 흐름을 고려한 마케팅 접근이어야 한다. 다섯째, 가장 중요한 부분으로 소비자에게 중요한 것은 비용(Cost), 접근성(Access), 질(Quality)이다. 이 다섯 가지를 충분히 만족시킬 수 있다면 의료관광시장에서 성공할 것이다.

만약 의료기관의 여건상 선택과 집중을 해야 한다면, 비용(Cost), 접근성(Access), 질(Quality)에 집중함으로써 좋은 결과를 예측할 수 있을 것이다.

2. 의료관광산업 구조와 경쟁력 분석

1) 의료관광산업의 구조

의료관광은 국외 고객을 대상으로 하기 때문에 고객의 자국 환경과 의료관광 해당 국가 간 환경(의료, 경제적 여건, 각종 제도, 규제 등)에 대한 분석이 필요하다. 첫째는 지역과 대상으로 구분한 국내, 국외 구조로서 산업 구조의 가장 하부 조직에 해당된다. 진료 대기 시간, 진료비, 제공 의료서비스의 질 등이 목적 변수로서 작용된다. 둘째는 예약 주체를 대상으로 본인, 에이전시로 구분되며 이는 국가 및 도시, 민간과 정부 등의 포괄적 에이전시 조직들로 구성되며, 인프라 구축 정도, 인센티브 정도 등이 변수로 작용된다. 셋째로 방문 목적 대상에 따라 비즈니스, 관광, 중증 치료 등으로 구분되며 코디네이터 역할이 변수로 작용된다. 네 번째는 실시 기관 대상에 의해 의료기관, 관광 등으로 구분되며 서비스의 원활한 수행 등이 변수로 작용된다.

의료관광을 수출 산업으로 육성하기 위해서는 이와 같은 부분에서의 걸림 제도, 규제를 제거하고 기반시설 등 인프라를 구축하여야 한다.

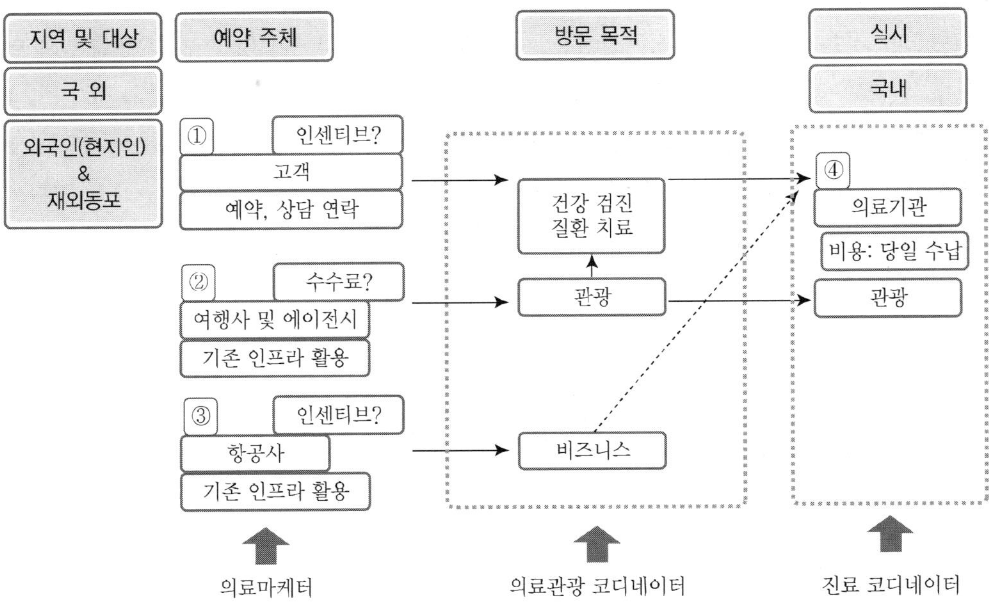

[그림 3-1] 의료관광상품 Flow

2) 의료관광상품의 구성 요소

의료관광상품은 핵심 요소인 의료(건강 검진, 중증 치료, 웰빙, 힐리언스 등), 관광시설 인프라, 관광자원, 적정 비용, 서비스로 구성된다.

핵심 요소인 의료를 제외하면 기존 관광 상품과 다를 것이 없으나, 의료라는 특수한 재화가 추가되면서 일반 관광과 대비되고 부가가치의 산업재로 변화된다.

또한 의료관광은 고객의 재구매율을 제고하는 성격이 있어 기존 관광 상품 구성 요소들의 이용도와 만족도가 증가한다.

(1) 관광시설 인프라

병원 등 의료시설과 고객이 의료서비스를 제공 받는 동안 체류할 수 있는 숙박시설, 건강관리 및 요양에 필요한 보조시설, 교통시설 등이다.

특히 재활이나 휴양, 힐리언스 등의 의료서비스를 경험하고자 하는 고객에게는 관련 시설 인프라의 중요도는 높다.

의료기관의 지리적 위치에 따른 자연환경을 관광시설 인프라로 활용한다면 적은 비용으로 다양한 효과를 제공할 수 있을 것이다.

(2) 관광자원

의료관광상품의 관광자원은 2차적 요소이나 의료서비스와 동등한 개념으로 제고되어야 한다. 고객이 병원에서 치료 목적 이외의 관광 서비스를 원할 경우 의료시설이 위치한 지역의 다양한 관광자원으로 활동을 진행하여야 한다.

특히 고객의 건강과 연계성이 높은 자연적 관광자원, 사회적 관광자원, 문화적 관광자원, 산업적 관광자원 등을 들 수 있다.

(3) 적정 비용

의료관광 고객은 경제적 여유 계층이 참가하는 특성이 있으므로 고객의 특성에 알맞은 가격 정책을 적용해야 한다. 고객에게 적절한 가격을 제시하여 고가격, 고품질을 원하는 고객에게는 고가격 전략으로, 일반 대중 고객에게는 고객의 거주지와 경쟁력 있는 가격의 상품을 구성하는 융통성 있는 마케팅 믹스 전략을 구사할 필요가 있다.

(4) 서비스

의료시설의 종사자들은 고객에 대한 권리를 보장하고 고객에 대한 친절한 서비스로 진료와 의료시설에 대한 만족도를 제고하여 고객의 권리가 보장되도록 하여야 한다.

의료 소비자들의 행동 또한 타 산업 소비자들의 행동과 유사한 양상을 보인다. 의료서비스는 고객의 생명과 직접적인 연계성이 높다는 특수성 때문에 제품 구분상 고관여 제품이며, 서비스 제공에서 실패가 발생할 경우 고객이 받는 영향은 치명적이므로, 제공 서비스의 신뢰성과 진행, 결과 및 사후 관리가 중요하며 이는 의료관광산업의 성패가 좌우될 만큼 중요하다.

(5) 글로벌 의료 전문가(마케터, 코디네이터)

의료관광의 활성화를 위한 인력 인프라가 구축되어야 한다. 의료관광 코디네이터, 의료관광 마케터, 국제 의료마케팅 전문가 등이 있는데 공통적인 임무는 국내외 병원에서 진료 및 치료 서비스를 받고자 하는 사람들에게 다양한 의료관광 서비스를 제공하고 연계된 프로그램을 진행하는 것이며 의료서비스와 휴양, 레저, 문화 활동 등의 관광 프로그램을 기획하고 진행하는 전문가이다.

의료 코디네이터 임무를 타깃 시장별로 구분하여 보면 러시아 시장은 이동통신 문제, 의료비, 식사, 정보(환율 등) 문제 해결이 우선되어야 하며, 의료관광상품은 2~3일 이내 치료가 가능한 상품으로 개발하여야 한다. 중국 시장은 현지 입소문(먼저 시술을 받았던 현지인들의 감동)의 중요성을 고려해 서비스 만족도를 높여야 한다. 영국, 프랑스는 중증도 내·외과 시술을 선호하므로 의료진과 환자를 연결하는 수준 높은(현지인의 문화적 특성 고려) 통역이 중요하다. 이를 위해서는 지속적이고 전문적인 교육이 필요하다.

의료관광 전문가는 향후 의료관광상품 기획 전문 회사, 여행사, 호텔, 병원, 종합병원, 행정 기관 등으로 진출하여 전문 직업인으로서 자리를 잡을 것이며, 국제 환경 변화에 따른 글로벌비즈니스의 한 축을 담당할 것이다.

3. 한국 의료관광산업 현황

우리나라는 아시아권 의료관광 국가(총 9개 국가) 중에서 의료 수준 및 기술 측면에서 최상위권에 속하는 신흥 의료관광 강국으로 평가되나 인지도 및 선호도는 최하위권인 7위이다.

1) 의료기관 규모별 현황

(1) 대학병원들은 대규모, 차별화, 전문화, 현지화를 추진 중이다.

서울대병원은 LA 현지 사무소를 개소하고 현지 병원 개원을 검토, 외국 병원과의 협력을 추진하고 있으며, 세브란스병원은 의료서비스 핵심 인프라인 JCI 인증과 분쟁 대처 방안을 구축하였고, 에이전시와의 직접 계약 체결 등 공격적인 마케팅을 진행 중이다. 서울성모병원은 브랜드화를 추진 중이며, 고려대병원은 대학을 연계한 업무 추진, JCI 인증을 추진 중이고, 한양대병원은 국제 병원을 운영하고 있으며, 순천향대병원은 중국 대학병원과의 합작 국제 병원을 건립 중이고, 건국대병원은 중동 지역을 타깃 시장으로 시장 선점 계획을 진행 중이고, 인하대병원은 중국 지역 병원과 합작 국제 진료 센터를 운영 중에 있다. 이는 대규모 자본과 인프라(인력, 장비, IT, 연수 경험) 구축의 경쟁력을 바탕으로 한 건강 검진과 중증 질환의 융합 패키지 상품이며 수익화 비즈니스 모델로 운영되는 특징이 있다.

(2) 전문 병원들은 차별화, 전문화를 추진 중이다.

우리들병원은 브랜드화, 수익 구조를 창출 중이며 청심국제병원은 국제 병원으로서의 특수한 인프라를 적극 활용하여 현지화를 추진 중이며, 아름다운나라피부과성형외과(ANA 클리닉)는 브랜드화를 내걸고 전문 병원으로서의 강점을 활용하고 있다. 이는 인력 인프라 활용과 현지화를 추진하여 경쟁력 확보라는 비즈니스 모델을 운영하는 특징이 있으며 대형 병원과의 협력 체계 구축으로 규모 경쟁 속에서도 실속 있는 활동들을 하고 있다.

(3) 개원 병원들은 차별화, 수익 구조 전략화이다

개원 병원은 개원의(CEO)의 마인드가 가장 중요하며 치료비가 싸고 의료 기술도 선진화되어 있는 강점을 이용하여 개원 병원이 할 수 있는 가장 자신 있는 분야를 특화시켜 비즈니스 모델로 운영하는 특징이 있다.

2) 의료관광의 범위

의료관광의 범위는 고객의 형태에 따라 개별 고객과 단체 고객으로 구분할 수 있다. 개별 고객은 많은 정보를 가지고 입국(온라인/전화 상담, 지인을 통한 정보 획득)하여 진료 및 치료 서비스를 받으며, 단체 고객은 관광 일정으로 비교적 간단한 건강 검진 관광을 하며, 검진 결과 진료가 필요한 경우에 개별 고객으로 전환되는 특성이 있다.

이용 의료서비스 형태에 따른 구분은 순수 치료 목적 입국, 휴양 치료, 비즈니스 치료, 관광으로 구분할 수 있다. 순수 치료 목적 의료관광은 주로 중증 질환자의 치료 기간 중 보호자 등이 관광을 이용하는 형태이며, 휴양 치료는 비교적 간단한 의료서비스(치과 질환－임플란트 포함, 힐리언스, 대체의학 등)의 요구도가 높은 고객층(퇴직 연금자 등)이 이용하는 형태이다. 비즈니스 치료는 국내 비즈니스 기반을 둔 외국 고객들이 업무상 입국 시 의료서비스를 이용하는 형태로서 이는 국내의 의료서비스 수준이나 가격에 대해 많은 정보를 알고 있고 경쟁 국가와 비교 분석한 후 이용하는 특성이 있다.

3) 의료기관의 경영 활동화

(1) 고객의 욕구 파악 및 충족

의료서비스에 대한 고객의 욕구를 파악하여 고객이 원하는 의료서비스를 제공하여야만 고객 만족을 이룰 수 있게 되었다. 이와 같이 고객의 욕구를 파악하고 이를 충족시킬 수 있는 서비스를 개발하여 제공할 필요성이 의료기관에서도 강하게 대두되고 있다.

EVALUATION(questionnaire) 일부 내용

1. Was the staff polite?
2. Was the staff helpful?
3. Was the clinic clean?
4. Did you have any problems with communication? Y/N
5. Duration of your exam(Actual time the doctor spent with you) --------- (   )minutes
6. Did the doctor answer your questions for your satisfaction?
7. Would you continue to use this clinic/ hospital?
8. What did you like the most?
9. What did you like the least?

⋮

(2) 경쟁력 확보

의료기관의 대규모, 대형화로 인한 의료 공급의 과잉 현상은 양질의 의료서비스를 제공하는 의료기관의 출현을 이끌었고, 의료기관의 고객 만족과 지속적 경쟁력 확보를 위해서는 고객 중심의 개념 도입이 필연적으로 요구된다.

(3) 의료기관의 글로벌화

글로벌화 의료시장에서 의료기관의 생존을 위하여 외국인 환자 유치 및 외국 시장 진출을 추진 중이며 고객 만족을 위한 마케팅 활동의 도입이 필요하다. 의료기관의 글로벌화는 성공을 위한 필수 요건이다. 기존 시스템에서의 질적 향상은 한계점에 다다랐다고 판단되기 때문에 글로벌 스탠더드를 통한 의료서비스의 하드웨어, 소프트웨어, 휴먼웨어 등의 향상과 이를 통한 경영 안정화를 이루고자 하는 것은 생존을 위한 변화라고 할 수 있으며, 이러한 의료기관의 글로벌화를 위한 첨단에 의료마케팅, 마케터의 역할이 부각되고 있다.

4) 의료관광시장 동향

한국이 성형 · 암 · 심장 질환 · 치과 등에서 세계적인 수준을 갖추고 있지만 외국인 의료관광 수입은 독일의 10분의 1도 되지 않는 것으로 나타났다.

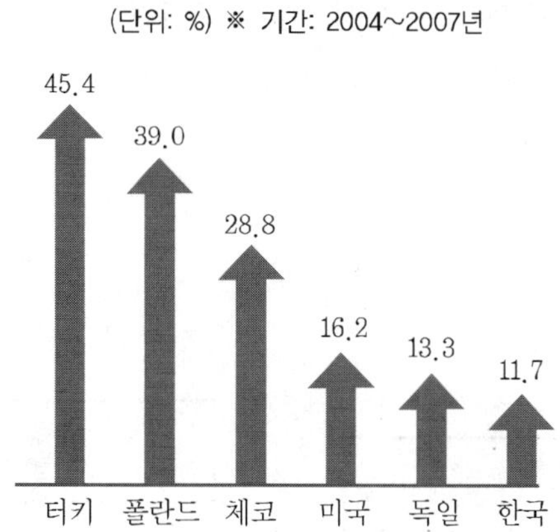

[그림 3-2] 의료관광 수입액 연간 증가율

자료: OECD

경제개발협력기구(OECD)가 발표한 '2009년 건강 편람'에 따르면 한국의 외국인 의료관광 수입은 2007년 현재 1억 3,300만 달러로 나타났다. 이는 의료관광 선두 주자인 독일의 의료관광 수입액 15억 2,200만 달러의 8.7%에 불과한 액수다.

미국이 6억 6,000만 달러로 뒤를 이었으며, 네덜란드도 6억 1,800만 달러로 의료관광 수입이 6억 달러를 넘었다.

캐나다와 벨기에 등도 각각 3억 2,400만 달러와 3억 500만 달러로 3억 달러 이상의 수입을 올렸다. 심지어 터키가 1억 6,600만 달러로 한국보다 외국인 의료관광 수입이 높았다.

외국인 의료관광 성장 속도도 한국은 최근 유럽연합(EU) 가입으로 의료관광사업에 나선 동구권에 밀리는 등 의료서비스 산업 선진화가 시급한 것으로 나타났다. 2004~2007년 한국의 외국인 의료관광 연 평균 수입 증가율은 11.7%로 나타났다.

이에 반해 특화된 라식 수술과 온천을 이용한 의료관광으로 급성장하고 있는 터키는 같은 기간 연 평균 의료관광 수입 증가율이 45.4%로 한국의 4배였다.

저렴한 진료 비용과 장기 이식 등 특수 의료를 앞세운 폴란드와 체코 등도 각각 연 평균 39.0%와 28.8%의 높은 성장세를 보였다. 영국과 오스트리아도 매년 20% 이상 외국인 의료관광이 증가했다.

각국이 외국인 의료 관광 수입 증가에 힘쓰고 있지만 한국은 정부의 서비스산업선진화 로드맵 발표 이후에도 투자 개방형 의료법인 허용을 둘러싼 부처 간, 이해단체 간 논쟁으로 의료서비스 산업 선진화는 헛바퀴만 돌고 있다.

기획재정부와 보건복지가족부가 투자 개방형 의료법인 도입과 관련한 한국보건산업진흥원과 한국개발연구원(KDI)의 연구 용역 결과를 발표할 예정이지만 이견이 워낙 커 쉽게 결론이 나지 않을 것으로 전망된다.

(1) 의료서비스 이용 시 고려 사항

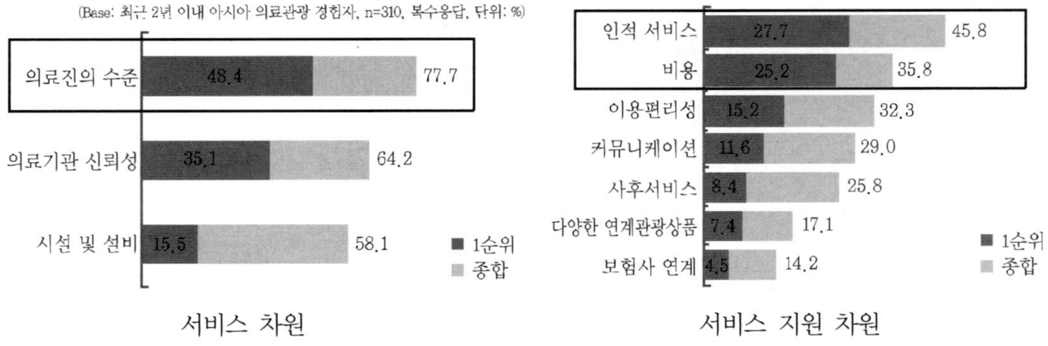

[그림 3-3] 의료서비스 이용 시 고려 사항

자료: KTO 의료관광시장동향보고서(2008)

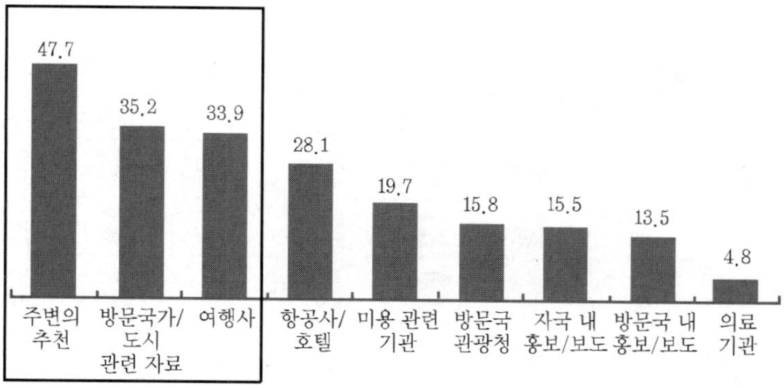

[그림 3-4] 의료관광 접촉 경로

자료: KTO 의료관광시장동향보고서(2008)

주변의 추천(47.7%)이 가장 비중 있는 정보원이지만 관련 자료(35.2%)나 여행사(33.9%) 또한 중요한 정보원으로 작용되는 것을 확인할 수 있다.

(Base: 최근 2년 이내 아시아 의료관광 경험자. n=110. 복수응답. 단위: %)

BASE 경험자	Medical Skin Care	한방진료	건강검진	치과진료	성형외과	척추 등 외과수술	안과진료	장기요양	산부인과
태국	29.7	9.7	10.6	9.4	17.3	11.6	8.7	12.3	9.7
한국	35.5	41.0	26.1	29.4	41.9	32.6	27.3	21.3	31.0
홍콩	22.6	22.6	22.9	24.2	14.5	20.6	24.2	17.4	23.5
싱가포르	21.3	11.0	27.4	25.8	21.9	18.4	26.6	28.7	23.2
일본	55.8	35.8	67.7	64.5	61.0	61.0	65.2	64.0	59.7
중국 (본토)	17.4	60.0	23.9	26.5	20.3	32.9	27.4	27.7	27.4

[그림 3-5] 의료서비스 분야별 비교 우위

자료: KTO 의료관광시장동향보고서(2008)

(Base: 최근 2년 이내 아시아 의료관광 경험자. n=110. 복수응답. 단위: %)

BASE 경험자	의료진	시설 및 장비	의료기관 신뢰성	비용절감	이용 편리성	의사소통	사후 서비스	관련관광 상품 다양성	인적 서비스	보험사 연계
태국	10.5	9.7	8.1	26.8	12.9	10.0	8.4	13.5	7.4	6.1
한국	32.56	32.5	31.0	27.1	33.2	27.4	33.2	31.0	36.5	33.2
홍콩	20.6	10.7	22.9	19.7	22.6	30.0	22.6	22.6	24.5	25.6
싱가포르	26.1	26.1	30.0	16.5	22.9	22.6	26.7	26.7	26.1	27.1
일본	72.6	74.8	70.0	33.5	57.1	59.4	62.6	53.2	66.1	66.4
중국(본토)	19.7	14.5	19.4	37.1	27.7	23.5	21.0	20.3	17.1	20.0

[그림 3-6] 의료서비스 속성별 비교 우위

자료: KTO 의료관광시장동향보고서(2008)

(2) 의료관광 시 고려 사항

〈표 3-1〉 의료관광 시 고려 사항

국가별	극동러시아	일본	미국	중국
우선 순위 ↑	✓ 비용 절감 ✓ 의료기관 신뢰성 (인지도) ✓ 의료 수준(시설/설비) ✓ 사후서비스(Aftercare) : 싱가포르의 경우, '병원관리 시스템'의 도입으로, 환자의 의료서비스 진행 과정을 업데이트해 주는 서비스제공을 통해 의료기관 신뢰성을 증진	✓ 의료기관 및 시술에 대한 안전성 : 치료 내용/치료 실적 등에 대한 신뢰성 있는 자료의 공개 ✓ 사후서비스(Aftercare) : 현지 의료기관 제휴를 통한 지속적인 서비스 제공(수술 후 회복 치료, 식사 관리, 운동 제안 등) ✓ 원활한 의사소통	✓ 문화(언어, 식문화 등) : 문화적으로 익숙한 환경 조성(영어 사용, 미국식 호텔, 식당 등) ✓ 의료서비스 수준(의료시설) ✓ 비용 절감 ✓ 높은 인지도(Promotion) : 접근성을 감안, 한국 방문에 대한 동기부여를 위한, 연계 상품 개발 등 홍보	✓ 의료 안전(수술 전/수술 후 회복 과정) ✓ 의료서비스 수준(의료진) ✓ 비용 절감 (중국 자국 대비 해외 의료서비스가 고가임을 감안)
⇩	• 한국 의료관광 및 의료기관 등에 대한 인지도 제고를 위한 홍보 활동을 통해, 서비스 불확실성을 제거하는 것이 필요	• 자국 의료서비스에 대한 높은 신뢰도로 인해, 외국 서비스 이용에 대한 동기부여가 중요 → 일본 현지 의료기관/보험사 제휴를 통한 신뢰성 확보	• 국내 영어권 환자 인프라 개선 확충 • 주류인(현지인, 영어권 해외교포 등)을 대상으로 한 홍보 활동을 통해 대외 인지도 제고	• 의료 안전에 대한 장치 마련이 필요

(3) 한국 의료관광 시 고려 사항

특히, 의료서비스 중 건강 검진과 미국, 캐나다인의 경우 주변의 추천에 대한 의존도가 60% 이상이 넘는 특징을 보인다.

〈표 3-2〉 의료관광 정보 접촉 경로

	전체	현 이용 의료서비스				국적			연령	
		Medical Skin Care	건강 검진	한방 진료	기타	일본	미국/캐나다	기타	30대 이하	40대 이상
사례수	(140)	(40)	(34)	(30)	(36)	(57)	(50)	(33)	(61)	(79)
주변의 추천	39.3	12.5	67.6	33.3	47.2	31.6	62.0	18.2	32.8	44.3
방문 국가/도시 관련 자료(인터넷/브로셔)	12.9	27.5	5.9	6.7	8.3	22.8	4.0	9.1	18.0	8.9
여행사	10.7	12.5	14.7	10.0	5.6	3.5	10.0	24.2	14.8	7.6
방문국 관광청 (인터넷/브로셔)	9.3	20.0	–	10.0	5.6	19.3	–	6.1	9.8	8.9
자국 내 홍보 및 보도 (TV/라디오 등 매스컴)	7.1	12.5	5.9	6.7	2.8	5.3	6.0	12.1	8.2	6.3
인터넷	7.1	5.0	–	16.7	8.3	7.0	8.0	6.1	8.2	6.3

자료: KTO 의료관광시장동향보고서(2008)

〈표 3-3〉 한국 의료기관 선택 현황과 서비스 만족 이유

	전체	현 이용 의료서비스				국적		
		Medical Skin Care	건강 검진	한방 진료	기타	일본	미국/캐나다	기타
사례수	(140)	(40)	(34)	(30)	(36)	(57)	(50)	(33)
특정 진료/서비스로 권위있는 곳이어서	32.1	22.5	2.9	43.3	61.1	33.3	26.0	39.4
유명 저널 및 잡지에 소개된 곳이라서	15.0	15.0	26.5	20.0	–	15.8	20.0	6.1
자국 국민들이 즐겨 찾는 곳이라서	15.0	22.5	11.8	–	22.2	24.6	10.0	6.1
한국인들이 즐겨 찾는 곳이라서	14.3	22.5	11.8	13.3	8.3	21.1	10.0	9.1
의료진이 유명해서	10.0	10.0	8.8	10.0	11.1	3.5	14.0	15.2
주변 추천	9.3	2.5	17.6	13.3	5.6	–	16.0	15.2
자국과 동일한 수준의 의료서비스를 받을 수 있어서	8.6	17.5	–	10.0	5.6	12.3	–	15.2

자료: KTO 의료관광시장동향보고서(2008)

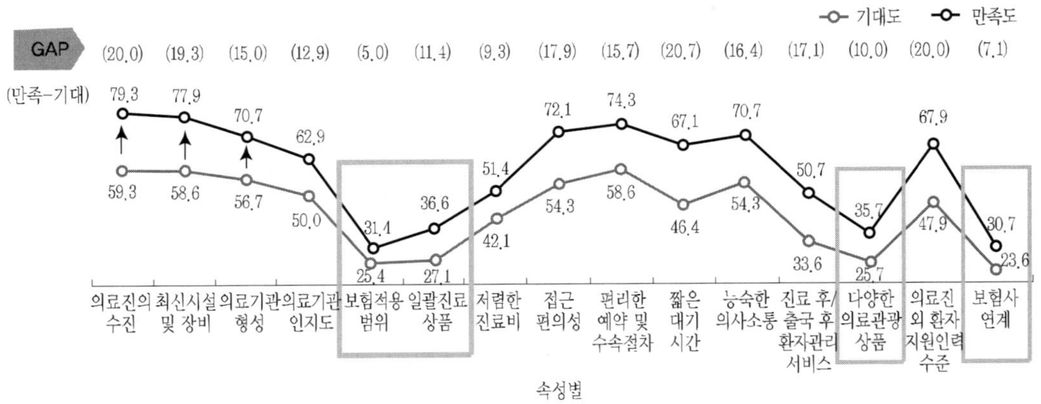

[그림 3-7] 한국 의료서비스 속성별 기대와 만족도

자료: KTO 의료관광시장동향보고서(2008)

전반적으로 기대 대비 만족도가 높고으며, 특히 '의료진 수준'과 '최신시설 및 장비' 속성은 만족 - 기대의 갭(GAP)이 큰 편이다.

체감 만족도는 긍정적인 수준이나 보험 관련 시스템(System)적인 요소에서 장애 요인이 존재하고 있다.

〈표 3-4〉 향후 이용하고 싶은 의료서비스

	전체	현 이용 의료서비스				국적			한국의료관광 경험(회)		자국 내 동일 서비tm 이용 경험	
		Medical Skin Care	건강 검진	한방 진료	기타	일본	미국/캐나다	기타	1회	2회 이상	있음	없음
사례수	(140)	(40)	(34)	(30)	(36)	(57)	(50)	(33)	(65)	(75)	(62)	(75)
Medical Skin care	47.9	87.5	20.6	30.0	44.4	71.9	18.0	51.5	38.5	56.0	50.0	46.7
건강검진	35.7	12.5	85.3	26.7	22.2	10.5	70.0	27.3	41.5	30.7	45.2	29.3
한방진료	35.0	25.0	2.9	70.0	47.2	43.9	22.0	39.4	27.7	41.3	33.9	36.0
치과진료	17.9	15.0	17.6	20.0	19.4	12.3	24.0	18.2	12.3	22.7	12.9	22.7
성형외과	15.7	37.5	5.9	6.7	8.3	17.5	8.0	24.2	16.9	14.7	12.9	18.7
척추 등 외과수술	10.7	–	–	26.7	19.4	7.0	4.0	27.3	12.3	9.3	9.7	10.7

자료: KTO 의료관광시장동향보고서(2008)

일본인은 'Medical Skin Care', 미국, 캐나다인은 '건강 검진'에 대한 이용 의향이 높은 편이다.

(4) 목표시장에 대한 이해

〈표 3-5〉 목표시장에 대한 이해

	극동 러시아	일본	미국	중국	기타 (몽골, 중동 등)
접근성	High	High	Low	High	Middle
보험적용	×	× (일부 사보험)	× (일부 사보험)	×	×
자국 대비 한국 의료수가	High	Low	Low	High	High (일부 Low)
자국 대비 한국 의료수준	High	일부 High	Similar	High	High
의료관광 Needs	우수한 의료 기술 체험 및 건강 서비스 needs 높음	안전성 이슈로 간단한 서비스 위주 needs	저렴한 가격으로 치료 목적	우수한 의료 기술 체험	
현 선호 과목	기타 중증 치료/한방	한방/Medical Skin Care	건강 검진/기타 중증 치료	성형/Medical Skin Care	기타 중증 치료

자료: KTO 의료관광시장동향보고서(2008)

■ 중국 의료관광

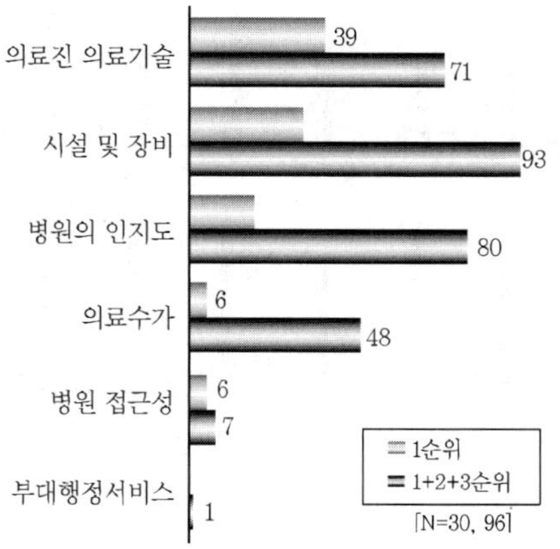

의료기관 선택시 중요 고려 요인

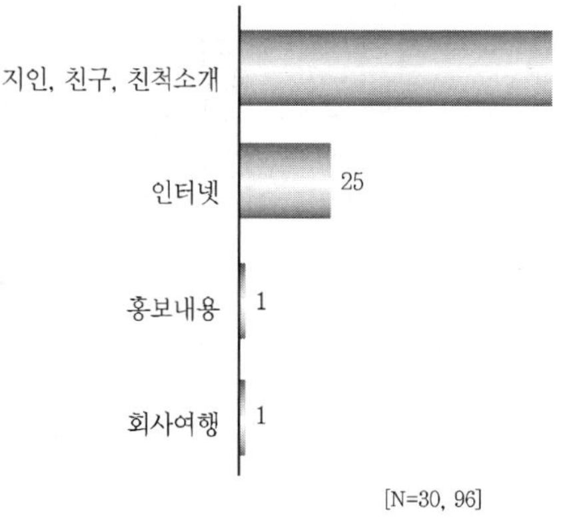

한국의료 정보 수집 경로

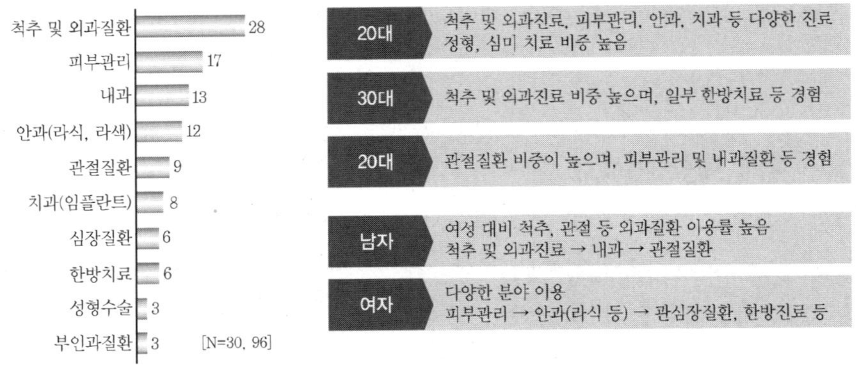

[그림 3-8] 중국 의료관광

자료: KHIDI 보고서(2010)

■ 러시아 및 CIS 지역 의료관광

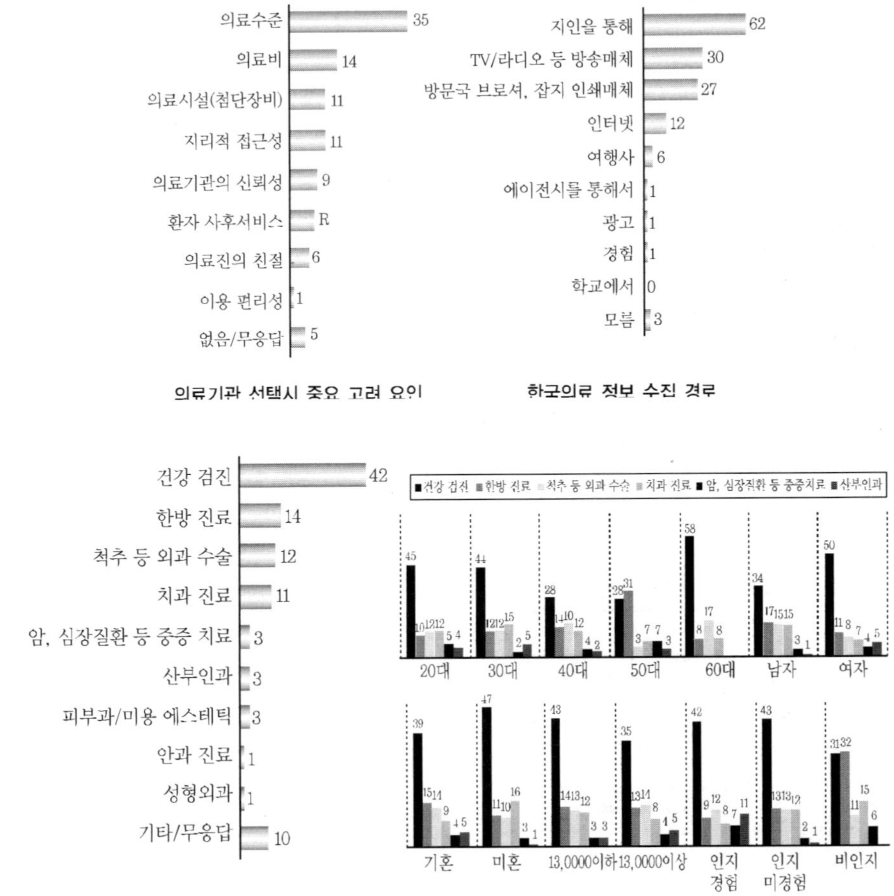

[그림 3-9] 러시아 및 CIS 지역 의료관광

자료: KHIDI 보고서(2010)

(5) 의료관광 홍보 사례

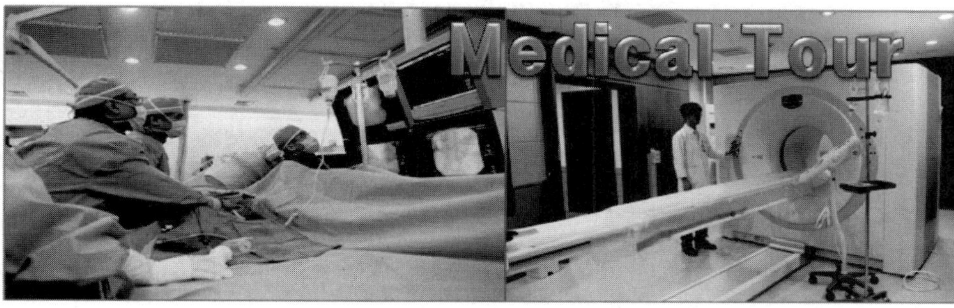

[그림 3-10] 의료관광 홍보 사례

- Health Promotion Package

프로그램/코드: 검진+관광+웰빙−6박 7일
검진+관광+웰빙−5박 6일
검진+관광+스파−4박 5일
검진+관광−3박 4일

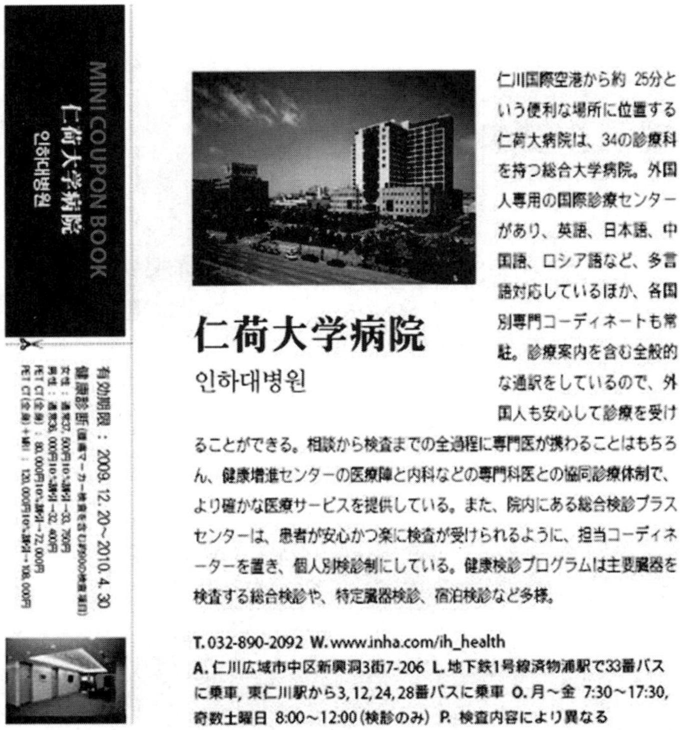

MINI COUPON BOOK
仁荷大学病院
인하대병원

有効期限：2009. 12. 20~2010. 4. 30
健康診断
女性：通常37,500円10%割引→33,750円
男性：通常36,000円10%割引→32,400円
PET CT(全身)：80,000円10%割引→72,000円
PET CT(全身)+MRI：120,000円10%割引→108,000円

仁荷大学病院

인하대병원

仁川国際空港から約 25分という便利な場所に位置する仁荷大病院は、34の診療科を持つ総合大学病院。外国人専用の国際診療センターがあり、英語、日本語、中国語、ロシア語など、多言語対応しているほか、各国別専門コーディネートも常駐。診療案内を含む全般的な通訳をしているので、外国人も安心して診療を受けることができる。相談から検査までの全過程に専門医が携わることはもちろん、健康増進センターの医療陣と内科などの専門科医との協同診療体制で、より確かな医療サービスを提供している。また、院内にある総合検診プラスセンターは、患者が安心かつ楽に検査が受けられるように、担当コーディネーターを置き、個人別検診制にしている。健康検診プログラムは主要臓器を検査する総合検診や、特定臓器検診、宿泊検診など多様。

T. 032-890-2092 W. www.inha.com/ih_health
A. 仁川広域市中区新興洞3街7-206 L. 地下鉄1号線済物浦駅で33番バスに乗車, 東仁川駅から3, 12, 24, 28番バスに乗車 O. 月~金 7:30~17:30, 奇数土曜日 8:00~12:00 (検診のみ) P. 検査内容により異なる

[그림 3-11] 항공사 쿠폰 북 홍보 사례

[그림 3-12] 미국 CBS 리얼리티쇼 서바이벌 우승자 홍보대사 위촉

재외동포 시장 타깃 광고

Where are you from?(어디서 왔나요?)

태평양 건너온 美 의료관광단

DMZ·인천 등 관광지 둘러본 뒤 건강 체크

검진비만 400달러… 美보다 최대 10배 싸

현지인 의료관광단 유치 사례

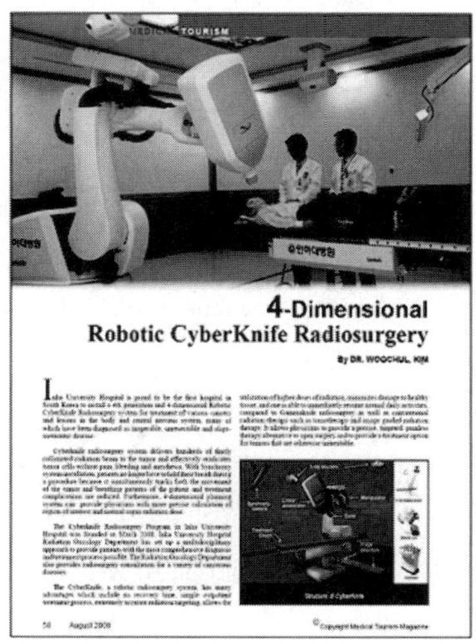

[그림 3-13] 의료관광 해외 잡지 광고

Ministry for Health, Welfare and family Affairs

CERTIFICATE

To Whom It May Concern:

This is to certify that following provider is registered as a

Healthcare provider for international patients in the Republic of Korea

Issued to: INHA University Hospital

Address: 7-206, 3GA, SINHEUNG-DONG, JUNG-GU, INCHEON, KOREA

Representative: PARK SEUNG RIM

Date of Registration: 9 JUL 2009

No. of Registration: M-2009-04-01-0495

Signature Jeon Jae-hee

Minister of Health, Welfare and Family Affairs

Republic of Korea

Date: 15 JAN 2010

[그림 3-14] 해외 환자 유치 기관 등록 사례의료기관, 영문 - 등록증

■ 한국 의료관광산업

세계 의료관광객의 40%는 선진 기술을, 32%는 뛰어난 의료서비스를, 15%는 빠르고 접근 용이한 진료를, 9%는 낮은 비용을 선호한다는 평가가 나왔다.

다국적 컨설팅사인 맥킨지는 최근 의료관광국 중 20개국을 대상으로 서비스의 제공 기관, 환자, 중재자들에게 인터뷰를 실시, 의료관광의 현주소에 대한 보고서를 발표했다.

맥킨지 보고서에 따르면 의료관광객은 5가지 유형으로 나뉘며 그중 가장 높은 비율을 차지하고 있는 부류는 세계 최고의 선진 기술을 원하며 근접성이나 비용에는 관심이 없다. 이들은 주로 라틴아메리카(38%), 중동(35%), 유럽(16%), 캐나다(7%)에 살고 있으며, 현재 미국으로 의료관광을 떠나는 것으로 집계됐다. 두 번째로 높은 비중을 차지하는 부류는 주로 국가보다 뛰어난 의료서비스를 요구하며 주로 개발도상국 국민들이다. 이들은 가격 대비 최상의 의료서비스의 질을 보상받을 수 있는 곳을 찾는다. 다음은 정형외과, 심장 수술 등 신속한 진료를 요구하는 수술임에도 자국에서는 대기 시간이 긴 경우 접근이 빠르고 신속한 치료를 받을 수 있는 곳을 찾는 부류다. 반면 아시아 의료서비스의 특징인 낮은 비용을 선호하는 부류는 9%에 불과하다. 그러나 성장 잠재력은 가장 높다는 것은 주목할 만하다. 실제로 동일한 진료에 대해 미국에서 10만 달러인 진료비가 라틴아메리카에서는 3만 8천 달러로 떨어지며 아시아 지역에서는 1만 2천 달러로 낮아지는 게 현실이다. 이런 까닭으로 특히 미국 환자들은 성형, 가슴 축소 및 확대, 지방 흡입 등 미용 성형 시술에 대해 낮은 의료비를 큰 메리트로 느끼며 종합병원보다는 작고 특화된 의료기관의 서비스를 선호했다.

맥킨지는 '아시아가 비용적 우위를 갖고 있음에도 시장이 성장하지 못한 이유는 개발도상국이 선진국의 의료관광객에게 의료서비스의 질에 대한 정보 투명성을 보장해 주지 못하고, 여행의 불편, 친숙하지 못한 의료서비스의 절차 때문'이라고 지적했다.

또한 의료관광은 지정학적인 부분도 크게 작용하는 것으로 조사됐다. 이는 2001년 911사태 이후 미국 의료시설을 찾던 중동 환자들의 수가 급감한 것에서 쉽게 알 수 있다. 당시 911사태로 미국 비자 발급이 어려워지면서 44%에 달했던 미국의 해외 의료관광객 비율은 8%로 떨어진 것이다. 반면 오만의 경우 자국에서 암 센터를 오픈하자 해외로 나가던 의료관광 환자의 비율이 92%로 줄었으며, 두바이는 에미리트 심장 수술 전문팀을 채용함으로써 해외로 나가는 환자 비율을 55% 감소시켰다. 한편, 맥킨지는 "의료관광시장에 대해 현재는 다소 작지만 앞으로 엄청난 성장 잠재력을 갖고 있다"며 '각 의료기관의 매출 증가뿐 아니라 해외 환자 유치로 자국 내 의료기관의 명성을 상승시킬 것'이라고 내다봤다.

토의 문제

1. 의료관광산업을 활성화하기 위한 의료서비스의 국제화 개념에 대해 논하라.
2. 의료관광산업의 구조와 경쟁력 분석 내용은 무엇인가?
3. 한국 의료관광산업의 시장과 글로벌 의료관광시장의 차이점은 무엇이며, 그 현황은 무엇인가에 대해 살펴본다.

참고문헌

KTO, 2008, 『의료시장 동향분석』.
KHIDI, 2010, 『한국의료홍보계획 보고서』.
맥킨지보고서, 2008, MTAKOREA.
서병로, 강한승, 김기홍, 2009, 『의료관광산업』.

제2편

글로벌 의료마케팅 전략 설계

제4장 글로벌 의료서비스 소비자 행동 이해

도입 사례

미국 의료관광 소비자의 변화와 태국 병원의 호황

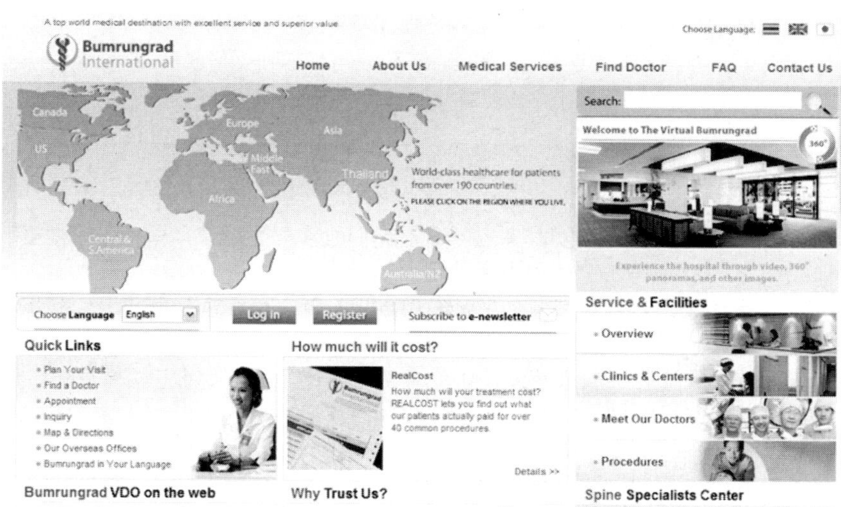

[그림 4-1] 태국 Bumrungrad International Hospital 홈페이지 전경

자료: Bumrungrad International Hospital 홈페이지

최근 태국을 찾는 외국인 관광객들이 휴양지 대신 병원으로 몰리고 있다. 저렴한 비용으로 고급 의료서비스를 받기 위해 태국에 온 이른바 '의료관광객'들이다. 휴양지로 각광받아 온 태국이 의료관광지로 새롭게 주목받으며 호황을 누리고 있다.

태국 3대 병원 중 하나인 Bumrungrad International Hospital은 외국인 의료관광객들로 늘 만원이며, 외국인 의료관광객 맞기에 분주하다.

범룽랏병원은 산하 인터내셔널 클리닉 빌딩의 5개 층을 외국인 전용 공간으로 설계 중이다. 병상 수는 당초 554개에서 600개로 늘렸다.

범룽랏병원의 커티스 슈로더 최고경영자(CEO)는 '세계적인 불황에도 불구하고 향후 3년간 설비 투자를 늘려 나아갈 계획'이라고 밝혔다.

태국 경제는 2008년 마이너스 4. 3%의 침체 국면으로 접어들었다. 하지만 의료업계의 성장세는 꺾일 줄 모른다. 태국 의료업계는 최근 수년 동안 연평균 15~20%의 성장률을 기록했다. 태국은 의료비가 인근 싱가포르나 인도보다 싼 데다 관광지로도 손색이 없어 최대 의료시장으로 손꼽힌다. 2009년 현재 의료관광 수입은 전체 관광 수입의 10%를 차지한다.

미국인 의료관광 소비자의 변화

특히 미국인 의료관광 소비자의 비중이 커지고 있다. 근본적인 이유 중 하나가 바로 미국 의료서비스 소비자의 구매 의사 결정 과정에서 '가격' 요인의 중요성이 커졌기 때문이다.

방콕병원의 차트리 두아넷 CEO는 '미국 보험사가 자국 내의 살인적인 의료비를 더 이상 감당하지 못해 해외 병원에서도 의료 혜택이 가능하도록 약관을 변경 중'이라고 말했다.

밤룽랏병원의 케네스 메이즈 마케팅 총괄은 '경제 위기 진원지인 미국에서 기업들이 직원 의료비조차 지불하지 못할 판이어서 의료 혜택을 줄이는 방안에 대해 모색 중'이라며 "의료관광을 갈 수 있는지 알고 싶어 하는 문의가 쇄도하고 있다"고 전했다. 실제로 미국의 의료비는 태국에 비해 5배 정도 많이 든다.

지구 반대편 다른 나라 의료 소비자를 둘러싼 여건의 변화가 태국 의료서비스 업계에 새로운 마케팅 기회로 이어지는 셈이다(자료: 『아시아경제신문』, 2009. 3. 12)

학습 목표

1. 소비자의 구매 의사 결정 과정과 그 영향 요인을 이해하고, 글로벌 의료서비스 맥락에서 발생하는 고유의 소비자 행동 요인을 이해한다.
2. 소비자 행동 이해를 위한 블랙박스 모형을 이해하고 이를 글로벌 의료서비스 소비자의 경우에 적용해 본다.
3. 소비자 구매 의사 결정 과정에 영향을 미치는 사회적 특성 변수와 개인적 특성 변수를 이해하고 글로벌 의료서비스 소비자의 상황에 적용해 본다.
4. 소비자의 정보 처리 과정을 이해하고 글로벌 의료서비스 소비자의 상황에 적용해 본다.

1. 글로벌 의료 소비자 행동 이해의 의의

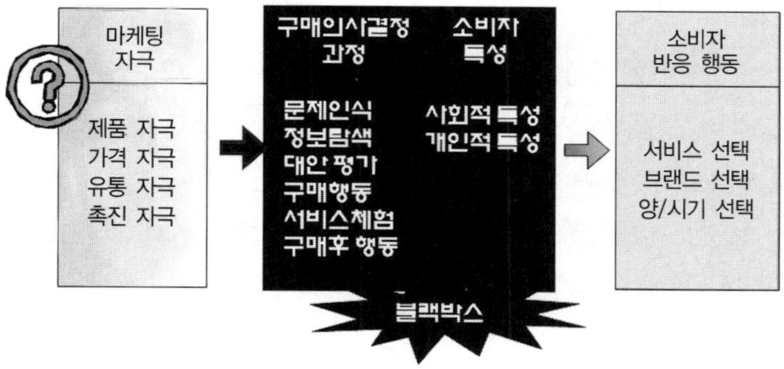

[그림 4-2] 의료서비스 소비자 행동 이해 모델

자료: Kotler(2003) 토대로 수정 작성

글로벌 의료서비스 마케터는 소비자로부터 원하는 반응을 불러일으키는 현명한 마케팅 의사 결정을 해야 하는데, 이를 위해서는 먼저 소비자 행동의 기저를 통찰할 수 있어야 한다.

글로벌 의료서비스 마케터는 다음의 질문에 답할 수 있어야 한다. 내가 상대해야 하는 소비자는 어떤 유형의 구매 의사 결정을 하는가?, 그 소비자는 구매 의사 결정의 어떤 단계에 있는가?, 그 소비자는 어떤 특성을 보유하고 있으며 어떤 환경 속에서 구매 의사 결정을 하는가?, 만일 내가 마케팅 자극을 제시한다면 그 소비자는 어떤 식으로 처리하게 될 것인가?

글로벌 의료서비스 마케터는 자신이 제시할 마케팅 자극이 '블랙박스'와도 같은 소비자의 '마케팅 자극 처리 과정'을 거쳐 반응 행동으로 이어지는 일련의 과정에 대한 통찰력을 형성할수록 보다 효과적으로 소비자의 구매 반응을 이끌어낼 수 있는 마케팅 자극을 설계할 수 있는 셈이다.

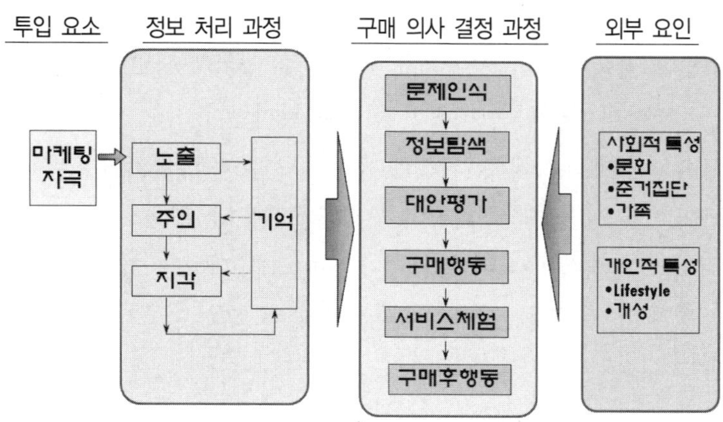

[그림 4-3] 의료서비스 소비자 행동 모델

2. 소비자 구매 의사 결정 과정

글로벌 의료서비스 마케터는 자신이 상대할 소비자가 어떤 유형의 구매 의사 결정을 하는지 이해해야 한다. 그런데 소비자 구매 의사 결정 과정은 소비자 수만큼이나 다양하게 나타난다. 따라서 글로벌 의료서비스 마케터는 의미 있는 시사점을 얻기 위해 소비자 구매 의사 결정 과정을 유형화하여 이해할 필요가 있다. 현실적으로 가장 널리 사용되는 소비자 구매 의사 결정 과정 유형화 방식 중 하나는 다음과 같이 복잡한 의사 결정, 다양성 추구 의사 결정, 부조화 감소 의사 결정, 관성 의사 결정 등 네 가지로 분류하는 것이다. 글로벌 의료서비스 구매 의사 결정은 소비자의 체계적인 구매 의사 결정 과정이 발생하는 복잡한 의사 결정에 속하는 경향이 있다.

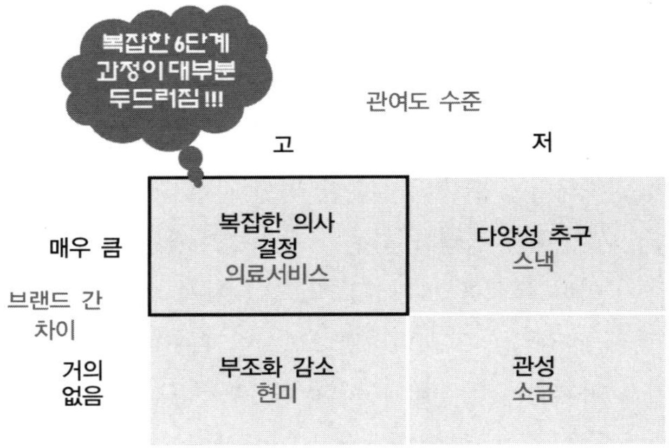

[그림 4-4] 소비자 의사 결정 유형

자료: Kotler(2003) 토대로 수정 작성

일반적으로 소비자 구매 의사 결정 과정은 문제 인식, 정보 탐색, 대안 평가, 구매 행동, 서비스 체험, 구매 후 행동 등 6가지 단계로 이해할 수 있는데 글로벌 의료서비스 구매는 이러한 각 단계가 뚜렷하게 나타나는 복잡한 형태로 나타난다.

참고로 의료서비스 구매 의사 결정 과정은 유형재 구매 과정에 비해 상대적으로 체험 과정의 중요성이 강조되어 '서비스 체험' 과정이 추가된 6단계 과정으로 이해하려는 경향이 있다.

글로벌 의료서비스 마케터는 다른 제품이나 서비스를 다루는 마케터에 비해 문제 인식, 정보 탐색, 대안 평가, 구매 행동, 서비스 체험, 구매 후 행동 등 6가지 단계를 보다 심도 있게 숙지해야 한다.

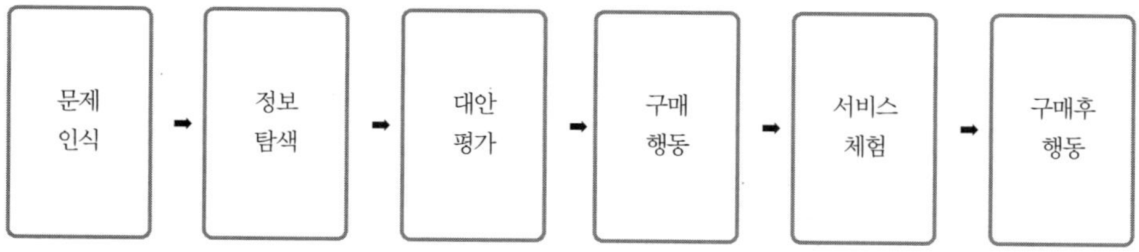

[그림 4-5] 서비스 구매 의사 결정 과정

1) 문제 인식

소비자가 어떤 제품이나 서비스의 구매 행동을 하기 전에 그 행동을 야기하는 사전 과정이 있을 수 있다. 국경을 넘어 다른 나라에 있는 의료서비스를 이용하려는 소비자에게는 그러한 행동의 기원이 있다.

일반적으로 소비자 구매 행동의 기원을 문제 인식 과정으로 부른다. 문제 인식은 소비자 스스로 자신이 직면한 문제를 해결하려는 동기를 형성하는 단계를 지칭한다. 소비자는 자신의 실제 상황과 바람직한 상태 간의 간격이 커질수록 그 문제 해결을 위해 무엇이 자신에게 필요한지를 더 뚜렷이 인식하게 된다. 소비자가 자신의 요구를 자각하여 그 해결책을 모색하는 단계가 문제 인식 단계이다.

소비자는 내부적인 경로나 외부적인 경로를 통해 문제를 인식한다. 내부적인 요인으로는 배고픔, 갈증, 질병과 같은 생리적 요구의 발생, 복용하고 있는 의약품이 모두 소진되는 상황의 발생 등을 들 수 있다. 외부적인 요인으로는 지인의 행동이나 권고 등을 들 수 있다.

글로벌 의료서비스 마케터는 스스로 문제를 인식하고 있는 소비자를 찾아내거나 마케팅 자극을 통해 미처 자각하지 못하던 문제를 인식하도록 조성해 가는 노력을 전개할 필요가 있다.

2) 정보 탐색

정보 탐색은 소비자가 문제 인식 후 스스로의 문제를 해결할 대안을 찾아가는 과정이다. 예를 들어 지속적인 피로를 느껴 정밀한 건강 검진 서비스를 찾아보려는 소비자는 자신에게 적합한 건강 검진의 중요 속성은 무엇인지, 어떤 브랜드가 있는지, 각 의료서비스 브랜드의 장단점은 무엇인지 등에 대해서 인터넷을 뒤지기도 하고, 지인에게 물어보기도 한다.

정보 탐색은 내적 탐색(internal search)과 외적 탐색(external search)으로 이루어진다. 내적 탐색은 기억 속에 있는 관련 정보를 회상하는 것을 말한다. 특히 제품에 대한 정보가 충분하고, 내가 충분히 기억하고 있고, 과거 만족스러운 선택 대안이 있을 경우 내적 탐색이 많이 사용된다. 그러나 내적 탐색만으로 충분한 정보가 얻어지지 않는 경우에 소비자는 외부의 정보를 탐색하게 되는데 이를 외적 탐색이라고 한다. 소비자가 외적 탐색으로 정보를 획득하게 되는 외부 원천으로는 마케터 관련 원천(예: 광고, 판매원 등), 소비자 관련 원천(예: 가족, 친구 등) 그리고 중립 원천(예: 공공 기관, 언론 기관 등) 등이 있다.

글로벌 의료서비스 마케터는 소비자의 정보 탐색 원천 요소요소에 적절한 정보를 배치하여 소비자에게 충분한 정보가 전달되도록 해야 한다. 정부나 지자체와 협력하여 자기 의료서비스에 대한 정보를 전달하려는 시도 등도 그러한 노력의 예로 이해할 수 있을 것이다.

3) 대안 평가

〈표 4-1〉 대안 평가

속성별 중요도		각 브랜드에 대한 평가			
		A	B	C	D
경제성	0.4	3	6	8	7
명성	0.3	9	5	2	5
부가 서비스	0.2	4	6	9	5
평가 과정		0.4×3 + 0.3×9 + 0.2×4	0.4×6 + 0.3×5 + 0.2×6	0.4×8 + 0.3×2 + 0.2×9	0.4×7 + 0.3×5 + 0.2×5
평가 점수(태도 점수)		4.7	5.1	5.6	5.3
선호 태도 순위		4순위	3순위	1순위	2순위

소비자들은 자신이 원하는 욕구를 인지하고 내외적인 정보 탐색 과정을 통해 몇 개의 선택 대안을 가지게 된다. 이들 대안들을 어떤 기준에 의해 평가하는 단계를 대안 평가 단계라고 한다. 예를 들어 건강 검진 서비스를 구매하려는 사람이 정보 탐색 이후 4개의 선택 대안 브랜드를 고려 중이라면 나름대로의 평가 기준을 사용하여 특정 브랜드를 선택할 것이다. 소비자들은 선택 기준에 입각하여 각 대안을 평가한다. 예컨대 건강 검진의 경우는 명성, 경제성, 부가 서비스 등이 선택 기준이 될 수 있다.

〈표 4-1〉은 대안을 평가하는 예를 보여 주고 있다. 예를 들어 건강 검진의 경제성, 명성, 부가 서비스의 속성 중요도를 각각 0.4, 0.3, 0.2로 가중치를 주고 4개의 건강 검진 브랜드를 10점 만점으로 각 속성 평가를 내린다. A 브랜드의 경우 경제성이 3점, 명성이 9점, 부가 서비스가 4점으로 나왔다. 이 각각의 속성 평가 점수에 속성 중요도를 곱하여 더하게 되면 4.7점(0.4×3 + 0.3×9 + 0.2×4×3)이라는 평가 점수가 나온다. 마찬가지 과정에 의해 B브랜드는 5.1점, C브랜드는 5.6점, D브랜드는 5.3점이 얻어진다. 이 평가 점수는 그 소비자가 각 브랜드에 대해 형성하는 태도 점수라고 할 수 있다. 즉, 각 브랜드를 얼마나 선호하는가를 나타내는 지표가 된다. 이 소비자는 C브랜드에 대한 태도 점수가 가장 높게 나온다. 이는 이 소비자가 C브랜드를 가장 선호하며 다른 조건이 동일하다면 C브랜드 구입 가능성이 가장 높다고 할 수 있다.

글로벌 의료서비스 마케터는 자기 서비스에 대한 소비자의 선택 기준과 태도 점수를 지속적으로 모니터링하여 마케팅 의사 결정에 반영할 수 있다. 첫째 글로벌 의료서비스 마케터는 자기 서비스가 강점을 가진 속성의 중요도를 부각시킬 필요가 있다. 둘째 글로벌 의료서비스 마케터는 자기 서비스가 낮게 평가되는 속성을 실질적으로 개선할 필요가 있다. 셋째 글로벌 의료서비스 마케터는 선택 기준 형태를 토대로 소비자를 유형화하여 표적 소비자 선별에 접목할 수 있다.

4) 구매 행동

대안 평가를 통해 구매 대안별 선호 순위를 형성한 소비자는 구매 행동 단계로 들어가게 된다.

일반적으로 가장 선호되는 대안이 구매될 가능성이 가장 높은 것은 사실이다. 다만 글로벌 의료서비스 마케터가 주의할 점은 항상 그렇지는 않다는 점이다. 경우에 따라 소비자의 행동이 애초의 선호 패턴과 다른 양상으로 나타나기도 한다. 예를 들어 C브랜드의 건강 검진 서비스를 이용하기로 결정하고 국제 여행사를 통해 구체적인 절차를 상담하는 과정에서 해당 여행사 직원의 권유에 따라 새로운 브랜드를 구입할 수도 있다.

실제 구매 과정 전반에 걸쳐 소비자에게 노출되는 여러 자극은 소비자의 구매 행동에 영향을 미치게 된다. 예를 들어 판매원의 권유, 세일 등에 의해 소비자들은 특정 서비스의 구매 결심을 바꾸기도 한다.

뿐만 아니라 다른 사람의 선호 태도가 소비자의 구매 행동을 변화시킬 수도 있다. 예를 들어 건강 검진 서비스를 이용하기 위해 해외로 이동하는 데 대해 불안감을 토로하는 노부모가 있다면 해당 소비자는 자신의 선호 태도를 구매 행동으로 연결하는 데 주저할 수 있다.

글로벌 의료서비스 마케터는 자기 서비스에 대한 소비자들의 선호 태도를 제고하는 데 그쳐서는 안 되며 실제 구매 행동으로 연결될 때까지 면밀하게 이어지는 마케팅 노력을 전개해야 한다.

5) 서비스 체험

서비스는 제품과 달리 생산과 소비자가 분리되지 않은 채 동시에 발생하므로 체험(experiences)의 중요성이 상대적으로 높다. 의료서비스의 경우를 예로 보면 의사, 간호사, 물리치료부, 진단 부문, 행정 부문 등 의료서비스 관련 네트워크는 환자(소비자)의 서비스 체험에 중요한 영향을 미친다. 환자를 일차 진료한 의사는 진단 부문의 검사를 처방한다. 행정 부문을 통해 비용을 지불한 환자는 검사를 마치고 간호사의 안내에 따라 의사의 이차 진료를 마친 후 물리치료부에서 물리치료를 받고 귀가할 수 있다.

서비스 마케팅 분야에 접목된 역할 이론(role theory)의 견지에서 보면 무대 위에서 진행되는 연극과 마찬가지로 의료서비스 체험 과정도 관련된 배우들의 역할(role) 수행에 따라 소비자의 체험이 형성된다.

글로벌 의료서비스 마케터는 소비자의 의료서비스 체험 과정에 관여하는 주체에 대한 입체적인 관리를 해야 한다.

우선 글로벌 의료서비스 마케터는 소비자의 서비스 체험 과정에 관여하는 의사, 간호사, 물리치료부, 진단 부문, 행정 부문 등 자기 조직 내 배우들의 대본(script)을 적절하게 제시하여 소비자 체험 과정을 관리할 필요가 있다.

나아가 글로벌 의료서비스 마케터는 소비자의 서비스 체험 과정에 관여하는 다른 소비자의 역할도 세심하게 조절할 필요가 있다. 경우에 따라 글로벌 의료서비스 마케터는 대기 시간이나 체험 과정에서 동일한 시간과 공간을 공유하는 소비자나 환자들이 서로 잘 어울리도록 선별하여 배치하는 '적합도 관리(compatibility management)'에 신경을 쓸 필요가 있다. 그리고 소비자가 자발적으로 스스로의 역할을 잘 수행하도록 '고객 참여 행동(participation behavior)'을 촉진하고 다른 소비자의 체험 과정을 풍부하게 할 수 있는 '고객 시민 행동(citizenship behavior)'을 촉진할 필요가 있다.

소비자가 쉽게 식별할 수 있는 언어로 로비에 표지판을 설치하고 안내 책자를 배치하는

'물리적 증거(physical evidence)'를 통해 소비자의 역할을 교육하고 안내하는 행위도 이러한 노력의 일환으로 이해할 수 있다.

6) 구매 후 행동

소비자가 서비스 품질을 판단하기 어려워 구매 후에도 혼란스러운 상황에 처할 수 있는 소위 '신뢰재(credence goods)' 성격을 가지는 의료서비스는 소비자의 구매 후 부조화(post-purchase dissonance)를 세심하게 관리할 필요가 있다. 구매 후 부조화는 구매한 제품이 구매하지 않은 다른 유사 제품보다 더 나을지도 모른다는 심리적 불편감을 말한다. 이것은 구매 후 불만족과 다른 일종의 소비자가 느끼는 의구심 내지는 구매 확신의 부재 상태이다.

글로벌 의료서비스 마케터는 감사 메일을 보내거나 실체적 증거를 보강하는 등 세심한 사후 관리를 통해 소비자가 스스로 확신을 가지게 하는 노력을 전개할 필요가 있다.

나아가 최종적으로 소비자는 구매 후에 만족하거나 불만족하게 된다. '만족(customer satisfaction)'이란 구매 전에 형성하고 있던 기대가 충족되었다는 자각 상태이며, '불만족(customer dissatisfaction)'은 그렇지 못한 상태라고 볼 수 있다. 일반적으로 만족한 소비자는 그 제품이나 서비스를 반복구매하거나 우호적인 입소문을 하는 로열티를 형성하게 된다. 반대로 불만족한 소비자는 재구매하지 않는 것은 물론 부정적인 입소문을 전파하거나 소송을 제기하는 등 다양한 불평 행동을 전개할 수 있다.

글로벌 의료서비스 마케터는 기본적으로 소비자가 만족할 수 있도록 사전 기대를 관리하고, 기대에 걸맞은 서비스를 제공할 수 있도록 노력해야 하며, 불만족한 소비자의 의견을 수렴하고 피드백할 수 있는 체제를 구축해서 운용할 필요가 있다.

3. 소비자 행동에 영향을 미치는 요인

1) 개인적 요인

(1) 개성

개성(Personality)은 외부 환경에 대해 일관되고 지속적인 반응을 가지는 심리적 특성이라고 정의된다. 그리고 쉽게 변화하지는 않지만 시간 흐름이나 특정한 사건 등에 따라 지속적으로 변화하기도 한다. 다양한 외부 자극이나 환경에 대해 사람들은 저마다 일관된 반응과 행동을 보이는데 이와 같은 행동 형태에 따라 개성을 구분할 수 있다. 프로이드의 심리 분석 이론과 동기 연구 이론, 사회 심리 이론, 특성 이론, 자아 개념 이론 등이 개성을 설명하는 주요 이론들이다. 심리 분석 이론은 프로이드가 제안한 것으로 인간의 개성 시스템은 id, ego, superego로 구성된다. 개성을 구성하는 세 요소들이 상호 작용하면서 무의식적인 동기를 유발하고, 유발된 동기가 인간 행동으로 구체화됨으로써 개성으로 발현된다는 것이다. 동기 이론에 따르면 개인의 행동은 인간의 무의식적인 동기에 따라 나타난다고 한다.

사회 심리 이론은 개인이 자신의 욕구를 충족시키기 위해 사회적으로 어떻게 행동하는지를 연구한 이론으로 사회 변수를 개성을 형성하는 주요 변수로 제안하고 있으며 무의식보다는 의식적인 동기를 더 중요시한다. 특성 이론은 개성을 일종의 특성들의 집합으로 규정하고 있다. 특성의 정도에 따라 개성이 차이가 난다고 주장한다.

자아 개념 이론은 각 개인이 자신에 대해 느끼는 모든 생각들을 개성으로 정의한다. 사람들은 자신에 대해 느끼는 이미지나 감정, 생각들이 존재하는데 이를 자아 개념화를 통해 개성으로 나타난다고 한다.

(2) 라이프스타일

사람들은 저마다 삶을 살아가는 방식을 라이프스타일(Lifestyle)이라 한다. 라이프스타일은 각 개인이 어떤 과정을 거쳐 어떻게 살아왔는지를 보여 주는 총체다. 또 개성과는 달리 쉽게 변하기도 한다.

이와 같은 삶의 기록은 개인의 향후 구매 형태나 욕구에도 영향을 미친다. 라이프스타일을 측정하는 방법으로는 사이코그래픽스와 AIO가 쓰인다. 사이코그래픽스(psychographics)는 소비자의 심리적 특성을 반영하는 것으로, 행동(Activities), 관심(Interests), 의견(Opinions)을 의미하는 AIO로 통칭한다.

라이프스타일을 측정하여 시장세분화에 활용하는 방법으로 The Value and lifestyle(VALS) Program이 있다. VALS는 미국 스탠포드연구소가 미국 소비자들의 문화 가치가 어떻게 변화하는지 추적하기 위해 개발한 것으로 각 소비자의 가치관, 라이프스타일에 따라 소비자 집단(VALS 1)과 시장(VALS 2)을 세분화한다.

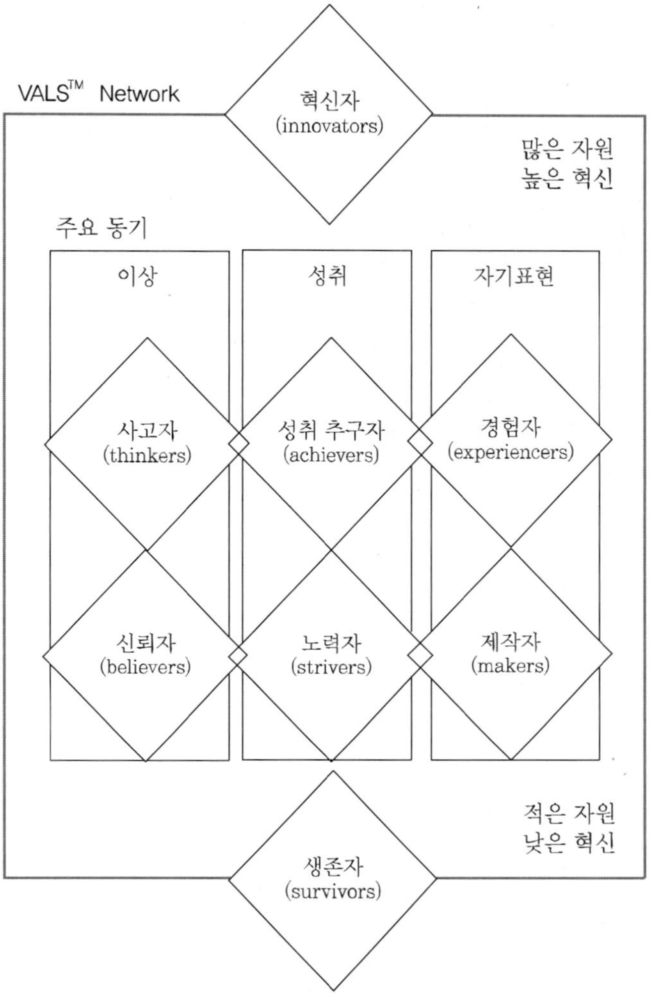

[그림 4-6] VALS Framework

자료: 코틀러, 켈러 지음, 조호현, 신종칠, 홍성태, 김동진 역(2008)에서 재인용

2) 사회적 요인

(1) 문화

문화란 사회 구성원들이 공유하는 관습, 가치관, 라이프스타일, 도덕 등의 복합체를 말한다. 문화는 사람들이 오랜 세월에 걸쳐 이룩한 사회적 유산 또는 생활 방식이다. 개인 차원에서의 습관에 해당되는 개념이라고 이해할 수 있을 것이다. 문화는 각 세대 간의 학습에 의해 전달되는 특성을 가지고 있기 때문에 사회의 규범과 기준을 포함하고 있다. 문화는 사회

구성원을 통해 공유되는 가치이며 고정되지 않고 끊임없이 변화하고 한 사회의 표준으로 개인의 욕구에 대한 한계를 규정하기도 한다. 문화의 구성 요소로는 물질적 요소, 사회적 기관, 언어, 가치와 신념 체계, 관습과 의례 등이 있다. 문화적 요인은 소비자 행동에 영향을 미친다.

상대적으로 효(孝)를 중시하는 유교적 관습이 강하게 남아 있는 동북아시아 국가 소비자의 노인 요양 서비스 이용 태도는 단기적으로 부정적일 수 있으나 실질적인 혜택에 대한 재음미 등을 통해 매우 큰 시장으로 성장할 여지를 지니고 있다고 볼 수 있다.

〈표 4-2〉 국가별 5가지 문화적 차원 지수

국가	권력의 격차		개인주의		남성성		불확실성 회피		장기적 오리엔테이션	
	지수	순위	지수	순위	지수	순위	지수	순위	지수	순위
오스트리아	11	53	55	18	79	2	70	24-25	31	22-24
벨기에	56	20	75	8	54	22	94	5-6	38	18
덴마크	18	51	74	9	16	50	23	51	46	10
핀란드	33	46	63	17	26	47	59	31-32	41	14
프랑스	68	15-16	71	10-11	43	35-36	86	10-15	39	17
독일	35	42-44	67	15	66	9-10	65	29	31	22-24
그리스	60	27-28	35	30	57	18-19	112	1	-	-
아일랜드	28	49	70	12	68	7-8	35	47-48	43	13
이탈리아	50	34	76	7	70	4-5	75	23	34	19
네덜란드	38	40	80	4-5	14	51	53	35	44	11-12
포르투갈	63	24-25	69	13	31	45	104	2	30	25-26
스페인	57	31	51	20	42	37-38	86	10-15	19	31-32
스웨덴	31	47-48	71	10-11	5	52	29	49-50	33	20
영국	65	42-44	89	3	66	9-10	35	47-48	25	28-29
미국	40	38	91	1	62	15	41	43	29	27
일본	54	33	46	22-23	95	1	92	7	80	4
홍콩	68	15-16	25	37	57	18-19	29	49-50	96	2
대만	58	29-30	17	44	45	32-33	69	26	87	3

자료원: Geert Hofstede(2001), *Culture's Consequences*(Thousand Oaks, CA: Sage), pp.500-502.

자료: Hofstede(2001), 이철, 장대련(2006)에서 재인용

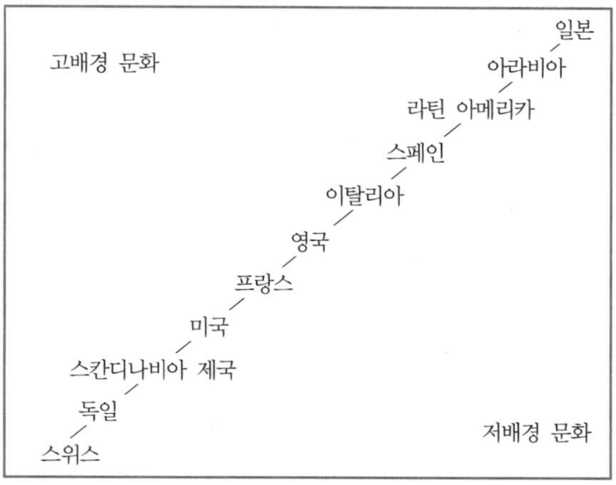

[그림 4-7] 고배경 문화 국가와 저배경 문화 국가
자료: Hall(1976), 이철, 장대련(2006)에서 재인용

〈표 4-3〉 고배경 문화와 저배경 문화의 특징

구분 \ 문화권	고배경 문화(High Context)	저배경 문화(Low Context)
법률 또는 법률가	덜 중요하다	매우 중요하다.
개인의 말	매우 중요하며 개인의 비공식적인 의사 표시가 보증의 역할을 한다.	크게 중시하지 않는다. 서면으로 보증한다.
공간 개념	서로 어울리는 공간을 중요시 여긴다.	개인적인 공간을 중요하게 여기고 침해받는 것을 싫어한다.
실패에 대한 책임	조직의 최고위층이 책임진다.	조직의 최하위층에게 돌려진다.
시간 개념	시간 구분이 분명하지 않다.	“시간은 돈이다”라는 개념이 매우 강하다.
협상	오래 끄는 것이 보통이다. 협상의 목적을 모든 당사자들이 서로 충분히 이해하여 저절로 해결되도록 한다.	매우 신속히 수행한다.
경쟁 입찰	빈번하지 않다.	일반적이다.
해당 국가	일본, 중동	미국, 북유럽

자료: Hall(1976), 이철, 장대련(2006)에서 재인용

(2) 사회 계층

사회 계층(Social class)은 한 사회 내에서 같은 지위에 있는 사람들로 구성된 집단으로 정의된다. 사회 계층은 한 사회 내에서 비교적 영속적이고 동질적인 집단 구분인데, 대체로 직업, 소득, 교육 수준 등에 의해 나누어진다. 사회 계층은 지위를 나타내고 상징한다. 해당되는 각 사회 계층에 속하는 사람들은 계층에 따라 공유하는 태도나 행동 등에서 차이를 보이고 각 사회 계층을 구성하는 구성원들 간에는 일종의 동질감을 갖는다.

각 사회 계층은 해당되는 사회 계층의 개인에게 영향력과 구속력을 미친다. 즉, 상류 계층, 중류 계층, 하류 계층의 제품 구매 선택 기준, 여가 활동, 선호하는 정보 매체, 충동구매 정도, 광고 메시지의 선호 등에 있어서 차이를 나타낸다. 예를 들어 상류층일수록 인쇄 매체를 선호하고, 충동구매를 잘하지 않으며, 여가/레저를 즐기고 명품 브랜드를 선호하는 경향이 있다.

글로벌 의료서비스 마케터는 사회 계층별로 다르게 나타나는 의료서비스 구매 행동의 차이를 이해하여 마케팅 활동에 반영해야 한다.

(3) 준거 집단

일반적으로 준거인이란 다른 사람들의 행동의 기준이 되거나 모범을 보임으로써 영향을 미치는 사람이며, 준거 집단도 마찬가지로 각 개개인의 행동에 영향을 주는 집단이라고 정의할 수 있다. 즉, 준거 집단이란 어떤 대상과 관련된 소비자의 태도 형성이나 행동에 어떤 기준점을 제공하는 집단이라고 할 수 있다. 예를 들어 청소년들은 또래 집단이 강력한 준거 집단으로 작용하여 서로 입는 옷이나 신발 그리고 휴대폰 구매에 영향을 주게 된다.

준거 집단이 소비자 행동에 미치는 영향은 크게 규범적, 정보적, 가치 표현적 차원 등의 세 가지로 나누어 볼 수 있다. 규범적 영향이란 보상을 얻거나 처벌을 피하기 위해 집단에 순응하게 하는 영향이다. 정보적 영향은 지각 위험이 있는 구매 상황에서 전문적인 준거 집단에 제공하는 정보의 영향이다. 가치 표현적 영향이란 준거 집단과의 일체감을 통해 자아 이미지를 강화시키는 영향이다. 준거 집단의 영향은 특히 구전을 통해서 전달된다. 눈에 잘 띄고, 쉽게 구별할 수 있으며, 중요하고, 지각 위험이 높은 제품의 경우 준거 집단의 구전 영향이 크다. 최근에는 온라인 구전 효과가 매우 큰데, 영화의 경우에는 온라인 영화 평점 등 관람 후기 등이 구매 선택에 영향을 지대하게 미치고 있다.

글로벌 의료서비스 마케터는 준거 집단의 영향을 고려한 마케팅 계획을 수립해야 한다.

(4) 가족

가족에 대한 사전적인 정의는 혈연이나 입양 등으로 구성된 집단 또는 구성원이다. 가족은 경제적, 사회적, 정서적 기능을 가지고 있다. 동일한 공간에서 동일한 생활을 하고 있으므로 가족 구성원들은 상호 밀접한 관계를 맺고 있다. 그리고 소비 행동에도 영향을 미친다. 가족생활 주기(Family Life cycle)에 따라서 소비 행태는 달라진다. 즉, 독신기 - 신혼부부기 - 취학 전 자녀기 - 취학 후 자녀기 - 자녀 독립기 - 노부부기 - 노년 독신기 등에 따라 주택, 가구, 식품 등의 소비 행태는 다르다. 편의품의 경우는 주부가 주로 구매하지만 자녀가 구매에 영향을 미치기도 한다.

글로벌 의료서비스 마케터는 가족의 영향을 고려하여 마케팅 자극을 제시할 필요가 있다.

4. 소비자 정보 처리 과정

소비자 정보 처리 과정이란 소비자가 마케팅 자극에 노출된 후 주의를 기울여 자극에 담겨 있는 정보의 의미를 지각하여 관련된 신념과 태도를 갱신한 후 기억하는 일련의 과정을 지칭한다. 소비자 정보 처리 과정은 [그림 4-8]과 같이 소비자 정보 처리 과정은 노출, 주의, 지각, 기억의 단계로 나누어 볼 수 있다. 글로벌 의료서비스 마케터는 소비자 정보 처리 과정을 감안하여 자극을 제시함으로써 마케팅 성과를 높여갈 필요가 있다.

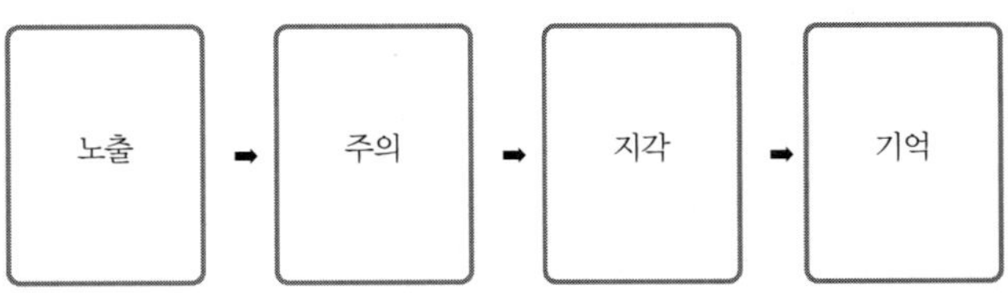

[그림 4-8] 소비자 정보 처리 과정

1) 노출

사람들이 어떤 정보를 처리할 때는 정보를 인지할 수 있는 최초 자극이 있어야 한다. 일반적으로 소비자는 상품 판매와 관련된 모든 자극에 노출되는 단계를 거쳐 주의를 기울이고 최종적으로 이해하고 기억하는 단계로 발전한다. 노출(Exposure)은 외부 자극에 대한 최초 단계로 시각, 청각, 촉각, 미각, 후각 등 오감 중 하나 이상의 감각이 활성화된 상태를 말한다. 노출에는 소비자가 자신의 욕구를 해결하기 위해서나 또는 보다 많은 정보를 얻기 위해서 스스로가 해당되는 목적을 가지고 행동하는 의도적 노출, 소비자가 원하지 않았지만 자연스럽게 판매 자극에 노출되는 우연적 노출, 소비자가 필요한 정보만을 선별해 노출 수준을 지정하는 선택적 노출이 있다.

노출의 강도가 강해져 결국 감각 기관에서 인지하는 수준을 감지(Sensation)라 한다. 감지는 자극을 감지하는 최소 수준의 자극을 절대적 식역, 두 개의 자극 사이를 지각할 수 있는 최소의 차이를 말하는 차이식역, 절대적 식역에 해당되지 않는 자극이라도 소비자가 무의식 중에 자극을 감지하는 식역하지각으로 구분된다. 절대적 식역은 사람마다 다르며, Weber의 법칙은 차이식역을 구분하기 위한 필요 자극의 최소 변화는 초기 자극의 강도에 비례한다고 설명한다. 식역하지각에는 증식 효과 이론을 통해 구체적으로 설명되는데, 소비자가 아주 약한 자극에 노출되더라도 반복되는 회수 등, 강도에 따라 개인의 무의식에 축적되어 절대적 식역 이상의 자극으로 인지하게 되는 현상을 일컫는다.

2) 주의

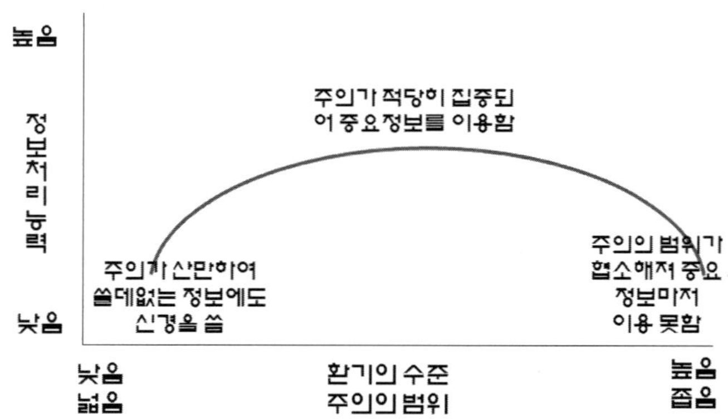

[그림 4-9] 요크스-다드슨의 법칙: 주의와 환기의 관계

자료: 임종원, 김재일, 홍성태, 이유재(2006)

소비자들이 아무리 많은 자극에 노출된다고 하더라도 한꺼번에 모든 자극 정보를 처리할 수는 없다. 그러므로 사람들은 선별적으로 해당 자극들에 집중하게 되는 일종의 정보 처리 시스템을 가지고 있다. 개인의 선호, 관심, 욕구, 몰입도, 태도, 상황 등에 따라 각 자극 정보들은 순차적으로 처리된다. 주의(attention)란 제한된 정보 처리 용량의 할당 기능을 의미한

다. 일종의 관심인 셈이다. 환기(arousal)가 주의에 영향을 미치는데 환기란 마음속에 생기는 다소의 긴장감을 의미한다.

주의에 영향을 미치는 자극 요인들로는 구체적이고 확실한 언어, 색다른 자극, 유머, 두드러진 색상이나 대조 등이 있다. 일반적으로 고관여 제품의 경우 제품 정보에 주의하는 경향이 있고 저관여 제품의 경우는 광고의 배경적 요소나 연출에 주의를 기울이게 된다.

3) 지각

지각은 감각 기관으로 입력된 정보를 처리하는 과정인데, 자극 정보에 대한 선택, 주의, 해석의 과정을 말한다. 이 중에서 이해는 노출과 주의 단계를 거쳐 입력된 각종 정보를 조직화하고 의미를 해석하는 것을 말한다.

지각은 각 개인의 신념과 태도 등이 반영되는 주관성, 관심 있는 자극만을 지각하는 선택성, 기억 속에 잠깐 머무는 일시성 그리고 자극 정보를 하나의 통일된 형태로 만드는 총합성의 특성이 있다. 소비자는 다양한 외부 자극들을 종합해 특정한 대상, 또는 상품을 의미화하는 과정을 거치는데 바로 이를 지각적 조직화라고 한다. 예를 들어 "일제 차는 경제적이다"라는 신념은 일제 차의 많은 정보들을 조직적으로 지각한 결과이다. 지각적 해석에는 지각적 범주화와 지각적 추론이라는 원리가 적용된다. 지각적 범주화는 소비자가 입력된 자극을 통해 기존 기억 체계와 연결해 자신만의 방법으로 대상을 이해하는 것이며, 지각적 추론은 소비자 자신의 직접 평가보다는 다른 단서들을 통해 추리하는 것이다. 예를 들어 가격이 비싼 화장품이 품질도 좋을 것이라고 추론하는 것을 말한다.

정보를 지각한 소비자는 이 정보에 대한 반응을 보이게 된다. 여기에는 인지적 반응과 감정적 반응이 있다. 인지적 반응이란 정보 처리를 하는 동안 떠올린 생각들이다. 예를 들어 어떤 광고 메시지에 대해 수긍하는 생각이나, 부정하는 생각이다. 감정적 반응은 소비자가 정보 처리를 하는 동안 발생하는 느낌들이다. 예를 들어 어떤 광고를 보고 감동을 느꼈다든지, 기분이 나빴다든지 하는 것들이다. 긍정적인 인지/감정적 반응은 자극에 대한 긍정적인 태도를 형성하게 하고, 부정적인 반응은 태도에 부정적인 영향을 미치게 된다. 이러한 태도는 정보의 저장(기억 형성)에도 영향을 미치게 된다.

4) 기억

소비자들은 정보 처리 단계의 최종으로 기억이라는 작업을 한다. 기억이란 정보를 저장하는 단계이다. 소비자의 기억 장치는 감각 등록기-단기 기억-장기 기억으로 구성되어 있다. 감각 등록기(sensory register)는 외부에서 입력된 정보를 잠시 보관하는 곳이며, 단기 기억(working memory)은 감각 등록기로부터 온 정보와 장기 기억에서 인출된 정보를 처리하는 장치이다. 장기 기억(long-term memory)은 단기 기억에서 처리된 정보를 영구히 저장하는 장치이다.

소비자들은 자신들의 욕구와 기호, 관심 등에 따라 기억을 할지, 만약 기억을 한다면 오래 기억해야 할 것인지, 아니면 잠시 기억할 것인지를 판단하게 된다. 장기 기억 장치(두뇌)에는 관련 정보들이 네트워크 형태로 저장되어 있고, 필요시 인출되어 구매 의사 결정에 영향을 미친다. 기억된 정보는 이후 정보 탐색, 주의, 이해 단계를 통해 표출된다. 우리가 어떤 대상을 기억할 때는 끊임없는 반복을 통해 기억하거나, 개인의 정보 처리 수준에 따라 기억의 종류가 달라지기도 하며, 유입된 정보를 처리하기 위해 지속적으로 노력해야 하는 경우도 있다. 대개 독특한 광고 메시지나 리허설이 많이 된 정보, 단서가 많은 정보, 개인에게 크게 관여된 정보는 기억 잠재력이 높다.

토의 문제

1. 글로벌 의료서비스 소비자만의 특징을 생각해 보시오. 다른 제품이나 서비스 소비자와 어떤 점이 다른지 설명해 보시오.
2. 글로벌 의료서비스 소비자 행동 이해를 위한 블랙박스 모형을 어떻게 이해할 수 있으며 그 모형의 유용성을 설명해 보시오.
3. 글로벌 의료서비스와 관련하여 소비자 구매 의사 결정 과정을 단계별로 설명해 보시오.
4. 글로벌 의료서비스와 관련하여 소비자 구매 의사 결정 과정에 영향을 미치는 사회적 특성 변수와 개인적 특성 변수를 생각해 보고 시사점을 생각해 보시오.
5. 글로벌 의료서비스와 관련하여 소비자의 정보 처리 과정을 생각해 보시오.

참고문헌

이철, 장대련, 2006, 『글로벌시대의 국제마케팅』, 2판, 학현사.

임종원, 김재일, 홍성태, 이유재, 1999, 『소비자 행동론』, 2판, 경문사.

주우진, 박철, 김현식, 『마케팅관리』, 홍문사, 출판 예정.

코틀러, 켈러 지음, 조호현, 신종칠, 홍성태, 김동진 역, 2008, 『마케팅관리』, 시그마프레스.

Kotler, Philip, 2003, *Marketing Management*, 11th ed., Prentice-Hall, Inc.

Kotler, Philip and Gary Armstrong, 2004, *Principles of Marketing*, 10th ed., Pearson Education, Inc.

제5장 글로벌 의료서비스 시장세분화

도입 사례

의료서비스 난이도×서비스 기간 시장세분화, 태국 Ministry of Public Health

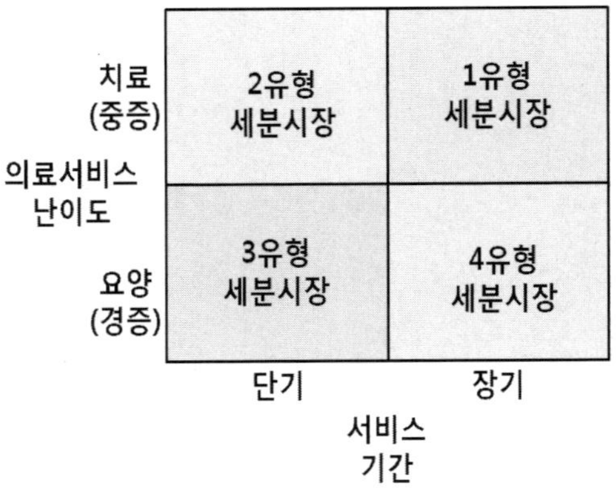

[그림 5-1] 글로벌 의료서비스 시장세분화

전체 경제 수준에 비해 상대적으로 해외 환자를 대상으로 하는 의료서비스 영역의 경쟁력이 높게 평가되는 태국의 경우 체계적인 시장세분화에 기반을 둔 범정부 차원의 전략적인 노력이 결실을 거둔 것으로 평가되고 있다.

2003년 초, Ministry of Commerce는 "Thailand as an excellent int'l center for health care"안을 내각에 상정하고 공중보건부(Ministry of Public Health)는 이 정책 목표의 전략 개발을 위해 보건 서비스와 보건 관련 상품을 위한 전략지원위원회(Committee on Strategic Support for Health Services and Health-Related Products)를 조직, 운영하면서 다음의 세 가지 영역에 대한 전략적인 산업화를 추진하기로 하였다. ① 의료서비스: 아시아 의료 허브(medical hub), ② 건강 증진(온천, 전통 마사지, 장기 체류): 아시아 웰빙의 수도(Wellness Capital), ③ 건강, 허브(약용 식물) 상품: 전 세계를 위한 타이 허브(Thai herb).

체계적인 글로벌 의료시장세분화

2004년 태국 내각이 "태국을 아시아에서 건강의 수도(the Health Capital)로"라는 슬로건을 승인하면서 태국 공중보건부는 글로벌 의료시장을 의료서비스 난이도와 서비스 기간에 따라 세분화하며 자국의 의료서비스가 집중할 방향을 모색하였다.

결과적으로 태국 공중보건부는 '장기간에 걸쳐 요양 서비스를 추구하는 상대적으로 나이 든 노령층 세분시장'의 잠재력에 주목하여 체계적인 노력을 전개하였다.

해외 환자 입국 과정 간소화

우선 태국 공중보건부는 2005년부터 노인 장기 요양 서비스를 목적으로 태국에 오는 외국인들과 상시 방문자들에게 무비자를 허용하고 10여 개 국가와 관련 합의를 이끌어 내었다.

적극적인 촉진 활동

태국 공중보건부는 영문 홍보 책자 첫 장에는 공중보건부 장관의 태국의 보건 의료서비스에 대한 추천 글을 게재하는 등 민간 병원협회에서 외국인을 위하여 추천한 방콕과 파타야 소재 16개 병원에 대해서 적극적인 대외 촉진에 나섰다.

예를 들어 태국 민간 병원 산업의 소위 '빅 3'에 해당하는 파타야 방콕병원(Bangkok Hospital in Pattaya)은 공중보건부에서 외국인에게 추천하는 16개의 병원 중 하나로 호텔식의 병원시설 및 해외 환자를 위한 통역 등 다양한 서비스를 제시하며 정부의 노력과 시너지를 창출하고 있다.

신중한 의료서비스 품질 관리

태국 공중보건부는 HA-Thailand(the Institute of Hospital Quality Improvement & Accreditation, 병원질향상인증원)를 통해 민간 병원협회의 208개 모든 병원의 서비스 품질과 환자 안전 기준을 명시하여 관리하는 한편 온천협회(Spa Association)를 통해 온천시설 및 서비스에 대한 기준을 마련하여 인증(certificate)에 의한 품질 보증 제도를 마련하여 적정 서비스 품질 관리에 노력을 기울였다.

장기 요양 해외 환자 증가

일본, 미국, 호주, 영국, 타이완으로부터 오는 환자들이 가장 많고, 최근 들어 베트남, 캄보디아, 라오스, 미얀마 등의 아시아 국가들과 중동 국가 등으로부터 오는 환자들도 그 수가 매년 15%씩 증가하는 추세이다.

특히, 핀란드, 스웨덴, 노르웨이, 덴마크 등의 환자들이 북유럽의 어둡고 긴 겨울이 되면 재활 서비스와 장기 요양을 목적으로 태국을 찾는 경우가 점점 더 많아지고 있기도 하다.

경제 발전 기여

2003년 보건 서비스(health services) 수출액은 4백억 Baht(약 9억 8천만 달러: 1달러 = 40.67Baht – 2003. 9)였는데, 이 중 1/2에 해당하는 2백 억 Baht(약 4억 9천만 달러)는 의료서비스(medical services) 수출이 차지한 것으로 나타났다(자료: 한국보건산업진흥원, 「태국의 해외환자유치 배경 및 현황」, 2007. 6. 7. 자료를 인용하고 일부 추가 작성).

학습 목표

1. 시장세분화의 개념과 목적을 이해한다.
2. 글로벌 의료서비스와 관련하여 시장세분화의 요구 변수와 기술 변수를 생각해 본다.
3. 효과적인 시장세분화의 조건들을 이해한다.
4. 글로벌 의료서비스 영역에서 벌어지는 시장세분화 전략의 예를 조사해 본다.

1. 글로벌 의료시장세분화의 의의

'객관적으로 이상적'인 마케팅을 추구하던 포드자동차의 매스마케팅(mass marketing) 철학은 시간이 흐르면서 대부분의 산업에서 나타난 소비자 요구 다변화, 경쟁자 증가, 매스마케팅 효과 감소 현상에 밀려 점차 위상이 낮아지게 되었다. 새롭게 등장한 대안적인 마케팅 철학이 '선택한 표적시장'에 맞추는 미시마케팅이다. 특별한 언급이 없는 한 현대 마케팅은 미시마케팅을 기본으로 삼는다.

1) 시장

시장은 시간의 흐름과 학문 분야의 관점에 따라 다양한 뉘앙스로 사용되는 용어다. 전통적인 관점에서의 시장은 구체적인 물리적 장소를 지칭하는 용어로 사용되어 왔다. 동대문시장, 모란시장, 화개장터 등이 그 예다.

경제학자들은 전통적인 관점에서의 시장을 추상화하여 사용하기 시작하였다. 예컨대 시장 기구의 효율성을 논하는 경우에서 사용되는 시장은 판매자와 구매자가 교환 과정에 참여하며 상호 작용하는 추상적 공간을 지칭한다.

마케팅 분야에서는 보다 협의의 시장 개념을 사용하기 시작했다. 마케팅 분야에서 말하는 시장은 현재 및 잠재 구매자 혹은 소비자 집합만을 의미한다. 대부분의 마케터가 판매자의 지위를 갖기 때문에 자신을 포함하는 시장 개념을 사용할 경우 논리 전개가 불편하기 때문이기도 하다.

문제는 다양한 정보원에서 사용하는 시장 개념이 위에서 열거한 예를 포함하여 여러 갈래로 혼용되어 맥락에 맞춰 해석해야 한다는 불편이 있다는 점이다.

이 책에서 사용하는 시장이라는 용어는 마케팅 분야에서의 관점을 차용하여 현재 및 잠재 구매자 혹은 소비자 집합을 지칭하는 것으로 정한다.

2) 시장세분화

시장세분화란 서로 다른 서비스 혹은 마케팅 믹스를 요구하는 그룹으로 시장을 나누는 과정을 말한다. 이 책에서는 서로 다른 서비스 혹은 서로 다른 마케팅 믹스에 대한 소비자의 요구를 해당 '요구 변수'에 따라 묘사하기로 한다.

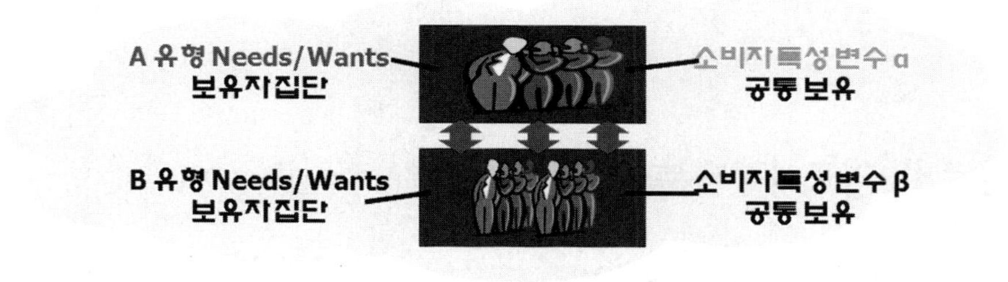

[그림 5-2] 시장세분화 개념

시장세분화는 소비자의 요구에 입각하여 단순히 시장을 분류하는 데 그쳐서는 안 되고 반드시 각각의 세분시장을 외부에서 식별할 수 있는 '꼬리표'가 붙어야 한다. 왜냐하면 실체적 세분시장이 실존하더라도 외부에서 각 세분시장을 식별하기 어렵다면 글로벌 의료서비스 마케터가 세분시장 소비자의 요구에 부응하는 대안을 제시하는 효과적인 마케팅을 하기 어렵기 때문이다. 이 책에서는 이러한 일종의 '꼬리표'를 일련의 '기술 변수'로 보기로 한다.

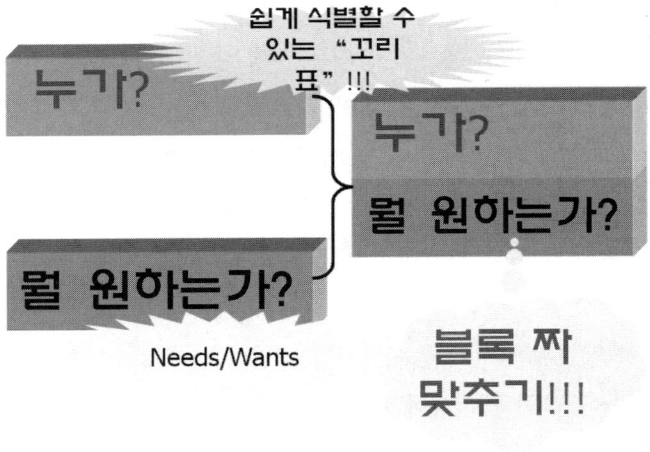

[그림 5-3] 시장세분화 실체

결국 시장세분화는 '요구 변수'와 '기술 변수'의 '쌍(雙)'에 따라 시장을 크거나 작은 조각으로 세분화하는 과정인 셈이다. 가능하다면 '요구 변수'와 '기술 변수'가 서로 중복되지 않도록 시장세분화를 하는 것이 마케팅 믹스 설계를 위해 편리하다. 다시 말해서 혼동의 여지가 적은 명료한 세분시장별로 독특하게 최적화된 마케팅 믹스를 적용할 수 있도록 하는 시장세분화야말로 글로벌 의료서비스 마케터에게 도움이 되는 것이다.

시장세분화는 본질적으로 시장에 대한 통찰력을 얻는 과정이어서 글로벌 의료서비스 마케터가 시장세분화를 통해 얻는 혜택은 '자신만의 시장 지도(map) 작성'에 비견할 수 있다.

2. 글로벌 의료시장세분화 방법

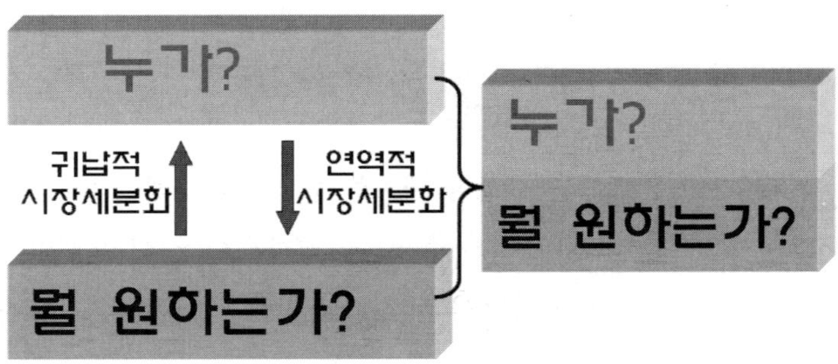

[그림 5-4] 귀납적 시장세분화와 연역적 시장세분화

시장세분화 방법은 크게 귀납적 시장세분화와 연역적 시장세분화 방식으로 구분할 수 있다. 글로벌 의료시장세분화도 마찬가지 유형으로 구분해 볼 수 있다.

1) 귀납적 시장세분화

귀납적 시장세분화는 글로벌 의료서비스 마케터의 마케팅 관련 경험에서 출발한다. 주로 경험에 의해 체득한 지식을 토대로 '요구 변수'에 입각해서 먼저 시장을 잠정적으로 구분하고 나서 각 세분시장을 잘 설명할 수 있는 '기술 변수'를 규명하여 시장세분화를 완료하는 방식이다.

A글로벌 의료서비스 마케터가 글로벌 의료서비스에 대한 고품질 요구 집단과 저가격 요구 집단이 존재한다는 사실을 경험적으로 체득하고 있다면 "누가 각 집단을 구성하는지?" 규명해 볼 필요가 있다. A글로벌 의료서비스 마케터가 마케팅 조사를 실시해 본 결과 선진국 소비자가 주로 저가격 요구 패턴을 보이고 중후진국 소비자가 고품질 요구 패턴을 보인다는 점을 발견할 수 있다. 결국 글로벌 의료서비스에 관한 한 선진국 소비자는 저가격 요구, 중후진국 소비자는 고품질 요구 쌍(雙)이 맺어져 간단한 귀납적 시장세분화가 일단락된다.

2) 연역적 시장세분화

연역적 시장세분화는 글로벌 의료서비스 마케터의 시장에 대한 가설에서 출발한다. 먼저 '기술 변수'에 입각해서 각 세분시장이 보유할 것으로 생각되는 '요구 변수'에 대한 가설을 세워 해당 가설을 확인하여 시장세분화를 완료하는 방식이다.

B글로벌 의료서비스 마케터는 글로벌 의료서비스에 대한 충분한 마케팅 경험이 축적되지 않은 상태지만 중증 질환자와 경증 질환자는 서로 다른 글로벌 의료서비스 요구를 가질 것으로 생각(가설 수립)하고 있다면 "과연 그런지?" 규명해 볼 필요가 있다. B글로벌 의료서비스 마케터가 마케팅 조사를 실시해 본 결과 해당 가설과 부합되는 현상(예: 중증 질환 소비자는 고품질 요구, 경증 질환 소비자는 저가격 요구)을 확인할 수 있다. 만일 그렇다면 글로벌 의료서비스에 관한 한 중증 질환 소비자는 고품질 요구, 경증 질환 소비자는 저가격 요구 쌍(雙)이 맺어져 간단한 연역적 시장세분화가 일단락된다.

3. 글로벌 의료시장세분화 변수

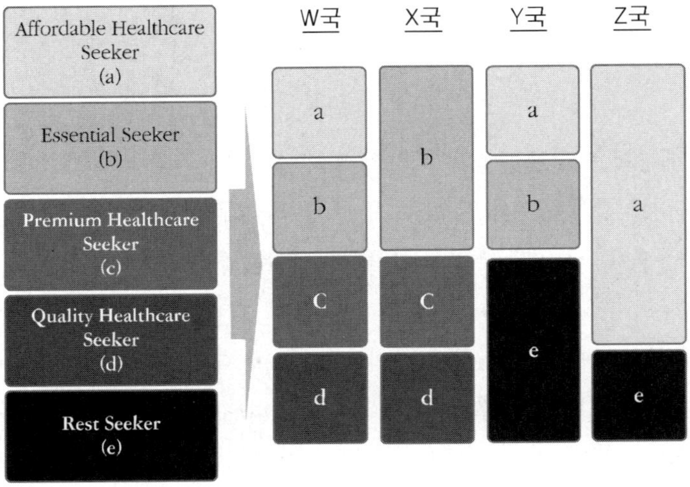

[그림 5-5] 글로벌 시장세분화

자료: Kotabe and Helsen(2004) 토대로 수정 작성함

1) 요구 변수

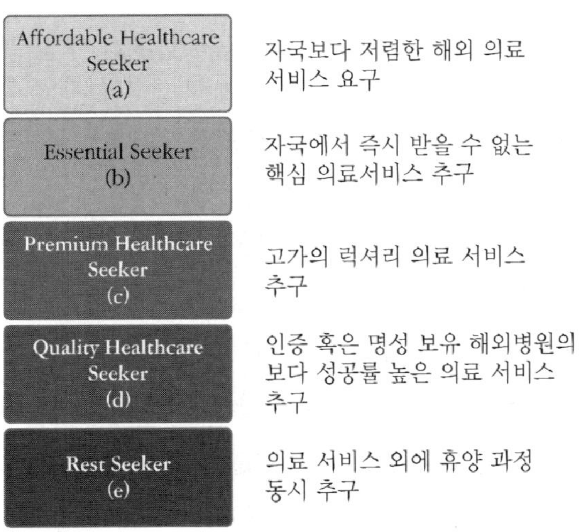

[그림 5-6] 글로벌 의료서비스 소비자 세분시장

자료: Yap(2006), 윤형호(2007)에서 수정 재인용

요구 변수(needs variables)란 '의료서비스 교환에 참여하려는 소비자의 서로 다른 요구를 설명해 주는 변수'다.

어떤 시장세분화에서도 요구 변수에 규명은 가장 우선적인 과제가 된다.

요구 변수는 의료서비스 소비자의 교환 참여 행위를 야기하는 서로 다른 동기, 서로 다른 선호, 서로 다른 목적 등을 글로벌 의료서비스 마케터가 파악하고 이해할 수 있게 도와준다. 나아가 글로벌 의료서비스 마케터가 소비자에게 무슨 서비스를 어떻게 제시할지 결정할 참고 자료가 된다. 요구 변수는 각 세분시장 소비자에게 어떤 핵심 혜택을 어떤 형태로 어떻게 전달할지 결정하는 가늠자 역할을 하게 된다.

요구 변수로 가장 많이 사용되는 변수의 예로는 니즈(needs), 혜택(benefits) 등을 꼽을 수 있다.

니즈(needs)는 '인간의 기본적인 요구'로 탄수화물, 지방, 단백질 등 균형 잡힌 영양소에 대한 필요와 같이 근원적인 문제를 지칭하는 변수로 볼 수 있다.

혜택(benefits)은 소비자가 니즈 충족을 도모하며 구매하려는 서비스로부터 기대하는 특정 이점을 지칭하는 변수로 볼 수 있다.

니즈는 추구 혜택보다 소비자의 근본적인 문제에 주안점을 두는 요구 변수인 반면 추구 혜택은 니즈보다 서비스 속성에 주안점을 두는 요구 변수로 볼 수 있다.

주의할 점은 '니즈'나 '혜택' 등 요구 변수들이 별개의 개념이 아니라 일정 수준 상호 관련성이 존재한다는 점이다. 경우에 따라 서로 관련성 있는 개념들이 수단-목적으로 연결될 수 있다는 수단-목적 사슬(means-end chain) 이론의 견지에서 보면 '혜택'이 '니즈'의 수단이 될 수 있는 셈이다.

글로벌 의료서비스 마케터는 보다 근본적인 차원에서 요구 변수를 규명하고 싶을 때는 '니즈' 차원으로 시장세분화를 시도할 수 있고 상대적으로 서비스 설계의 시사점을 얻고 싶을 때는 '추구 혜택' 차원으로 시장세분화를 하는 것이 유리할 수 있다.

예를 들어 [그림 5-5]의 Essential seeker에게 편안한 숙소와 즐거운 체험은 불필요한 비용 유발 요인으로 인식될 수 있어 오히려 제거하는 편이 바람직할 수 있다. 물론 Rest seeker라면 편안한 숙소와 즐거운 체험이야말로 핵심 서비스가 될 수 있을 것이다.

2) 기술 변수

기술 변수(descriptor variables)란 '의료서비스 교환에 참여하려는 소비자를 분류하는 데 사용할 수 있는 설명 변수'다. 일종의 '꼬리표'라고 볼 수 있다.

기술 변수는 각 의료서비스 소비자의 서로 다른 동기, 서로 다른 선호, 서로 다른 목적 등을 일일이 조사하지 않고도 유의하게 추측할 수 있는 근거가 된다. 예를 들어 글로벌 의료서비스 마케터가 과거 자료와 조사를 토대로 1인당 국민소득 30,000만 달러 이상 국가의 건강검진 소비자는 숙박 및 관광 등의 부가 서비스에 민감한 반면 1인당 국민소득 30,000만 달러 미만 국가의 소비자는 경제성에 민감한 패턴을 발견했다면 국가별 1인당 국민소득 변수는 건강 검진 서비스 시장세분화 과정에서 요긴한 기술 변수로 활용될 수 있는 것이다. 즉, 모든 잠재 소비자마다 건강 검진 서비스 선택 기준을 일일이 조사하지 않고도 '1인당 국민소득'이라는 기술 변수에 입각해서 어떤 건강 검진 서비스를 제공할지 결정할 수 있는 것이다.

(1) 공간적 기술 변수: '국가'

〈표 5-1〉 국가 기술 변수

항목	세부 항목
국가 경제	인구 규모 항공 서비스 승객 수 항공 화물 운송량 전기 사용량
무역	수출 규모 수입 규모
소득	1인당 GDP 1인당 GNP 1인당 휴대폰 수 가구당 신문 구독 수 1인당 휘발류 소비량
보건	평균 수명 인구 수 대비 의사 수 인구 수 대비 병원 병상 수

자료: Kotabe and Helsen(2004) 참고로 작성

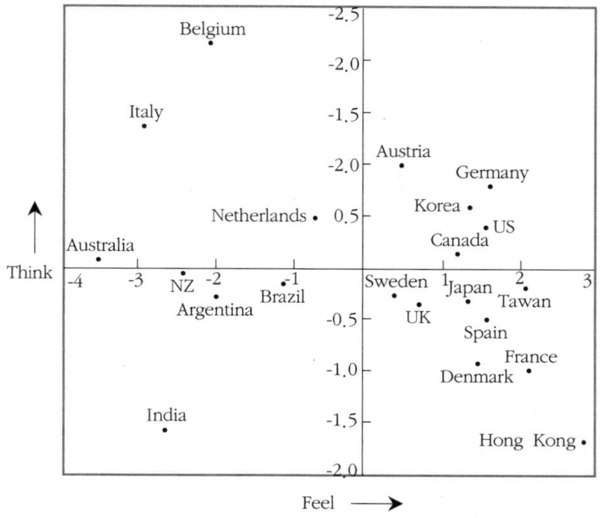

[그림 5-7] 국가별 Think-Feel 분포

자료: Kotabe and Helsen(2004)

공간적 기술 변수는 대륙, 국가, 지역, 도시 등 공간적 차원에서 세분시장을 기술하는 변수를 말한다. 특히 '국가'라는 기술 변수는 글로벌 의료서비스 마케터가 가장 많이 사용하는 기술 변수 중 하나로 알려져 있다. 왜냐하면 글로벌 마케터 견지에서 국가라는 기술 변수만큼 소속 소비자의 소비 행동을 잘 설명할 수 있는 변수가 드물기 때문이다. 이는 일반적인 글로벌 마케팅 맥락에서도 마찬가지다. 많은 경우 글로벌 마케터들은 보통 국가라는 변수를 시장세분화의 일차 기술 변수로 사용하고 경우에 따라 여타 변수를 결합하여 기술 변수로 사용하는 경향이 있다. 예를 들어 글로벌 의료서비스 마케터는 '국가'와 '소득'을 핵심적인 기술 변수로 사용하면 보다 유용한 시장세분화 결과를 도출할 수 있다.

(2) 인구통계적 기술 변수

〈표 5-2〉 인구통계적 기술 변수

- 나이: 10대 / 20대 / 30대 / 40대 이상
- 성별: 남 / 여
- 가족 규모: 1인 / 2~4인 / 5인 이상
- 가족생활 주기: 미혼기 / 신혼기 / 3인 이상
- 종교: 이슬람 / 불교 / 기독교 / 가톨릭

- 인종: 황 / 백 / 흑
- 세대: 386 / X / Y / 베이비붐
- 직업: 전문직 / 일반정규직 / 비정규직
- 소득: 6,000만 원 미만 / 6,000만 원 이상
- 교육: 고졸 이하 / 대졸 / 대학원졸 이상

인구통계적 기술 변수란 성별, 나이, 소득, 직업, 인종, 종교 등 소위 '인구통계적(demographics)' 속성과 관련된 변수를 말한다. 일반적으로 마케터가 가장 많이 사용하는 기술 변수로 알려져 있다. 왜냐하면 인구통계적 기술 변수는 여타의 기술 변수에 비해 외부에서 식별하기가 용이한 변수이기 때문에 '꼬리표'로서의 역할을 상대적으로 잘 수행할 수 있기 때문이다. 따라서 '요구 변수'와 결합됨으로써 글로벌 의료서비스 마케터의 의사 결정에 기여할 여지가 큰 변수가 될 수 있다.

글로벌 의료서비스 마케터는 전술한 바와 같이 '국가' 차원과 특정 인구통계적 변수(예: 소득)를 결합하여 적절한 시장세분화를 할 수 있을 것이다.

4. 글로벌 의료시장세분화의 성공 조건

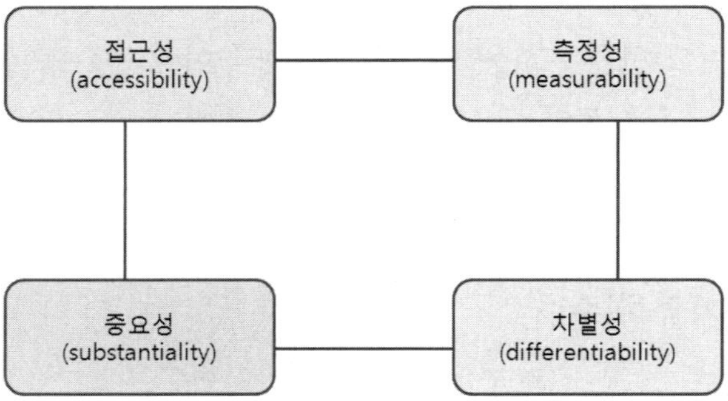

[그림 5-8] 시장세분화 고려 요인

1) 접근성

접근성(accessibility)이 있는 시장만이 시장세분화 대상이다. 글로벌 의료서비스 마케터가

접근할 수 없는 시장이라면 세분화의 대상으로 의미가 없으므로 배제되어야 한다. 다만 단기적으로 접근성이 제한적일지라도 중장기적으로 접근 가능한 시장이라면 포함될 여지가 있을 것이다.

접근성이 확보되려면 물리적 교환 채널과 의사소통 채널이 존재해야 한다. 글로벌 의료서비스 마케터는 각 세분시장에 대한 적절한 접근 채널과 의사소통 채널이 확보되도록 시장세분화를 해야 한다.

2) 측정성

각각의 세분시장은 의사 결정에 참고할 수 있는 특성에 대한 측정이 가능해야 한다. 글로벌 의료서비스 마케터가 시장세분화 결과를 토대로 하여 표적시장을 선정할 수 있으려면 각 세분시장의 매력도를 판단할 수 있어야 한다. 세분시장별 매력도를 판단하려면 각 세분시장의 규모, 성장 속도, 서비스 선호 강도 등 주요 지표가 측정될 수 있어야 한다.

측정성(measurability)은 글로벌 의료서비스 마케터가 표적시장별로 마케팅 의사 결정을 하는 데도 필수적으로 요구되는 조건이다. 표적시장을 대상으로 적용할 각 마케팅 자극의 강도를 결정하려면 당연히 세분시장의 주요 속성이 측정되어 판단될 수 있어야 하는 셈이다.

3) 중요성

중요성(substantiality)은 세분시장의 규모에 관한 조건이다. 세분시장은 심각한 무리가 발생하지 않는 한 크게 분류하는 것이 바람직하다. 이상주의자의 접근 방식이라면 글로벌 의료서비스에 대한 각 소비자의 서로 다른 요구에 맞춰가고자 할 수도 있지만, 현실적으로 극도의 세분화는 개별 세분시장에 대한 과잉 맞춤 과정에 의해 막대한 마케팅 비용 증가를 수반할 수 있으므로 유사한 요구를 하는 집단은 묶어 주는 것이 바람직하다.

4) 차별성

차별성(differentiability)은 세분시장의 이질성에 관한 조건이다. 각각의 세분시장은 글로벌 의료서비스 마케터가 시행하는 마케팅 믹스에 대해 각기 다르게 반응해야 한다. 역으로 중요한 마케팅 자극에 상이하게 반응하지 않는 세분시장이라면 서로 묶어 주는 것이 바람직할 수 있는 것이다.

예를 들어 선진국 소비자와 개발도상국 소비자가 건강 검진 서비스 구매 시 중요하게 생각하는 기준이 다를 경우에만 양자를 서로 다른 세분시장으로 구분할 것을 검토해야 한다.

글로벌 의료서비스 마케터는 서비스 속성에 대한 요구나 가격 민감도 등 소비자 요구가 다를 경우에만 서로 다른 세분시장으로 구분해 줄 필요가 있다.

토의 문제

1. 글로벌 의료서비스와 관련하여 시장세분화를 위한 요구 변수의 예를 생각해 보시오.
2. 글로벌 의료서비스와 관련하여 시장세분화를 위한 기술 변수의 예를 생각해 보시오.
3. 글로벌 의료서비스와 관련하여 효과적인 시장세분화의 조건들을 생각해 보시오.
4. 글로벌 의료서비스와 관련하여 서로 다른 시장세분화 전략을 취하는 사례를 조사해 보시오.
5. 우리나라의 글로벌 의료서비스 마케터가 취할 수 있는 시장세분화 방향을 생각해 보시오.

참고문헌

윤형호, 2007, 「서울시의료관광의국제마케팅육성방안」, 서울시정개발연구원.

이철, 장대련, 2006, 『글로벌시대의 국제마케팅』, 2판, 학현사.

주우진, 박철, 김현식, 『마케팅관리』, 홍문사, 출판 예정.

Keller, Kevin Lane, 1998, *Strategic Brand Management*, Prentice-Hall, Inc.

Kotler, Philip, 2003, *Marketing Management*, 11th ed., Prentice-Hall, Inc.

Kotler, Philip and Gary Armstrong, 2004, *Principles of Marketing*, 10th ed., Pearson Education, Inc.

Kotabe, Masaaki and Kristiaan Helsen, 2004, *Global Marketing Management*, 3rd ed., John Wiley and Sons, Inc.

Yap, Jason, 2006a, "Medical Tourism and Singapore," *International Hospital Federation Reference Books* 2006/2007.

Yap, Jason, 2006b, "Medical Tourism / Medical Travel," *SMA News*, Vol 38(5).

제6장 글로벌 의료서비스 표적시장 선정과 진입 방법

도입 사례

적극적인 해외 직접투자, Parkway Holdings Ltd.

[그림 6-1] 싱가포르 Parkway East Hospital 전경

자료: Parkway Holdings Ltd. 홈페이지

[그림 6-2] 중국 Parkwayhealth China 전경

자료: Parkway Holdings Ltd. 홈페이지

Parkway Holdings Ltd.는 1차에서부터 3차에 이르는 다양한 최고 수준의 의료서비스를 제공하는 아시아 최대 규모의 민간 의료서비스 네트워크 중 하나다. Parkway Holdings Ltd.는 싱가포르 국내외에 직접투자를 단행하여 여러 개의 병원 네트워크를 운용 중이다. 이와 같이 성공적인 해외 직접투자 방식의 글로벌 의료서비스시장 진출 경험은 Parkway Holdings Ltd.의 주요 성공 요인 중 하나로 꼽힌다.

Parkway Holdings Ltd.는 싱가포르를 중심으로 적극적인 해외 직접투자 시도를 통해 아시아 의료서비스 시장을 선점한 이후 지속적인 성과를 창출하고 있다. Parkway Holdings Ltd.의 주요 해외 직접투자 사례를 보면 다음과 같다.

- **싱가포르**: Mt. Elizabeth Hospital(505병상), Gleneagles Hospital(380병상), East Shore Hospital(123병상) 등 세 개 병원이 싱가포르의 3차 및 4차 민간 의료서비스 시장을 주도
- **말레이시아**: Gleneagles Intan(Kuala Lumpur, 303병상), Gleneagles Medical Center(Penang, 200병상)
- **부루나이 공화국**: Gleneagles JPMC Cardiac Center(39병상)
- **인도**: Apollo Gleneagles Hospital, Kolkatta(225병상)
- **중국**: Parkwayhealth China(상하이 최대 외국 병원, Huashan Hospital과 Fudan University가 중국 내 파트너)

추가로 Parkway Holdings Ltd.는 스리랑카, 파키스탄, 방글라데시, 인도네시아, 필리핀, 미얀마, 베트남, 러시아, 홍콩 등에 지역 사무소를 설치하여 해외 환자들이 자신들의 의료서비스 네트워크를 이용할 수 있도록 입체적인 마케팅 노력을 하고 있다.

이와 같은 글로벌 의료서비스 마케팅 노력을 토대로 해서 Parkway Holdings Ltd.는 2003년 수술 37,876건, 외국인 환자 수 200,000명, 연간 순이익(Net profit) 33,608,000싱가포르달러를 돌파한 이후 성공적인 글로벌 의료서비스 마케팅 활동을 전개하고 있다(자료: 한국보건산업진흥원, 싱가포르의 해외 환자 유치 현황, 2007. 6. 13. Parkway Holdings Ltd. 홈페이지 자료 토대로 작성).

학습 목표

1. 표적시장 선정을 위해 고려해야 할 요인들을 숙지한다. 나아가 글로벌 의료서비스 맥락에서 표적시장 선정 시 고려해야 할 고유의 요인을 이해한다.
2. 표적시장 선정 방식을 유형별로 이해한다.
3. 표적시장 선정 시 사용되는 평가 항목들을 숙지한다.
4. 해외 시장 진입 방식을 유형별로 이해하고 각 방식의 장단점을 숙지한다.
5. 글로벌 의료서비스와 관련하여 현실세계의 표적시장 선정 사례들을 조사해 보고 시사점을 정리해 본다.

사례: 장기요양 표적시장, Long Stay 프로젝트

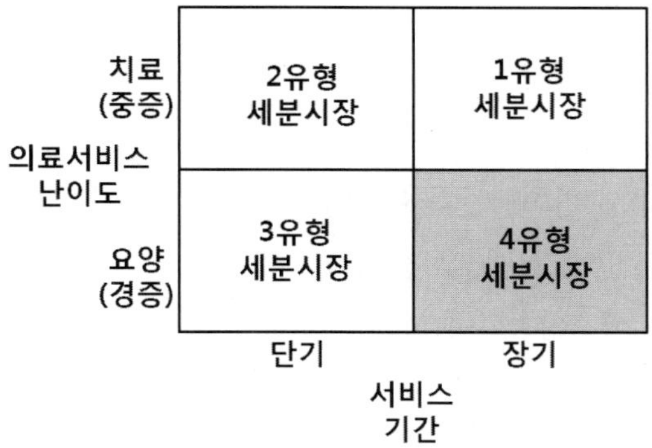

[그림 6-3] 태국 정부의 Long Stay 표적시장 선정 사례

글로벌 의료시장에서 한국을 훨씬 앞선 아시아 국가로 태국을 꼽을 수 있다. 태국은 2005년에 유치한 외국 환자가 무려 128만 명에 달한다. 이를 통해 9억 달러, 한화로 따지면 1조 원이 넘는 돈을 벌어들였다.

임상의학 수준이 우리보다 특별히 뛰어나다고 보기 어려운 태국이 외국 환자 유치의 선두주자가 될 수 있었던 비결 중 하나로 잘 알려진 것이 '장기 요양에 대한 요구를 지닌 노인층 세분시장'을 표적시장으로 선정하고 정부와 민간 의료계가 역점을 두어 진행한 소위 'Long Stay 프로젝트'다.

우리나라와 마찬가지로 1997년 외환위기를 맞은 태국 의료계는 당시 의료 설비의 50%를 놀려야 하는 극심한 침체를 겪었는데, 불황 타개를 위해 고심을 거듭한 태국 의료계가 내놓은 전략이 바로 'Long Stay 프로젝트'다.

관광 국가로 유명한 태국의 이점을 살려 일본이나 미국, 유럽의 노인들이 태국에 장기 체류하면서 의료서비스와 함께 스파, 마사지 등의 다양한 체험을 즐기도록 했다.

결과는 대성공이었다. 태국을 찾은 외국 환자는 2001년 55만 명에서 2003년 97만 명, 2005년 128만 명으로 매년 급증하고 있다(자료: 연합뉴스, 2009. 8. 13).

1. 글로벌 표적시장 선정의 의의

시장세분화 과정을 마친 글로벌 의료서비스 마케터는 어떤 세분시장을 어떻게 공략할 것인지 결정해야 한다. 표적시장은 우선 공략 대상 세분시장을 일컫는 말이다. 다시 말해 표적시장이란 '시장세분화 과정을 통해 파악된 잠재력 있는 세분시장 중 한정된 마케팅 자원을 보유한 글로벌 의료서비스 마케터가 집중적으로 마케팅 자원을 투입하여 성과를 극대화할 수 있는 한 개 또는 여러 개의 세분시장'이다.

시장세분화가 제대로 이루어졌다면 표적시장은 시장세분화 과정을 거쳐 도출된 세분시장들 중에서 선정된다. 만일 시장세분화 과정을 거쳐 도출된 세분시장 외의 세분시장을 표적으로 선정해야 한다면 앞서 시행한 시장세분화 과정의 결함에 대한 재검토가 필요할 수 있다.

글로벌 의료서비스 마케터는 표적시장을 어떻게 공략할 것인지를 결정하는 글로벌 표적시장 진입 방법도 결정해야 한다. 일반적으로 표적시장 선정과 표적시장 진입방법의 결정은 선후보다는 병행적으로 이루어지는 종합적 의사 결정을 통해 이루어지는 경향이 있다.

〈표 6-1〉 글로벌 의료서비스 표적시장 사례

	주 고객	진료	마케팅	의료 비용 (일인당)	입국 인원 2006년(명)
서울대 건강검진센터	해외교포, 사업 목적 입국시	검진	입소문 아시아나 기내 광고	1.1백만 원	2007. 4. 8월 교포 100 외국인 66
삼성서울병원	연해주, 몽골 거주 서구인	중증 이송 환자	현지 외국인 의사 국제보험사	9.1백만 원	외국인 56
청심병원	일본	산과 정신과	일본 현지 마케터 일본 잡지	1.2~2.5백만 원	외국인 747
우리들병원	해외교포	척추 수술	해외 저널 컨퍼런스 의사 초청	6.2백만 원	교포 51 외국인 19
BK성형외과	중국인, 동남아 화교	성형	입소문 홈페이지 사전 상담	5~7백만 원	2007.1~7 외국인 104
아름다운나라 피부과	일본 관광객	피부 관리	일본 인터넷 광고 입소문	100,000원	2006 외국인 840

자료: 윤형호(2007)

2. 글로벌 표적시장 진입 방법

글로벌 의료서비스 마케터가 글로벌 의료시장으로 진입한다는 것은 복수 국가 의료 소비자와의 교환을 창출하는 방안을 강구하여 현실 세계에 구현한다는 것을 의미한다. 글로벌 의료서비스 마케터가 글로벌 의료시장 진입 방법으로 고려할 수 있는 기본 대안은 크게 수출, 라이센싱, 프랜차이징, 해외 직접투자 등으로 분류할 수 있다.

글로벌 의료서비스 마케터는 외부 환경과 자사 요인을 고려하여 글로벌 표적시장 진입 방법을 결정해야 한다.

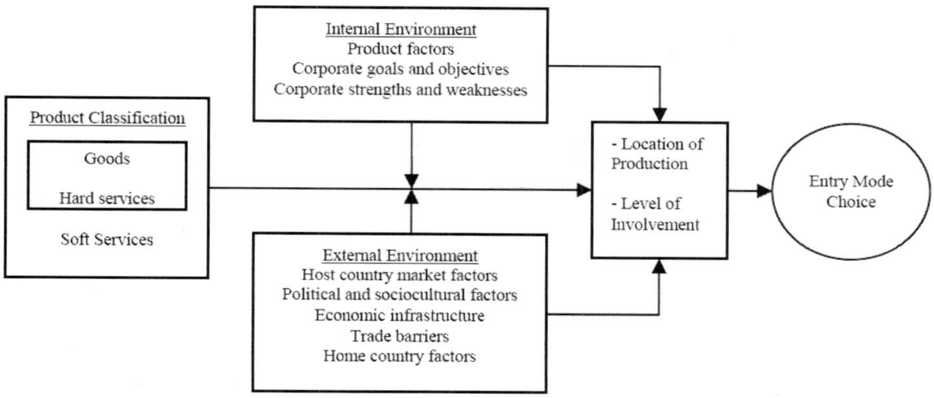

[그림 6-4] 글로벌 표적시장 진입 방법 선정

자료: Ekeledo and Sivakumar(1998)

1) 의료서비스 수출(export): 의료관광(medical tourism)

수출은 자국의 서비스나 물품 등의 재화를 다른 나라로 내보내는 반출 과정 혹은 행위를 의미한다. 수입의 반대 개념이다. 수출은 자국의 물건을 다른 나라로 내보내는 것을 말하지만 남극과 같이 어느 국가에도 속하지 않는 곳에 물건을 보내는 것은 수출이 아니다(위키피디아).

수출은 본국 내의 생산 요소들을 본국 내에서 결합하여 제품의 상태로 국경선을 넘어 해외로 이전시키는 방식이라고 볼 수 있다(조동성 1989).

글로벌 의료서비스를 조명하는 본서에서는 다른 나라의 소비자에게 본국의 서비스를 완결된 형태로 제공하는 과정을 의료서비스 수출 혹은 '의료관광'이라고 규정하기로 한다.

의료서비스 수출, 즉 의료관광은 직접 방식과 간접 방식으로 구분될 수 있다.

직접 의료서비스 수출은 의료서비스 제공자가 직접 다른 나라의 유통 경로나 소비자를 대상으로 교환을 시도하는 방식이다.

간접 의료서비스 수출은 의료서비스 제공자가 본국의 대리인(agent)을 통해 다른 나라 소비자와 교환을 시도하는 방식이다.

수출의 장점은 본국에서의 시스템에 적은 부담을 주면서 해외 시장에 접근하며 노하우를 습득할 수 있어서 해외 진출의 첫 방식으로 적합하다는 점이다.

수출의 단점은 해외 시장에 대한 노하우 습득 속도가 더딜 수 있으며(간접 방식) 국경 통과 과정을 관리할 수 있는 역량이 축적되어야 한다는 점(직접 방식)이다.

2) 라이센싱(licensing)

국제 라이센싱은 상표 등록된 재산권을 가지고 있는 개인 또는 단체가 다른 국가에 속한 타인에게 대가를 받고 그 재산권을 사용할 수 있도록 상업적 권리를 부여하는 계약이다(네이버 백과사전, 루트 1993 참조).

라이센서(Licensor)는 상표 등록된 재산권을 가지고 있는 자를 말하며, 라이센시(Licensee)는 이 권리를 대여받는 자를 지칭하는 것이다. 따라서 라이센싱이란 라이센서가 보유하고 있는 특허, 기업 비결, 노하우, 등록 상표, 지식, 기술 공정 등 가치 있는 상업적 자산권의 일정한 영역을 라이센시에게 계약 기간 동안 양도하는 것이다. 즉, 사용권 계약이라고 할 수 있다. 라이센시는 라이센싱 계약을 통해서 특정 제품을 생산, 사용, 양도, 판매, 전시 등을 할 수 있고 그 보상으로 로열티를 지급한다. 라이센싱으로 부여받은 권리는 법적으로 독점성·배타성이 보장되는 법적 권리로 독점적 이익을 얻을 수 있다(네이버 백과사전).

글로벌 의료서비스를 조명하는 본서에서는 본국 의료서비스 라이센서가 보유하고 있는 특허, 기업 비결, 노하우, 등록 상표, 지식, 기술 공정 등 가치 있는 상업적 자산권의 일정한 영역을 다른 나라 라이센시에게 계약 기간 동안 양도하는 기업 활동을 의료서비스 라이센싱으로 규정하기로 한다.

라이센싱의 장점은 수출 장벽을 피할 수 있으며 직접투자 방식보다 덜 위험하다는 점 등이다.

라이센싱의 단점은 라이센시의 마케팅 활동을 통제하기가 상대적으로 어렵고 해외 직접투자 등에 비해 수익 규모가 상대적으로 낮으며 잠재 경쟁자를 키울 수도 있다는 점, 그리고 각국의 법적 규제가 상대적으로 강하다는 점 등을 들 수 있다.

3) 프랜차이징(franchising)

프랜차이징(franchising)이란 사업본부(franchisor, 프랜차이저)가 독립된 다른 개인이나 조직(franchisee, 프랜차이지 혹은 가맹점)에게 사업 시스템이나 다양한 소유권을 공여하는 활동이다(루트 1993). 기본적으로 라이센싱의 한 유형이다.

1960년대 미국에서 활성화된 이래 패스트푸드, 호텔, 회계법인 등 다양한 영역에서 애용되고 있다.

글로벌 의료서비스를 조명하는 본서에서는 본국 의료서비스 프랜차이저가 보유하고 있는 사업 시스템이나 다양한 소유권을 다른 나라 프랜차이지에게 계약 기간 동안 양도하는 기업 활동을 의료서비스 라이센싱으로 규정하기로 한다.

프랜차이징의 장점은 일반적인 라이센싱 방식에 비해 해외 가맹점을 충분히 통제할 수 있고, 적은 비용으로 해외 시장에 진출할 수 있다는 점 등을 꼽을 수 있다.

프랜차이징의 단점은 직접투자 등에 비해 수익 수준이 낮고, 현지 국가의 통제 수준이 높다는 점 등이다.

4) 해외 직접투자(FDI, foreign direct investment)

해외 직접투자(FDI)란 '피투자 기업의 경영에 직접 참가함을 목적으로 자본, 경영 능력, 기술, 상표 등의 생산 요소를 복합적으로 해외에 이전시키는 기업 활동'이다(조동성 1989). 해외 직접투자는 단순히 자본이나 기술 등 일부 생산 요소만 이동하는 것이 아니라 여러 생산 요소의 포괄적 이전(packaged transfer)이다.

글로벌 의료서비스를 조명하는 본서에서는 다른 나라에 자본, 경영 능력, 기술, 상표 등의 생산 요소를 복합적으로 이전시키는 기업 활동을 의료서비스 해외 직접투자로 규정하기로 한다.

〈표 6-2〉 외국 유명 병원과 해외 합작 법인 설립 계획

구분	빈도	비율
해외에서 운영 중이다	1	3.7
계획하고 있다	1	3.7
적극적으로 고려	5	18.5
수요가 충족되면 고려	17	63.0
계획없음	3	11.1
합계	27	100.0

주. 위 표의 비율은 무응답을 제외한 유효비율임
자료: 윤형호(2007)

해외 직접투자의 장점은 다른 방식에 비해 성공시의 기대 수익 수준이 높으며 현지 국가에서의 마케팅을 충분히 통제할 수 있다는 점 등을 들 수 있다.

해외 직접투자의 단점은 착수 비용, 철수 비용이 높아 경영 실패시의 위험 부담 수준이 높고, 투자금 회수 기간이 상대적으로 길며, 요구되는 경영 관리 능력 수준이 상대적으로 높다는 점 등이다.

3. 글로벌 표적시장 선정 방법

글로벌 의료서비스 마케터는 글로벌 표적시장 선정 시 범위와 속도에 대한 의사 결정을 내려야 한다. 글로벌 의료서비스 마케터가 글로벌 표적시장 선정 시 범위와 속도에 대한 판단을 내릴 때 사용할 수 있는 대안적 방법은 다음과 같이 정리할 수 있다.

1) 정태적 표적시장 선정

(1) 집중형 글로벌 표적시장 선정

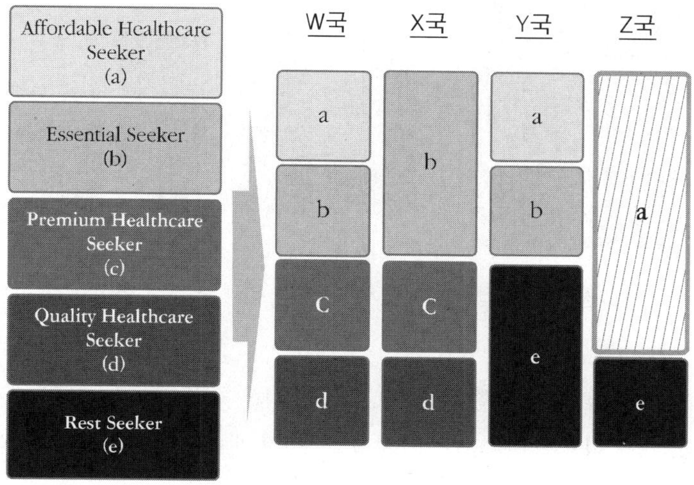

[그림 6-5] 집중형 표적시장 선정: 단일 세분시장 추구

자료: Abell(1980), Yap(2006) 참고하여 작성

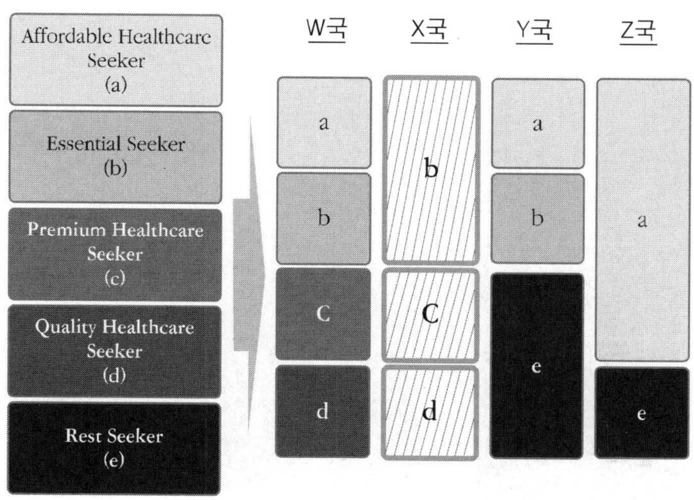

[그림 6-6] 집중형 표적시장 선정: 단일 국가시장 추구

자료: Abell(1980), Yap(2006) 참고하여 작성

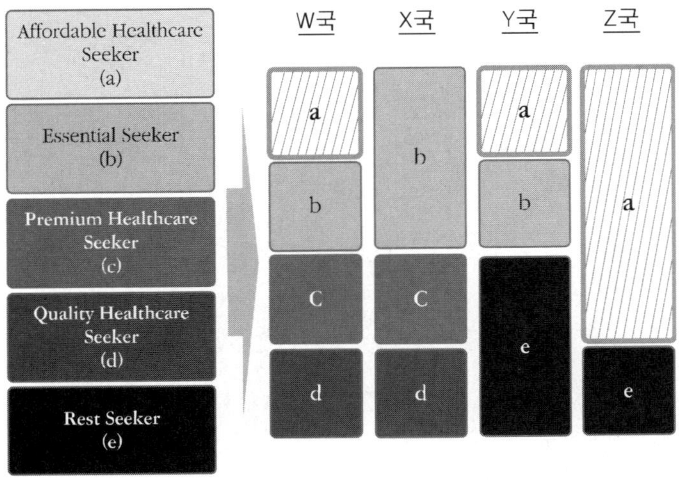

[그림 6-7] 집중형 표적시장 선정: 특정 변수 시장 추구

자료: Abell(1980), Yap(2006) 참고하여 작성

표적시장을 집중적으로 선정하여 범위를 좁게 설정하면 표적시장 내 소비자의 의료서비스 요구가 보다 명료하게 파악될 수 있어 마케팅 믹스를 개발하여 교환을 이끌어내기에 편해진다. 대신에 잠재 시장 규모를 제약하게 되어 수익 규모를 제한하는 문제가 야기된다.

글로벌 의료서비스 마케터는 일반적으로 본국 이외의 국가로 진출하는 초기 단계에서 집중형 표적시장 선정 방식을 취하는 경향이 있다.

(2) 분산형 글로벌 표적시장 선정

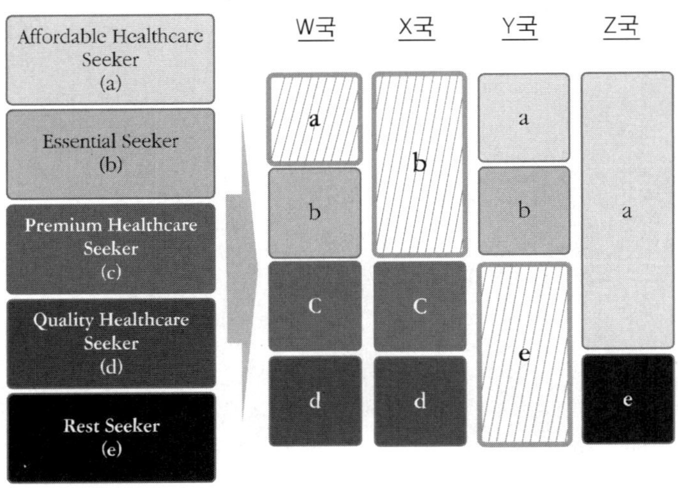

[그림 6-8] 분산형 표적시장 선정: 복수 세분시장 추구

자료: Abell(1980), Yap(2006) 참고하여 작성

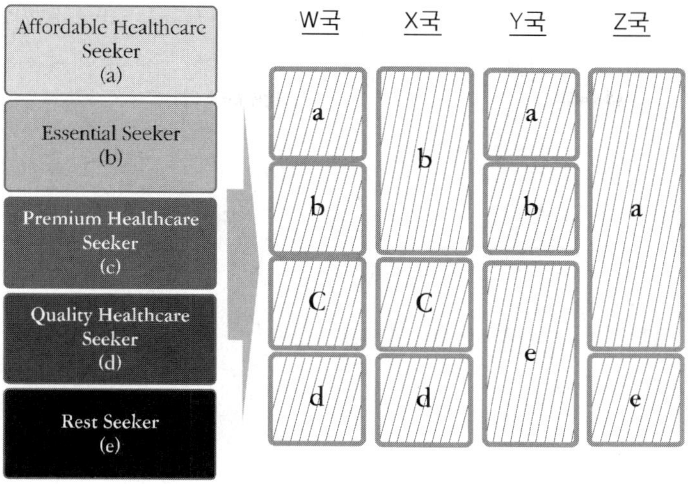

[그림 6-9] 분산형 표적시장 선정: 전체 세분시장 추구

자료: Abell(1980), Yap(2006) 참고하여 작성

표적시장을 분산형으로 넓게 설정하면 잠재 시장 규모를 확장할 수 있지만 표적시장 내 소비자의 요구에 맞추기가 상대적으로 어려워지거나 관련 비용을 늘리는 문제가 야기된다.

글로벌 의료서비스 마케터는 자신의 자원이 충분히 뒷받침할 수 있다고 판단될 때 여러 세분시장을 병행적으로 추구하는 분산형 표적시장 선정 방식을 채택할 수 있다.

2) 동태적 표적시장 선정

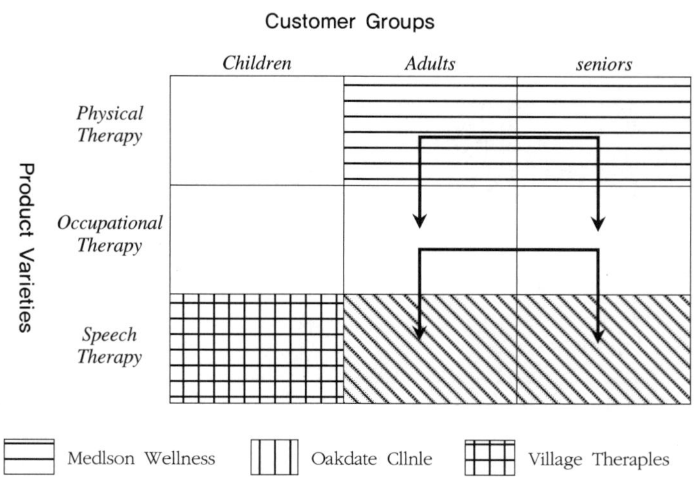

[그림 6-10] 의료서비스 분야에서의 동태적 표적시장 선정 사례

자료: Fortenberry(2010)

[그림 6-10]에서 Madison Wellness는 Adults와 Seniors 집단을 겨냥하여 동태적 진입을 위한 준비를 하고 있다. 이와 같이 시간의 흐름을 반영한 표적시장 선정 방식을 동태적 표적시장 선정 방식이라고 한다.

글로벌 의료서비스 마케터는 정태적 표적시장 선정 방식과 동태적 표적시장 선정 방식을 적절하게 혼용하여 마케팅 성과를 극대화할 필요가 있다.

4. 글로벌 표적시장 선정의 고려 요인

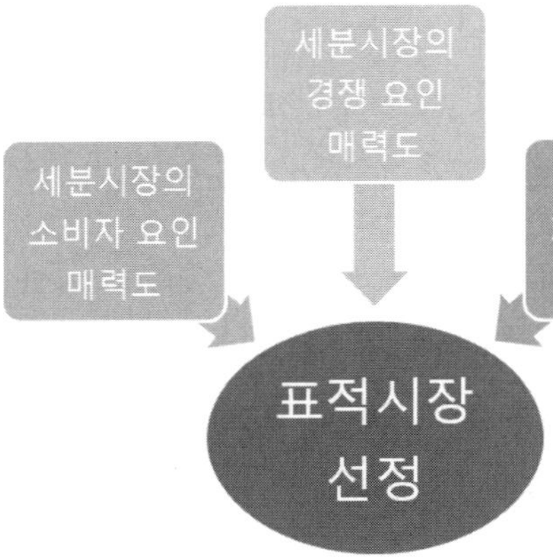

[그림 6-11] 글로벌 표적시장 선정의 고려 요인

〈표 6-3〉 글로벌 표적시장 선정 이미지

세분시장 평가요인	세분시장 세부 평가 항목	가중치	제1 세분시장	제2 세분시장	제3 세분시장	제4 세분시장
세분시장 소비자 요인 매력도	세분시장 크기	10	3	9	5	1
	세분시장 성장성	10	4	8	4	2
	세분시장 리스크	10	2	8	6	3
세분시장 경쟁 요인 매력도	경쟁자 수	10	6	3	9	8
	경쟁자 역량	10	7	2	8	4
	잠재 경쟁 강도	10	7	3	8	5

자사에 대한 적합성	자원량 적합도	20	7	6	9	3
	전략 적합도	20	8	6	8	2
종합		100	590	570	740	330
우선 순위			#2	#3	#1	#4

자료: 채서일(2006) 참고하여 작성

글로벌 의료서비스 마케터는 표적시장 선정을 위하여 세분시장에 대한 평가 기준을 세우고 평가를 하게 된다.

글로벌 의료서비스 마케터가 사용할 수 있는 평가 기준으로는 세분시장 소비자 요인의 매력도와 세분시장 경쟁 요인의 매력도 그리고 세분시장의 자사에 대한 적합성 등을 꼽을 수 있다.

글로벌 의료서비스 마케터는 시장세분화 과정을 거쳐 얻은 세분시장별로 세분시장 소비자 요인의 매력도와 세분시장 경쟁 요인의 매력도, 그리고 세분시장의 자사에 대한 적합성 등을 평가하여 세분시장별로 우선순위를 설정하여 표적시장 선정을 하게 된다.

1) 세분시장의 소비자 요인 매력도

〈표 6-4〉 국가별 매력도 평가

Country	Per capita Income	Popuoation	Competition	Political Risk	Score
A	50	25	30	40	3400*
B	20	50	40	10	3600
C	60	30	10	70	3650
D	20	20	70	80	3850
Weight	25	40	25	10	

* (25×50)+(40×25)+(25×30)+(10×40)=3,400

자료: Kotabe and Helsen(2004)

글로벌 의료서비스 마케터는 시장세분화 과정을 통해 규명한 세분시장 각각의 매력도에 대한 판단을 내려야 한다. 글로벌 의료서비스 마케터가 매력도 판단 과정에서 각각의 세분시장별로 검토할 필요가 있는 항목의 예는 다음과 같이 정리할 수 있다.

(1) 세분시장 크기

세분시장 크기는 세분시장에 소속된 소비자 수나 세분시장에서 발생하는 수익 금액으로 추정할 수 있다. 일반적으로 소비자 수가 많으면 수익 금액도 커지게 되는 상관관계가 있지만, 소비자별 구매액이 상이할 경우에는 수익 금액으로 세분시장의 크기를 추정하는 것이 바람직하다.

다른 조건이 동일하다는 가정을 할 경우 세분시장 크기가 클수록 글로벌 의료서비스 마케터의 입장에서 볼 때 높은 매력도를 지닌 것으로 볼 수 있다.

문제는 세분시장 크기가 클 경우 경쟁자의 주목을 끌어 경쟁강도가 높을 가능성이 있듯이 글로벌 의료서비스 마케터는 다른 조건을 종합적으로 고려하여야 한다.

(2) 세분시장 성장성

세분시장 성장성은 세분시장에 소속된 소비자 수나 세분시장에서 발생하는 수익 금액의 성장성으로 추정할 수 있다. 일반적으로 양자는 상관관계가 있다.

다른 조건이 동일하다는 가정을 할 경우 세분시장 성장성이 높을수록 글로벌 의료서비스 마케터의 입장에서 볼 때 높은 매력도를 지닌 것으로 볼 수 있다.

다만 세분시장 성장성이 높을 경우 해당 세분시장의 보조를 맞추기 위해 추가적으로 투입해야 하는 마케팅 자원의 규모도 비례하여 커질 가능성이 있어 글로벌 의료서비스 마케터는 자사의 자원 등 여타 요인을 종합적으로 고려하여야 한다.

(3) 세분시장 리스크

세분시장 리스크는 그 세분시장이 시장으로서 얼마나 안정적으로 기회를 제공해 줄지를 나타내는 지표라고 볼 수 있다. 글로벌 의료서비스 마케터는 본국 이외의 세분시장에 대한 평가 시에 리스크 요인도 충분히 검토할 필요가 있다.

참고로 세분시장 리스크 요인은 세분시장 소비자 요인의 매력도 차원에 포함시켜 분석하기도 하지만 경우에 따라 별도의 유형으로 분류하여 접근할 수도 있다.

2) 세분시장의 경쟁 요인 매력도

〈표 6-5〉 세분시장 내 경쟁자 역량 평가

	세분시장 소비자 고려 요인			
	글로벌 인지도	서비스 품질	현지 네트워크	가격 경쟁력
경쟁자 A	L	M	H	H
경쟁자 B	H	H	M	M
경쟁자 C	H	H	L	L

* H: High, M: Middle, L: Low

〈표 6-6〉 국내 의료관광 경쟁력 수준

구분	매우 있다		있다		보통		없다		매우 없다		전체	
	빈도	비율	빈도	비율	빈도	비율	빈도	비율	빈도	비율	빈도	비율
의료 비용	6	21.4	15	53.6	7	25	0	0.0	0	0.0	28	100.0
국내 의료진의 의료 수준	13	46.4	12	42.9	3	10.7	0	0.0	0	0.0	28	100.0
연계 관광 및 쇼핑	1	3.6	4	14.3	19	67.9	4	14.3	0	0.0	28	100.0
의료진의 영어 구사 능력	1	3.6	10	35.7	13	46.4	4	14.3	0	0.0	28	100.0
정부의 의료산업 규제 완화 및 지원 정책	1	3.6	0	0.0	10	35.7	9	32.1	8	28.6	28	100.0
해외 환자 유치를 위한 마케팅 능력	0	0.0	2	7.1	13	4.4	10	32.7	3	10.7	28	100.0
해외 의료진, 알선 기관, 보험회사와의 인적 물적 네트워크	0	0.0	3	10.7	7	25.0	12	42.9	6	21.4	28	100.0

자료: 윤형호(2007)

글로벌 의료서비스 마케터는 시장세분화 과정을 통해 규명한 세분시장별로 경쟁 요인 매력도에 판단을 내려야 한다. 글로벌 의료서비스 마케터가 세분시장별 경쟁 요인 매력도에 판단 과정에서 고려할 필요가 있는 주요 항목의 예는 다음과 같이 정리할 수 있다.

(1) 경쟁자 수

세분시장별로 현재 도달하여 마케팅 활동을 하는 경쟁자가 많을수록 그 세분시장의 경쟁 요인 매력도는 낮아진다.

특히 자사와 차별화되지 않는 직접적 경쟁자에 대한 면밀한 분석이 필요하다. 일반적으로 자사와 상이한 방식을 통해 해당 세분시장을 공략하는 경쟁자보다 자사와 유사성이 높은 경쟁자가 자사의 성과에 큰 영향을 미치기 때문이다.

(2) 경쟁자 역량

세분시장별로 현재 경쟁자의 역량이 강할수록 그 세분시장의 경쟁 요인 매력도는 낮아진다. 경우에 따라 경쟁자 수가 아무리 많아도 자사의 경쟁력이 압도할 만큼 경쟁자 역량이 상대적으로 낮을 경우 그 세분시장의 경쟁 요인 매력도는 생각보다 양호할 수 있다.

이때 글로벌 의료서비스 마케터는 전문가로서의 주관적 소견에만 의지해 경쟁자와 자사의 상대적 역량을 평가하기보다 세분시장 소비자의 판단에 토대를 두고 평가하는 것이 바람직하다. 왜냐하면 소비자가 중시하지 않는 측면에서의 강점보다는 소비자가 중시하는 측면에서의 강점이 성과에 훨씬 큰 영향을 미치기 때문이다.

(3) 잠재 경쟁 강도

세분시장별로 미래에 도달 가능하고 도달할 가능성이 높은 잠재 경쟁자가 많고 잠재 경쟁자의 역량이 강하게 나타날수록 그 세분시장의 경쟁 요인 매력도는 낮아진다.

글로벌 의료서비스 마케터로서는 동일한 업태를 운용하는 잠재 경쟁자를 우선 감안해야 하지만 유사하거나 간접적으로 관련 있는 업태에 속한 잠재 경쟁자도 포괄적으로 고려할 필요가 있다.

3) 세분시장의 자사에 대한 적합성

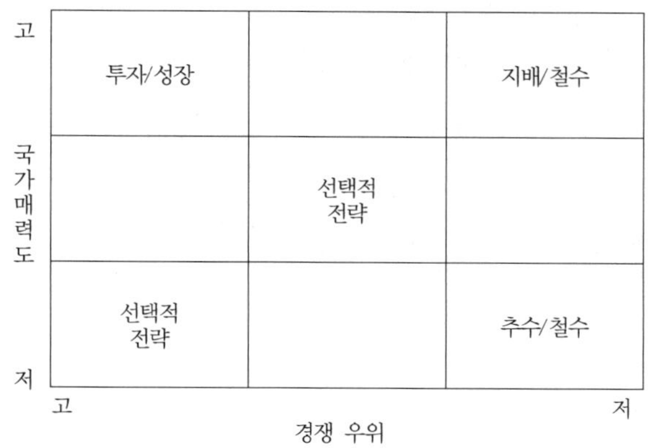

[그림 6-12] 국가별 매력도 평가 그리드

자료: Harrel and Keifer(1981), 이철, 장대련(2006)에서 재인용

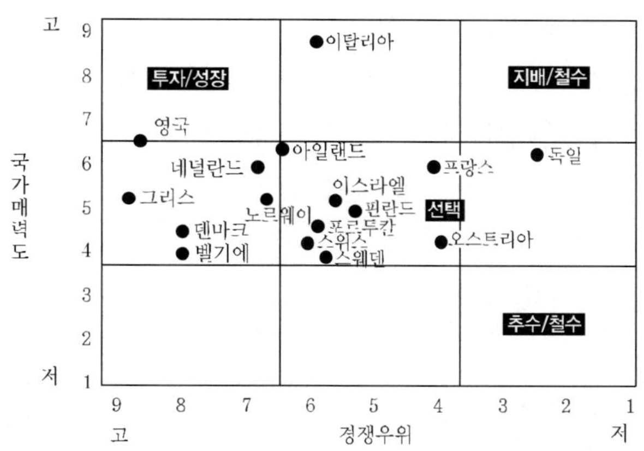

[그림 6-13] 국가별 매력도 평가 그리드 운용 이미지

자료: Harrel and Keifer(1981), 이철, 장대련(2006)에서 재인용

글로벌 의료서비스 마케터는 시장세분화 과정을 통해 규명한 세분시장의 자사에 대한 적합성에 대한 판단을 내려야 한다. 글로벌 의료서비스 마케터가 세분시장의 자사에 대한 적합성 판단 과정에서 각각의 세분시장별로 검토할 필요가 있는 항목의 예는 다음과 같이 정리할 수 있다.

(1) 자원량 적합도

글로벌 의료서비스 마케터는 세분시장 공략에 요구되는 자원량을 자사가 보유하고 있거나 조달할 수 있을 때 그 세분시장의 자원량 적합도를 높게 부여할 수 있다.

소비자 요인 매력도와 경쟁 요인 매력도가 높아도 감당하기 힘든 자원량이 요구된다면 그 세분시장의 자원량 적합도가 낮아 표적시장으로 선정할지 여부에 대한 신중한 검토가 필요하다.

상대적으로 자원량이 많은 큰 조직의 경우 자원량 적합도 면에서 보다 많은 재량권을 향유할 수 있다.

(2) 전략 적합도

글로벌 의료서비스 마케터는 세분시장의 소비자 요인 매력도와 경쟁 요인 매력도가 높고 감당할 수 있는 자원이 있을지라도 성급하게 표적시장으로 선정하기 전에 그 세분시장과 중장기적인 자사 전략과의 적합도를 판단해야 한다.

자사 핵심 역량(core competence)이 잘 접목될 수 있으면 단기적 성과만이 아니라 중장기적으로도 그 세분시장에서 성과를 창출할 가능성이 있다고 볼 수 있다.

자사의 전략적 지향성과 부합하지 못하면 단기적으로 성과를 낼 수 있을지라도 중장기적으로 대가를 지불해야 할 수도 있으므로 신중한 판단이 요구된다.

토의 문제

1. 글로벌 의료서비스와 관련하여 표적시장 선정을 위해 고려해야 할 요인들을 생각해 보시오.
2. 글로벌 의료서비스와 관련하여 표적시장 선정 방식을 유형별로 생각해 보시오.
3. 글로벌 의료서비스와 관련하여 서로 다른 표적시장 선정 전략을 취하는 사례를 조사해 보시오.
4. 우리나라의 글로벌 의료서비스 마케터가 취할 수 있는 표적시장 선정 방향을 생각해 보시오.
5. '의료관광' 형태의 글로벌 시장 진출과 해외 직접투자 형태의 글로벌 시장 진출의 차이를 비교해 보시오.

참고문헌

윤형호, 2007, 「서울시의료관광의국제마케팅육성방안」, 서울시정개발연구원.

이철, 장대련, 2006, 『글로벌시대의 국제마케팅』, 2판, 학현사.

조동성, 1989, 『국제경영학』, 2판, 경문사.

주우진, 박철, 김현식, 『마케팅관리』, 홍문사, 출판 예정.

채서일, 2006, 『마케팅』, 4판, 비앤엠북스.

프랭클린 루트 지음, 권영철 역, 1992, 『해외 시장진출 전략』, 비봉출판사.

Abell, D. F., 1980, *Defining the Business: The Starting Point of Strategic Planning*, Upper Saddle River, NJ: Prentice-Hall.

Fortenberry, John L., 2010, *Health Care Marketing: Tools and Techniques*, 3rd ed., Jones and Bartlett Publishers.

Kotler, Philip, 2003, *Marketing Management*, 11th ed., Prentice-Hall, Inc.

Kotler, Philip and Gary Armstrong, 2004, *Principles of Marketing*, 10th ed., Pearson Education, Inc.

Kotabe, Masaaki and Kristiaan Helsen, 2004, *Global Marketing Management*, 3rd ed., John Wiley and Sons, Inc.

Yap, Jason, 2006a, "Medical Tourism and Singapore," *International Hospital Federation Reference Books* 2006/2007.

Yap, Jason, 2006b, "Medical Tourism / Medical Travel," *SMA News*, Vol 38(5).

제7장 글로벌 의료서비스 포지셔닝 전략

도입 사례

의료 결과 품질의 수월성 지향 포지셔닝, 美 Johns Hopkins병원

[그림 7-1] Johns Hopkins병원 및 의대 전경. 1889년 완공된 고풍스러운 건물을 중심으로 병원, 의과대, 연구시설이 방대한 의료 단지를 형성하고 있다.

자료: Johns Hopkins병원 홈페이지

[그림 7-2] 노벨상 수상자 배출의 산실, Johns Hopkins.

자료: Johns Hopkins병원 홈페이지

존스 홉킨스병원(Johns Hopkins Hospital)은 1889년 병원 개원 이래 수년 뒤 의과대학을 개설하면서 환자 치료, 연구, 교육의 3요소를 연계시킴으로써 글로벌 수월성을 지향해 오고 있다.

이러한 존스 홉킨스병원의 포지셔닝 노력은 결과적으로 존스 홉킨스병원은 2000년대로 들어서면서 19년 연속으로 *U. S. News and World Report*의 미국 내 병원 평가에서 종합 1위를 차지해 오고 있다. 나아가 존스 홉킨스병원과 존스 홉킨스 의대는 20명의 노벨의학상 수상자를 배출하고 있다.

환자 중심의 협력 진료

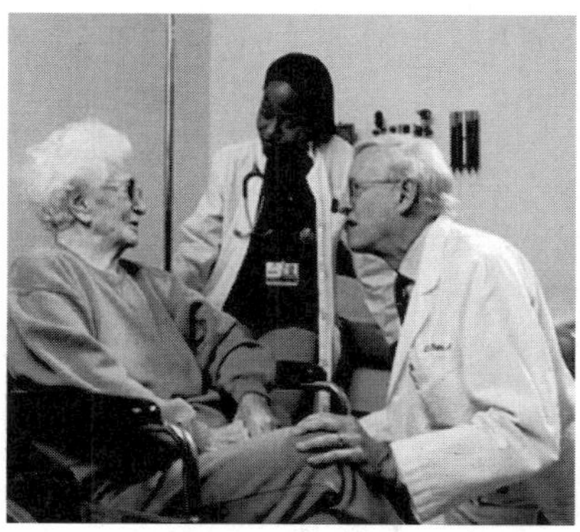

[그림 7-3] Johns Hopkins병원의 강점, 협력 진료 활성화

자료: Johns Hopkins병원 홈페이지

다음은 『동아사이언스』 2006년 11월 4일 기사에서 제시하는 존스 홉킨스병원의 협력 진료 사례로 존스 홉킨스병원의 강점이 잘 드러나 있다.

최근 복강경 수술을 받은 A(32·여)씨의 치료 과정에서도 이 병원이 지닌 특장이 한눈에 드러났다. 자궁암으로 다른 병원들로부터 개복 수술을 권고 받은 A씨는 자궁암 수술의 권위자로 인정받는 이 병원의 한 의사를 찾았다.

A씨를 면밀히 진찰한 그 의사는 곧바로 전화를 들어 다른 의사와 한참 상의하더니 "개복 수술 대신 새로 도입된 복강경 수술을 받는 게 회복은 물론 미용 측면에서 낫다는 판단이 든다. 방금 그 분야에서 나보다 더 전문가인 의사와 통화했다"며 다른 젊은 복강경 수술 전문 의사를 소개해 줬다.

자기를 찾아온 환자를 주저 없이 다른 의사에게 연결해 주는 것은 개방적인 미국 의료계에서도 흔치 않은 일. 더구나 다른 의사에게 연결하는 것도 불과 몇 십 초간의 짧은 통화로 이뤄졌고, A씨는 곧 입원해 수술을 받고 사흘 만에 퇴원했다.

"미국이나 유럽의 다른 병원은 물론 한국의 일류 병원에도 존스 홉킨스병원 못잖게 훌륭한 의사가 많습니다. 하지만 굳이 존스 홉킨스병원의 장점을 든다면 다른 병원에서는 환자가 주치의의 실력에 주로 의존하게 되지만 이곳에선 잘 짜인 시스템의 도움을 받는다는 점입니다."

이 병원 스티븐 톰슨 수석부원장은 존스 홉킨스병원만의 경쟁력을 묻는 질문에 확신에 찬 어조로 이렇게 답했다. 즉, 환자의 완벽한 치료를 위해 주치의는 물론 연관되는 다른 전공 분야 의사들이 신속히 협력해 치료를 지원하는 통합 의료 시스템이 완벽하게 구현돼 있다는 설명이었다.

"주치의만 훌륭하거나 의료 설비만 최신식이어서는 안 됩니다. 의사, 의료장비, 연구진, 시설, 간호사, 의료기사 및 행정 직원까지 환자에게 영향을 미칠 모든 부문이 완벽을 지향하며 서로 유기적으로 협력해야 합니다. 이 점에서 존스 홉킨스병원이 다른 병원들보다 앞서간다고 자부합니다."

6개월째 이 병원에서 방문교수로 재직 중인 삼성서울병원 김진용(소화기내과) 교수도 "존스 홉킨스병원의 가장 큰 경쟁력은 서로 다른 분야, 직종 및 전공 간에 벽이 거의 없다는 데 있는 것 같다"며 '조직 문화 자체가 서로를 밀어내야 할 경쟁자가 아니라, 도움을 주고받는 동료로 여기도록 만드는 분위기'라고 전했다.

조직 내 각 부문 간의 유기적 협력과 의사소통은 모든 조직이 목표로 삼지만 번번이 좌절하고 마는 지난한 과제 중 하나. 그렇다면 존스 홉킨스병원만이 갖고 있는 비결이 있는 걸까.

버넷 박사는 "의대 신입생 시절부터 지금까지 당연히 그렇게 해야 한다고 배워온 것 외에는 특별한 방법은 없다. 그렇게 하지 않으면 도태되고 만다"고 말했다.

톰슨 부원장도 "부문 간의 협력을 촉진하기 위한 특별한 조직이나 직책 같은 건 없다"며 "1889년 병원 창립 때부터 이어져 내려온 '권한 분산(decentralization)을 통한 일선의 창의적인 협력'을 강조하는 문화가 오랜 세월을 거치면서 자연스럽게 뿌리를 내린 덕분인 것 같다"고 진단했다.

적극적인 글로벌 의료서비스 마케팅

존스 홉킨스병원은 해외의 외국인 환자 유치를 위해 다국어 홈페이지를 구축하여 운용하고 있으며 국제부에서는 수십 명의 Full-time 통역관과 On-call 통역관이 서비스를 제공하고 있다.

존스 홉킨스병원은 해외 직접투자를 통해 Johns Hopkins Singapre International Medical Care(싱가포르), Tawa Hospital, Al Rahbe and Al Corniche Hospitals(아랍에미리트), Hospital Punta Pacifica(파나마) 등을 포함하는 전략적 거점에서 해외 환자에게 의료서비스를 제공하는 글로벌 의료서비스 체계를 구축해 가고 있기도 하다.

그 밖에도 존스 홉킨스병원은 중국, 일본, 캐나다, 터키, 트리니다드토바고, 멕시코, 칠레 등 세계 각지에서 현지 의료서비스 기관과 협력 프로젝트를 진행하고 있다. 이를 통해 의료 결과 품질의 수월성을 지향하는 존스 홉킨스병원의 포지셔닝 노력이 국내를 넘어 글로벌화되고 있는 셈이다(자료: 한국보건산업진흥원, 「미국의 해외 환자 유치 배경 및 현황」, 2007. 6. 7; 『동아사이언스』, 2006. 11. 4. Johns Hopkins병원 홈페이지 자료 토대로 작성).

[그림 7-4] Johns Hopkins병원의 글로벌 의료서비스 거점 전경

자료: Johns Hopkins병원 홈페이지

학습 목표

1. 포지셔닝의 개념을 이해하고 왜 포지셔닝이 마케팅의 주요 영역으로 취급되고 있는지를 이해한다.
2. 좁은 의미의 포지셔닝과 넓은 의미의 포지셔닝이 어떤 차이가 있는지 이해한다.
3. 시장세분화, 표적시장 선정 등 앞서 시행한 마케팅 의사 결정과 포지셔닝의 관계를 이해한다.
4. 포지셔닝과 마케팅 믹스의 관계를 이해하고 글로벌 의료서비스 맥락에 적용해 본다.
5. 글로벌 의료서비스와 관련하여 서로 다른 포지셔닝 전략을 취하는 사례를 조사해 보고 시사점을 정리해 본다.

사례: 비중증 질환 영역 실속 넘버 1 포지셔닝, Samitivej병원

[그림 7-5] Samitivej Srinakarin병원 전경

자료: 『동아일보』, 2008. 5. 20

태국 방콕의 사미띠웨이(Samitivej)병원에 들어서면 마치 공원을 찾은 듯하다. 병원 정원에 있는 축구장만한 크기의 인공 호수에서는 분수가 물줄기를 뿜어내고 1층 로비에는 곰 인형 분장을 한 직원들이 돌아다니며 아이들과 사진을 찍는다.

병원 특유의 알코올 냄새는 찾아볼 수가 없다. 사미띠웨이병원은 방콕에서 특급 호텔과 맞먹는 서비스와 시설, 해외 유학파 의료진을 갖추고 있다. 규모는 400병상이지만 모두 1인실로 되어 있다.

코 성형 수술을 위해 한국에서 찾아온 박모(35) 씨는 "한국어를 하는 병원 통역사가 입원에서 수술까지 안내해 대기 시간 없이 곧바로 상담한 뒤 수술 날짜를 잡았다"며 "코 성형 수술 비용은 100만 원 정도로 한국보다 60% 저렴한 것 같다"고 말했다.

1979년 시작된 Samitivej Public Company Ltd.는 Samitivej Sukumvit Hospital, Samitivej Srinakarin Hospital & Srinakarin Children's Hospital, Samitivej Sriracha Hospital을 거느리고 있는 태국 최고의 병원 그룹 중 하나다.

사미띠웨이병원은 태국 정부의 제도적 지원, 국제적 품질 인증 획득 등의 노력을 토대로 '비중증 질환 영역 실속 넘버 1'을 지향하는 글로벌 포지셔닝에 초점을 맞춰 글로벌 의료서비스 마케팅 노력을 기울이고 있다.

제도적 지원

대규모 의료관광객 유치는 태국을 아시아의 메디컬 허브로 만들겠다는 태국 정부의 의료산업 육성 정책이 있기에 가능하다.

한국인은 무비자 입국이 가능하지만 다른 외국인의 경우 비자 발급에 애로점이 있는데 장기 요양이 필요한 환자에게는 병원에서 직접 비자 기간 연장을 대행해 준다. 태국 정부는 병원 측에 항공료, 스파, 마사지를 패키지 상품으로 만들어 팔도록 유도한다.

둔 담롱삭 사미띠웨이 병원장은 "태국은 의료관광 수출 상품을 상무부에서 주관하고, 병원들은 영리법인으로 운영된다"면서 "의료관광 사업을 원활하게 할 수 있도록 13개 병원이 주식시장에 상장되어 있어 병원 고급화를 위한 투자를 유치할 수 있다"고 말했다.

2007년 태국은 전 세계에서 150만 명의 의료관광객을 유치했고 2010년에는 200만 명까지 늘린다는 계획이다. 태국은 2007년 기준으로 2조 6,000억 원의 의료관광 수입을 올렸다.

국제적 품질 인증

태국에는 국제 의료기술 수준을 평가하는 '국제의료평가위원회(JCI)'의 인증을 받은 병원이 사미띠웨이병원 등 4곳에 이를 정도로 기술력을 인정받은 병원이 많다. 국내에선 세브란스병원이 지난해 처음 JCI 인증을 받았다.

랏차네 포띠아나순또른 태국 상무부 수출진흥국장은 "태국의 국제인증병원들은 높은 기술 수준을 유지하기 위해 해외 유학파 의사들을 영입하고 있다"고 말했다. 해외 의료관광 전문 지엠투어 이재림 대표는 "의료 비용과 기술 수준을 고려할 때 아시아에서 태국이 가장 경쟁력이 있다"고 말했다.

비중증 질환 영역 실속 넘버 1 포지셔닝

태국 의료서비스의 가장 큰 강점은 저렴한 가격이다. 지난해 한국보건산업진흥원 조사에 따르면 태국이 경쟁력이 있는 의료 분야는 성형외과, 안과, 산부인과, 흉부외과, 정형외과 등이 꼽힌다. 국제 의료 비용을 비교해 보면 한국을 100으로 봤을 때 중국(167), 일본(149), 싱가포르(105) 등에 비해 태국(66)이 훨씬 싸다. 특히 성형 수술 비용은 한국의 3분의 1 수준이다.

다만 비중증 질환 영역 위주로 해외 환자에게 낮은 가격으로 높은 실속을 제공하는 데 초점을 맞추고 있다.

암, 뇌 질환 등 중증 질환 영역에서는 의료 수준이 상대적으로 높지 않고 비용도 싸지 않은 것으로 알려져 있다(자료: 『동아일보』, 2008. 5. 20; 한국보건산업진흥원, 「태국의 해외 환자 유치 배경 및 현황」, 2007. 6. 7. 자료 토대로 작성).

1. 포지셔닝의 의의

1) 글로벌 의료서비스 포지셔닝

포지셔닝(positioning)이란 '표적시장 소비자의 마음(mind, 생각)에 자기의 서비스를 자리매김 시킬 목표 포지션(position, 위치)을 설정하고 바로 그 자리에 실제로 자리매김하기 위해 가능한 마케팅 활동을 전개해 가는 과정'이다. 여기서 포지션은 글로벌 의료서비스 마케터가 제시하는 서비스가 표적시장 소비자의 마음속에서 자리 잡는 위치를 지칭한다.

포지셔닝은 단일 의사 결정이라기보다는 연속적인 의사 결정으로 구성된다. 포지셔닝의 과정은 다음과 같다. 먼저 지향하는 목표 포지션을 설정한다. 좁은 의미의 포지셔닝은 이와 같은 목표 포지션 설정 과정만을 지칭한다. 일종의 사전적(ex ante) 포지셔닝인 셈이다. 다음은 목표 포지션에 자리매김하도록 마케팅 믹스를 설계하여 실행해 가는 과정이다. 넓은 의미의 포지셔닝은 사전적으로 목표 포지션을 설정하는 과정과 마케팅 믹스를 설계하여 실행해 가는 과정을 모두 포괄한다.

시장을 잘 나누고 표적시장을 잘 선정하였어도 제품의 편익이 소비자의 인식 속에 자리 잡지 못하면 소용이 없게 된다. 포지셔닝은 구매의 순간 가장 먼저 떠오르는 제품이 되도록 제품의 차별화된 특성과 이미지를 효과적으로 전달하는 가치 제안(value proposition)을 결정하고, 이를 마케팅 믹스 전략을 통해 실체적으로 전달하면서 이를 커뮤니케이션하는 일체의 과정을 포괄하는 활동인 것이다.

좋은 포지셔닝의 가치 제안은 먼저 제품의 경쟁 우위를 반영할 수 있어야 하고, 표적시장 소비자에게 구매 동기를 부여할 수 있어야 한다. 어떻게 경쟁 제품과 차별화되고 왜 그 제품을 구매해야만 하며 고객의 니즈나 부족함을 어떻게 충족시킬 수 있는지를 전달해야 한다.

포지셔닝은 장기적으로 관리되어야 한다. 한 번 포지셔닝이 결정되었어도 경제 여건의 변화 및 고객의 새로운 요구, 신규 경쟁의 출현 등으로 포지셔닝의 변화가 필요하게 된다. 따라서 제품 수명 주기를 통해 지속적인 차별화를 가질 수 있는 포지셔닝의 재설정 및 관리와 마케팅 전략의 개발이 필요하게 된다. 포지셔닝과 관련해서 유사한 개념이 제품 콘셉트(product concept)이다. 제품 콘셉트는 경쟁사와 차별화되는 독특한 아이디어나 효익을 소비자가 사용하는 언어나 그림을 통해 구체적으로 표현한 것이다. 제품 콘셉트와 제품 포지셔닝을 구분하자면 제품 콘셉트는 좀 더 지속적이며, 포지셔닝은 경쟁의 요소를 고려하여 좀 더 인지적인 측면을 부각시킨 전략적 개념이라고 할 수 있다. 바람직한 제품 콘셉트일수록 포지셔닝의 취지를 보다 잘 구현한다.

2) 글로벌 의료서비스 포지셔닝 의사 결정 유형

포지셔닝 의사 결정은 다양하게 분류될 수 있다. 일반적으로 포지셔닝 단위에 따라 기업 포지셔닝, 서비스군 포지셔닝, 개별 서비스 포지셔닝 등이 이루어질 수 있다. 또한 포지셔닝 상황에 따른 신규 포지셔닝, 재포지셔닝 등으로 분류할 수도 있다.

(1) 단위별 포지셔닝: 기업 포지셔닝(Corporate positioning), 서비스 계열 포지셔닝(Line positioning), 개별 서비스 포지셔닝(Service positioning)

글로벌 의료서비스 마케터가 기업(병원) 전체의 마케팅 전략 방향을 모색하는 과정에서 포지셔닝 의사 결정을 내릴 수 있는데 이를 기업 포지셔닝(corporate positioning)으로 볼 수 있다. 기업 포지셔닝은 상대적으로 중장기적인 포지셔닝의 특징을 가진다.

글로벌 의료서비스 마케터가 특정 서비스 계열 차원의 마케팅 방향을 모색하는 과정에서 포지셔닝 의사 결정을 내릴 수 있는데 이를 기업 포지셔닝(line positioning)이라고 한다.

이와는 달리 글로벌 의료서비스 마케터가 특정 서비스에 대한 마케팅 과정에서 포지셔닝 의사 결정이 이루어질 수 있는데 이를 개별 서비스 포지셔닝(service positioning)이라고 한다. 개별 서비스 포지셔닝은 상대적으로 단기적인 포지셔닝의 특징을 가진다.

(2) 상황별 포지셔닝: 신규 포지셔닝(New-positioning), 재포지셔닝(Re-positioning)

글로벌 의료서비스 마케터가 새로운 서비스나 브랜드를 도입하는 과정에서 포지셔닝 의사 결정이 활용될 수 있는데 이를 신규 포지셔닝(new positioning)이라고 한다. 신규 포지셔닝은 글로벌 의료서비스 마케터가 새로운 서비스나 브랜드를 도입하거나 도입을 검토하는 과정에서 필수적으로 이루어지는 의사 결정 과정이라고 볼 수 있다.

이와는 달리 글로벌 의료서비스 마케터가 특정 시점에 기존 서비스나 브랜드의 마케팅 방향 전환을 모색하는 과정에서 포지셔닝 의사 결정이 이루어질 수 있는데 이를 재(再)포지셔닝(re-positioning)이라고 한다. 재포지셔닝은 사전에 정한 주기에 따라 정기적으로 시도될 수도 있으며 상황 변화에 따라 탄력적으로 시도될 수도 있다.

2. 글로벌 포지셔닝의 고려 요인

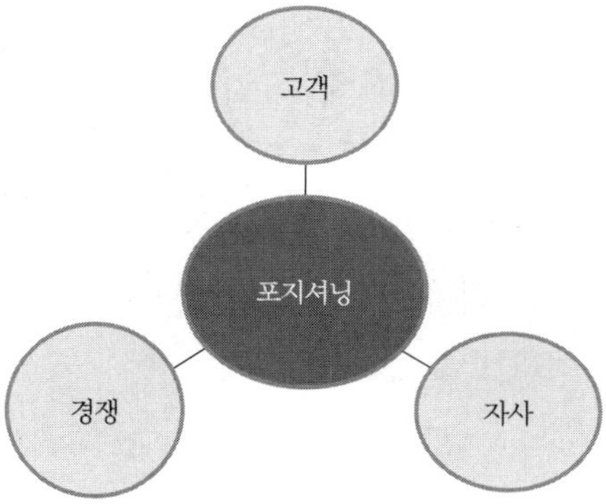

[그림 7-6] 포지셔닝의 고려 요인

1) 고객 요인

포지셔닝의 첫 단계인 목표 포지션을 설정하려면 표적시장 소비자의 요구를 충분히 숙지해야 한다. 바람직한 목표 포지션은 결과적으로 표적시장 소비자의 구매를 보다 잘 이끌어낼 수 있는 위치다.

글로벌 의료서비스 마케터는 시장세분화 과정에서 선택한 요구 변수 차원에서 표적시장 소비자의 교환 참여 가능성을 극대화할 수 있을 것으로 판단되는 위치를 찾아갈 수 있다.

2) 경쟁 요인

표적시장 소비자의 구매를 이끌어내려면 소비자의 요구를 충족시켜 줄 잠재력이 있는 경쟁자에 대한 고려도 빠져서는 안 된다. 표적시장 소비자의 구매를 보다 잘 이끌어낼 수 있는 목표 포지션은 해당 소비자가 다른 경쟁자보다 더 매력적으로 받아들이는 위치이기도 하다.

글로벌 의료서비스 마케터는 표적시장 소비자의 마음속에서 자기 자신과 경쟁자가 상대적으로 어떤 위치를 차지하고 있으며 어떤 위치로 이동하는지를 모니터링하여 포지셔닝 의사 결정에 반영해야 한다.

3) 자사 요인

목표 포지션은 글로벌 의료서비스 마케터의 자사 역량을 반영해서 결정해야 한다. 현실적인 점유 가능성이 없는 목표 포지션은 바람직하지 못하다. 포지셔닝 시 자사의 역량과 전반적 전략 방향을 토대로 실현 가능성을 고려하여 최선의 목표 포지션을 설정해야 한다. 표적시장 소비자, 경쟁자, 자사 요인을 고려할 때 각 요인에서 본 최선의 포지션이 겹치면 바람직한 목표 포지션으로 삼기에 이상적이지만 그렇지 않은 경우가 일반적이라고 볼 수 있다. 이와 같은 경우 자연스럽게 차선의 목표 포지션을 설정하게 된다.

글로벌 의료서비스 마케터는 표적시장 소비자, 경쟁자, 자사 요인을 종합적으로 고려하여 포지셔닝 의사 결정을 해야 한다.

3. 포지셔닝 전략의 유형

1) 주요 차원별 포지셔닝 대안

박찬호 선수의 포지션이 무엇인가? '투수'이다. 그런데 '투수'라는 답은 야구라는 게임 차원을 염두에 둘 때 정해진다. 포지셔닝은 특정한 차원(dimension) 상에서의 위치와 관련되므로 필연적으로 차원에 따른 논의가 따른다.

적절한 포지셔닝 전략은 기본적으로 글로벌 의료서비스 마케터의 창의성과 문제 해결력에 따라 자유롭게 선택될 수 있다.

이하에서는 대표적인 주요 포지셔닝 전략의 유형을 예시적으로 살펴보고 글로벌 의료서비스 마케터가 취할 수 있는 포지셔닝 전략의 방향을 정리한다.

(1) 혜택 차원 포지셔닝

혜택(benefit) 차원들 중에서 골라낸 특정 혜택에서 목표 위치를 설정하는 포지셔닝 방식을 혜택 차원 포지셔닝이라고 한다. 글로벌 의료서비스 마케터로서는 소비자가 누릴 수 있는 혜택 면에서 자기 서비스의 위치를 추구할 수 있다. 예컨대 '원 스톱 치료, ○○○병원' 식으로 포지셔닝을 시도할 수 있다.

(2) 서비스 속성 차원 포지셔닝

서비스 속성(attribute) 차원들 중에서 골라낸 특정 속성에서 목표 위치를 설정하는 포지셔닝 방식을 서비스 속성 차원 포지셔닝이라고 한다. 글로벌 의료서비스 마케터로서는 의료서비스의 범위, 용량 등 구체적인 속성 면에서 자기 서비스의 위치를 추구할 수 있다. 예컨대 '병상 규모 아시아 최대, ○○○병원' 식으로 포지셔닝을 시도할 수 있다.

(3) 가치 차원 포지셔닝

가치(value) 차원에서 목표 위치를 설정하는 포지셔닝 방식을 가치 차원 포지셔닝이라고 한다. 경우에 따라 가치 차원 포지셔닝은 혜택 차원 포지셔닝의 한 유형으로 포함시켜 다룰 수도 있다. 참고로 가치는 소비자가 감수한 희생(비용) 대비 서비스 혜택의 크기를 의미한다. 일반적으로 혜택 수준에서 희생 수준을 빼거나 나누는 방식을 통해 가치 수준을 산출한다. 글로벌 의료서비스 마케터로서는 소비자가 누릴 수 있는 가치 면에서 자사의 위치를 추구할 수 있다. 예컨대 '최고 수준의 실속, ○○○병원' 식으로 포지셔닝을 시도할 수 있다.

(4) 카테고리 차원 포지셔닝

서비스 카테고리(category) 차원에서 목표 위치를 설정하는 포지셔닝 방식을 카테고리 차원 포지셔닝이라고 한다. 글로벌 의료서비스 마케터로서는 자기 서비스의 강점을 부각시킬 수 있는 카테고리에서 자사의 위치를 추구할 수 있다. 예컨대 '치료가 아니라 즐거운 체험관광 과정, ○○○' 식으로 포지셔닝을 시도할 수 있다.

(5) 경쟁 차원 포지셔닝

경쟁자에 대비한 상대적 경쟁 위치(competitive position) 차원에서 목표 위치를 설정하는 포지셔닝 방식을 경쟁 차원 포지셔닝이라고 한다. 대부분의 포지셔닝이 경쟁적 위치를 염두에 두지만 경쟁 차원 포지셔닝은 경쟁자와의 상대적 위치를 두드러지게 강조한다. 예컨대 '제2의 ○○○클리닉' 식으로 포지셔닝을 시도할 수 있다.

2) 글로벌 포지셔닝 전략 대안

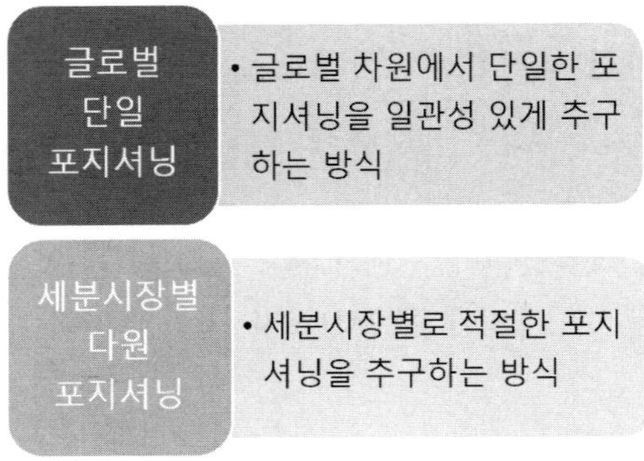

[그림 7-7] 글로벌 포지셔닝 대안

자료: Kotabe and Helsen(2004) 참고로 하여 수정

글로벌 의료서비스 포지셔닝은 여타 글로벌 마케팅에서의 포지셔닝 전략 대안이 세분시장별 차별성을 인정하느냐 여부에 따라 글로벌 단일 포지셔닝 전략과 시장별 다원 포지셔닝 전략으로 구분될 수 있다(Kotabe and Helsen 2004 참조).

글로벌 단일 포지셔닝 전략은 각 소비자가 속한 다양한 배경을 특별히 고려하기보다는 전 지구적 차원에서 단일한 목표 포지션을 추구함으로써 일관성을 강조하는 포지셔닝 방식이다.

시장별 다원 포지셔닝은 이와 달리 세분시장 소비자의 독특한 배경이 의미가 있다고 판단될 때 다양한 세분시장의 특성을 반영하여 세분시장별로 최적화된 목표 포지션을 설정하여 추구하는 포지셔닝 방식이다. 시장별 다원 포지셔닝의 예를 들면 선진국인 본국에서 보편화된 의료서비스일지라도 표적시장으로 선정한 다른 국가 소비자에게 프리미엄 위치로 소구하는 것이 유리하다고 판단될 경우 본국에서의 포지셔닝과는 다른 포지셔닝 전략을 취할 수 있는 셈이다.

4. 포지셔닝의 방법과 절차

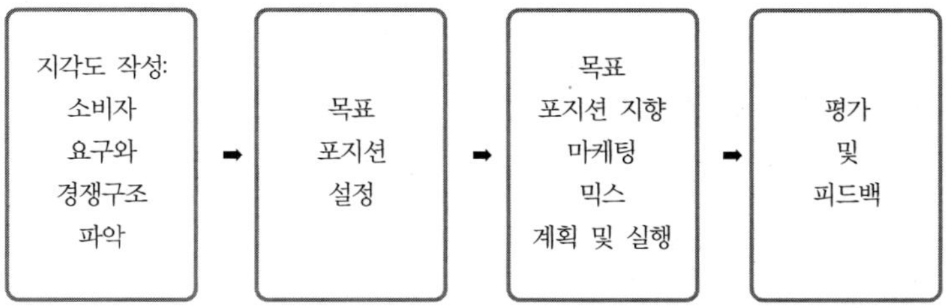

[그림 7-8] 포지셔닝 절차

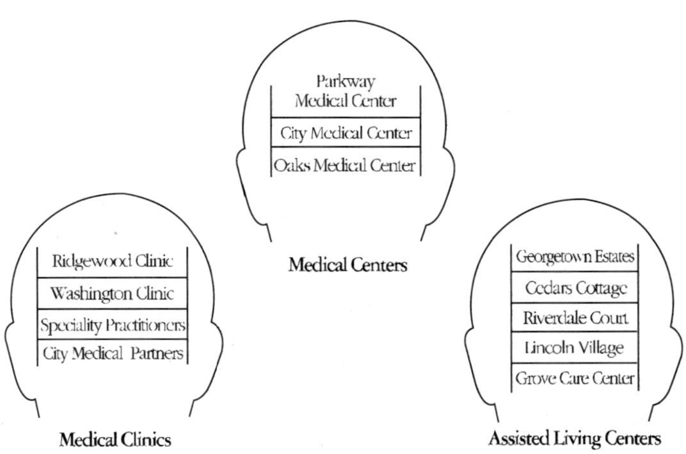

[그림 7-9] 의료서비스 포지셔닝 이미지

자료: Fortenberry(2010)

1) 소비자 요구와 경쟁 구도 파악: 지각도 작성

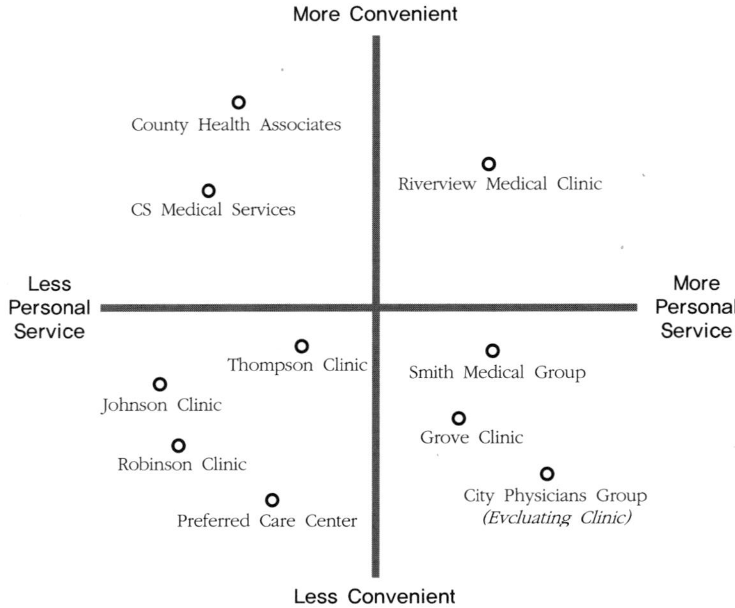

[그림 7-10] 지각도 예시

자료: Fortenberry(2010)

글로벌 의료서비스 마케터는 포지셔닝을 위해 먼저 소비자 요구와 경쟁 구도를 파악해야 한다. 소비자 요구 및 경쟁 구도 파악은 현재 시장에 출시되어 있는 자사 제품의 포지셔닝이 적합한지를 확인하거나 새로운 포지션으로 변경이 필요할 때, 혹은 새로운 제품을 시장에 출시하기 전 포지션을 결정할 때 이루어진다.

차별화된 가치 제안을 발견하기 위해서는 먼저 현재 시장에 나와 있는 제품들의 가치 제안의 강약점을 파악해야 하고, 소비자들에게 이들이 어떻게 인식되고 있는지, 소비자들이 어떤 제품들을 서로 유사하거나 상이하게 인식하고 있는지, 그리고 소비자들이 중요하게 생각하는데 현재 시장에 있는 제품으로는 충족이 안 되는 욕구는 무엇인지 등을 분석하는 일이 먼저 선행되어야 한다. 이러한 분석을 통해 자사 제품의 강약점, 포지셔닝의 적합성 여부를 파악할 수 있고 새로운 시장 기회를 발견할 수 있게 된다. 글로벌 의료서비스 마케터는 소비자의 요구와 경쟁 구도를 파악하는 방법으로 지각도(perceptual map)를 사용할 수 있다. 지각도를 작성하는 방법으로는 정량적인 방법(양적 방법)과 정성적인 방법(질적 방법)이 있다. 참고로 지각도는 소비자가 자신의 문제를 해결할 수 있는 여러 대안적 브랜드나 서비스를 지각하고 있는 양상을 도표 형식으로 나타낸 것이다. 경우에 따라 포지셔닝 맵(positioning map)으로 부르기도 한다. 글로벌 의료서비스 마케터는 지각도를 통해 여러 가지 시사점을 얻을 수 있다.

우선 글로벌 의료서비스 마케터는 자기 서비스와 경쟁자 서비스 사이의 경쟁 구도를 파악할 수 있다. 또한 원래 의도한 대로 소비자의 인식 속에 포지셔닝이 되었는지 적합성을 판단하거나, 자사 제품과 유사한 제품이 너무 많아 치열한 경쟁 속에 있는지 등을 확인하여 그 결과에 따라 재포지셔닝 여부를 결정할 수도 있다. 나아가 소비자의 선호도나 제품 중요도 평가 정보를 반영하는 MDPREF나 PREFMAP 기법을 이용한 포지셔닝맵의 경우는 소비자의 이상점이 파악되므로 새로운 시장 기회를 보기 쉽게 파악할 수 있다.

(1) 양적 방법: MDS 방법

글로벌 의료서비스 마케터는 '수'나 '양'이 포함된 질문을 통해 소비자의 생각을 반영하는 정보를 얻어내어 지각도를 작성해 볼 수 있다.

지각도는 표적시장에 포함된 소비자의 생각을 문의해서 얻어낸 자료를 다차원척도법(Multi-dimentional Scaling: MDS) 등 적절한 통계 프로그램에 투입해서 결과로 얻을 수 있다. 보통 다차원척도법에는 제품 간의 거리를 통해 유사성을 나타내 주는 기법(KIST), 여러 가지 속성별로 제품을 평가하여 제품 간의 경쟁 구도를 나타내 주는 기법(PROFIT) 그리고 이러한 소비자의 지각에 대한 진단적인 분석 외에 소비자의 제품 선호도를 나타내는 기법(MDPREF), 제품 간 유사성과 선호도를 동시에 보여 주는 기법(PREFMAP) 등 여러 가지 기법들이 있다.

(2) 질적 방법: FGI 방법

글로벌 의료서비스 마케터는 포커스 그룹 인터뷰를 통해 질적인 판단을 이끌어내어 지각도를 작성해 볼 수 있다. 포커스 그룹 인터뷰(Focus Group Interview: FGI)는 소그룹의 소비자를 대상으로 구조화되어 있지 않은 자연스러운 인터뷰를 통해 소비자의 생각과 숨겨진 욕구 등을 새롭게 도출해 내는 것이 주요 목적이다. 포커스그룹 인터뷰는 포지셔닝을 위한 소비자 지각을 파악하는 목적 외에도 탐색적 연구가 필요한 많은 연구 주제에 이용된다.

양적인 방법의 설문 조사로는 잘 드러나지 않는 소비자의 생각, 즉 행동에 영향을 미치는 기저에 깔린 심리적 요인이나 행동에 이르기까지의 구체적 과정 그리고 소비자 자신도 명확하게 느끼고 있지 못했던 잠재된 욕구 등을 파악해 내기 위해 질적인 방법의 포커스 그룹 인터뷰가 이용될 수 있다.

인터뷰 진행자는 인터뷰 주제에 대해 풍부한 경험과 지식을 보유하고 있어야 하며 동시에 숙련된 컨트롤 기술에 의해 인터뷰를 자연스럽게 유도해서 자신의 의견이 개입되지 않게 하면서 모든 참가자들의 의견이 골고루 충분히 도출될 수 있게 해야 한다. 인터뷰 참가자도 연구 주제에 대한 충분한 관심과 경험을 해 본 사람들이어야 한다.

포커스 그룹은 일반적으로 8명에서 12명 사이가 적절한 것으로 알려져 있다. 포커스 그룹이 너무 적은 수의 응답자로 구성이 되면 다양한 의견을 듣지 못하게 되고 너무 많은 수의 응답자로 구성이 되면 의견들이 너무 산만해져서 한 주제에 대해 집중적으로 토의하기가 어려워진다. 인터뷰 논의 시간은 보통 한 시간에서 세 시간 사이로 하는 것이 바람직하며, 한 시간에서 한 시간 반 사이로 논의 시간을 설정하는 것이 일반적이다. 토의 내용은 녹음을 하거나 녹화를 하여 토의 이후에 정확한 내용 분석에 이용된다.

포커스 그룹 인터뷰 진행 절차는 먼저 연구 목적이나 인터뷰의 목적을 명확히 정의하고 어떤 소비자들을 포커스 그룹을 구성할 것인지, 어떤 질문을 할 것인지, 인터뷰 진행은 어떻게 할 것인지 등에 대한 계획 과정이 필요하다. 계획에 따라 인터뷰를 진행하고 나면 논의된 결과를 분석해서 향후 연구 방향을 결정하거나 다음 단계로 진행되어야 할 일들을 계획한다.

포커스 그룹 인터뷰는 설문 조사에서 밝혀내기 어려운 소비자 행동의 이유를 많이 밝혀주며, 소비자의 잠재되어 있는 욕구를 발견하고 새로이 출시될 신제품 콘셉트에 대해 사전에 고객 반응을 예측하는 데 큰 도움이 된다.

하지만 포커스 그룹 역시 한계가 있다. 인터뷰 진행자가 숙련된 스킬이 부족할 경우 소비자의 숨은 생각을 잘 밝혀내지 못할 수 있다는 것이다. 또 소비자가 실제 해당 제품과 서비스를 사용하는 환경에서 조사되는 것이 아니라, 설정해 놓은 공간에 와서 얘기를 나누는 것이기 때문에 조사자와 소비자 간에 공감대가 형성된다고 해도 소비자 자신이 구체적으로 어떻게 제품이나 서비스를 이용하는지를 잘 모르는 경우에는 파악되는 정보에 한계가 있게 된다.

이러한 점들을 보완하여 보다 심층적으로 소비자의 행동과 동기를 찾아내기 위해 최근 '관찰 조사 기법'이 도입되고 있다. 소비자의 집을 방문하거나 매장에서 비디오 촬영을 하여 미처 소비자도 인지하지 못했던 중요한 행동 원인을 밝혀낸 것이 성공 사례로 소개되고 있다. 관찰 조사는 15~25명 정도의 대상자를 선정하여 집이나 사무실 등 실제 제품이 사용되는 공간으로 직접 찾아가서 소비자가 제품을 사용하는 과정을 관찰하면서 소비자에게 특정한 행동의 이유나 특정한 순간의 느낌을 물어볼 수 있는 기법이다. 관찰이 끝난 후, 그 결과를 분석하여 다시 소비자에게 추가 인터뷰도 실시한다.

2) 목표 포지션 설정

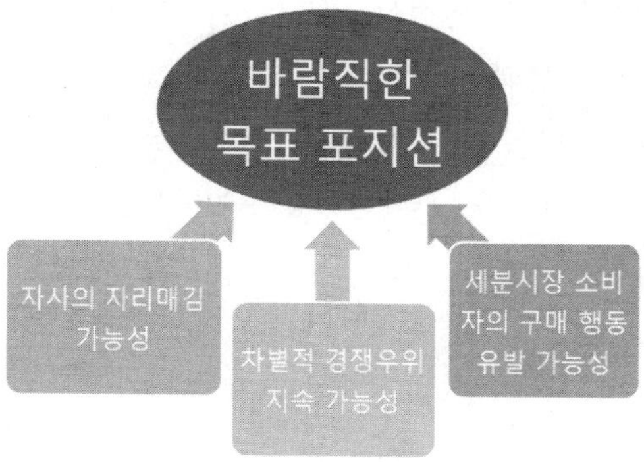

[그림 7-12] 바람직한 목표 포지션의 조건

목표 포지션 설정은 포지셔닝 과정의 핵심이다. 좁은 의미의 포지셔닝은 목표 포지션 설정을 의미한다. 글로벌 의료서비스 마케터는 포지셔닝 포커스 그룹 인터뷰나 다차원척도법을 통해 지각도를 작성하여 경쟁 구도와 소비자 요구의 윤곽을 파악한 후 이를 토대로 목표 포지션을 새로 설정하게 된다. 기존 서비스 포지션을 변경해 갈 새로운 포지션을 설정할 수도 있고 새로 시도하는 서비스의 초기 포지션을 설정할 수도 있다.

바람직한 목표 포지션은 경쟁자보다 먼저 자리매김할 수 있는 가능성이 높고, 경쟁자가 모방하기 어려우며, 이 후 그 자리에 자리매김했을 때 결과적으로 바로 그 표적시장 소비자의 구매 행동을 효과적으로 촉발시킬 수 있는 위치여야 한다.

3) 목표 포지션 지향 마케팅 믹스 계획 및 실행

글로벌 의료서비스 마케터의 목표 포지션이 결정되었다는 사실은 표적으로 선정한 소비자에게 어떤 가치 제안을 제시할지 방향이 설정되었다는 점을 시사한다.

좋은 목표 포지션을 설정하는 것과 실제로 표적 소비자의 인식 속 목표 포지션에 자리 잡는 것은 별개의 문제라고까지 볼 수 있다. 전자는 글로벌 의료서비스 마케터의 희망사항이지만 후자는 상대방의 반응이 결합되어 성사되는 현실이기 때문이다.

목표 포지션에 실제로 자리매김하려면 제품, 유통, 가격, 촉진 등 글로벌 의료서비스 마케터가 구사할 수 있는 마케팅 믹스 변수들을 목표 포지션 지향성을 토대로 하여 유기적으로 전개해야 한다.

예컨대 '세계 최고로 안전한 병원'을 추구하려면 진단, 치료 과정에서의 실수를 철저하게 통제하여 실제로 최고 수준의 치료 성공률을 달성하고 그에 걸맞은 가격, 유통, 촉진 활동이 이어져야 하는 것이다. 다시 말해 '안전성' 차원에서의 위치를 추구하는 글로벌 의료서비스 마케터가 집중할 요소는 '안전성'과 관련된 것이어야 한다. 그 밖의 중요한 요소들 예컨대 편안함, 실속, 친절함 등은 그 다음으로 중요한 고민거리로 취급되어야 마땅하다.

3편에서는 목표 포지션 지향적인 글로벌 의료마케팅 믹스 전개를 위해 고려해야 할 세부 의사 결정변수들을 차례로 살펴본다.

4) 평가 및 피드백

글로벌 의료서비스 마케터는 목표 포지션 지향적인 마케팅 믹스의 계획과 실행이 결과적으로 애초에 지향했던 목표 포지션에 자리매김하는 성공적인 결과로 이어졌는지 사후적으로 평가하여 그 결과에 입각한 피드백을 해야 한다.

이 경우 글로벌 의료서비스 마케터는 포지셔닝 방향에 맞춘 마케팅 노력이 이어진 이후 지각도를 다시 작성해 봄으로써 포지셔닝 노력의 성과를 평가할 수 있다.

토의 문제

1. 글로벌 의료서비스와 관련하여 포지셔닝을 위해 고려해야 할 요인들을 생각해 보시오.
2. 글로벌 의료서비스와 관련하여 좁은 의미의 포지셔닝과 넓은 의미의 포지셔닝을 비교해 보시오.
3. 글로벌 의료서비스와 관련하여 서로 다른 포지셔닝 전략을 취하는 사례를 조사해 보시오.
4. 우리나라의 글로벌 의료서비스 마케터가 취할 수 있는 포지셔닝 방향을 생각해 보시오.

참고문헌

윤형호, 2007,「서울시의료관광의국제마케팅육성방안」, 서울시정개발연구원.

주우진, 박철, 김현식, 『마케팅관리』, 홍문사, 출판 예정.

프랭클린 루트 지음, 권영철 역, 1992, 『해외시장진출 전략』, 비봉출판사.

Fortenberry, John L., 2010, *Health Care Marketing: Tools and Techniques*, 3rd ed., Jones and Bartlett Publishers.

Kotler, Philip, 2003, *Marketing Management*, 11th ed., Prentice-Hall, Inc.

Kotler, Philip and Gary Armstrong, 2004, *Principles of Marketing*, 10th ed., Pearson Education, Inc.

Kotabe, Masaaki and Kristiaan Helsen, 2004, *Global Marketing Management*, 3rd ed., John Wiley and Sons, Inc.

제3편

글로벌 의료마케팅 믹스의 전개

제 8 장 글로벌 의료서비스 관리

도입 사례 1

One-Stop 서비스 프로세스, Raffles병원

[그림 8-1] Raffles Hospital 정경

자료: Raffles Medical Group 홈페이지

〈표 8-1〉 Raffles Hospital 온라인 One-stop 서비스 항목들

E-services
•Currency Converter
•Weather Forecast
•Flight Information
•Visa & Entry Information
•Airline Contact
•Foreign Embassy & Diplomatic Mission
•Singapore Map
•Singapore Destination Guide

자료: Raffles Medical Group 홈페이지

〈표 8-2〉 Raffles Hospital 홈페이지 해외 환자 언어 선택 창

Please select your language:
English
中文
РУССКИЙ
Myanmese
Bahasa
Việt nam
Bengali
Khmer.

자료: Raffles Medical Group 홈페이지

[그림 8-2] Raffles Hospital 전경

자료: Raffles Medical Group 홈페이지

One-stop 서비스 프로세스를 제공하는 것으로 잘 알려진 사례 중 하나가 래플즈병원(Raffles Hospital)이다. 래플즈병원은 싱가포르 Raffles Medical Group 소속이다. Raffles Medical Group은 1976년 Private GP Clinic(민간 1차 진료소) 2개를 모태로 해서 생겼다. 2004년 싱가포르의 Private GP Clinic 60개, 380병상의 종합병원(Raffles Hospital, 2002년 개원), 홍콩의 Private GP Clinic 4개, 인도네시아의 대표부 1곳으로 이루어진 네트워크로 성장하였으며, 2003년 3월부터는 Raffles Health라는 자체 브랜드를 개발하여 비타민과 건강 보조식품도 생산하여 판매하고 있다.

래플즈병원의 환자 중 1/3은 외국인인데, 이들 중 70%가 말레이시아인과 인도네시아인이라고 한다. 참고로 2001년 9.11 사태 이후 중동 환자들의 미국 입국이 까다로워지면서, 중동 환자 수가 증가하는 추세가 나타나고 있다.

래플즈병원의 국제부(International Patients Center)에서는 해외 환자가 의료서비스를 편리하게 이용할 수 있는 One-stop 프로세스를 구현하기 위해 다음과 같은 여러 가지 시도를 하고 있다.

- 해외 환자의 진료 예약, 항공권 구입, 여행, 숙박, 공항에서 병원까지의 교통수단 제공, 통역, 우편, 복사, 팩스, 컴퓨터 노트북 대여, 환전 등의 서비스를 제공함.
- 해외 환자가 가장 선호하는 의료서비스 중 하나인 건강 검진은 나이대별로 다양한 상품으로 개발하였을 뿐만 아니라, 개인의 필요에 따른 맞춤식 설계도 제공되고 있음.

래플즈병원의 성공 요인은 안정적인 의료서비스 품질, 영어를 중심으로 하는 유연한 의사소통 능력 등 여러 가지로 알려져 있지만 이처럼 해외 환자의 입장에서 서비스 프로세스를 설계하여 One-stop 문제 해결을 가능하게 한다는 점도 매우 중요한 성공 요인으로 꼽히고 있다(자료: 한국보건산업진흥원, 「싱가포르의 해외 환자 유치 현황」, 2007. 6. 13. Raffles Medical Group 홈페이지 자료 토대로 작성).

도입 사례 2

글로벌 의료서비스 품질 제고, Bumrungrad병원

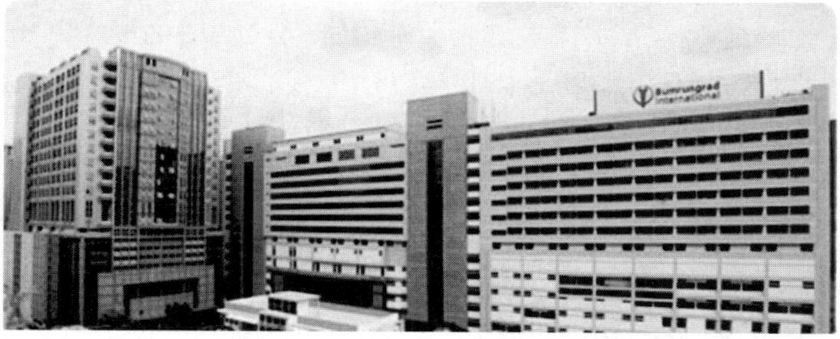

[그림 8-3] Bumrungrad병원 전경

자료: Bumrungrad병원 홈페이지

[그림 8-4] Bumrungrad병원 조감도

자료: Bumrungrad병원 홈페이지

범룽랏병원(Bumrungrad Hospital)은 1980년 200병상 규모로 시작하여 1997년 1월, 554병상으로 증축을 시작하자마자 아시아의 외환 금융 위기를 맞았지만 적극적인 해외 환자 유치와 세계적 수준으로의 병원 서비스를 지향함으로써 괄목할 만한 성과를 이룬 것으로 잘 알려져 있다.

2003년 한 해 거래 총액이 1억 1,400만 달러, 입원 및 외래 환자 수 90만 명, 그중 1/3은 154개국에서 온 해외 환자라는 점 등을 보면 범룽랏병원의 글로벌 의료서비스 마케팅 노력의 성과를 미루어 짐작할 수 있다.

해외 환자 지향적인 마케팅

범룽랏병원은 해외 환자를 목표로 철저한 고객 중심 서비스 프로세스를 형성하여 제공하고 있다. 예를 들어 병원 내에 외국인 비자 연장 데스크를 설치하여 필요한 해외 환자나 가족의 문제를 현장에서 해결할 수 있도록 하고 있다. 아울러 영어, 아랍어, 중국어, 스페인어, 일어 등 다국어 홈페이지 및 통역원을 운영하고 있다.

범룽랏병원은 방글라데시 수도 다카, 캄보디아 수도 프놈펜, 미얀마 수도 양군, 네팔 수도 카트만두, 베트남 호치민시, 몰디브(Male Maldives), 네덜란드 엔스키드(Enschede, The Netherlands) 등에 국제 대표소를 두고 해외 환자 유치를 위한 적극적인 마케팅 노력을 경주하고 있다.

의료서비스 품질 수준 대비 저렴한 가격 제시

범룽랏병원은 상대적으로 저렴한 인건비를 통한 가격 경쟁력을 확보하여 해외 환자에게 매력적인 가치를 제공하고 있다. 예를 들어 싱가포르 민간 병원 경영 비용의 평균 50%가 인건비인 데 반해, 범룽랏병원의 인건비 비중은 17%밖에 안 된다.

국제 인증을 통한 품질 명성 확립

범룽랏병원은 국제 의료 수준에 부합하는 의료시설 및 서비스 투자를 하면서 이를 해외 환자에게 '신호(Signaling)'하기 위해 다양한 국제 인증을 취득해 왔다. 범룽랏병원은 2002년 아시아 최초 Joint Commission Int'l Accreditation을 획득하였으며, 디지털 방사선 등 IT 선진화, Hospital 2000 구축을 통한 시설의 첨단화를 통해 병원으로는 최초 ISO 9001 : 2000 인증을 획득한 바 있다.

결국 범룽랏병원은 해외 환자를 유인할 수 있는 실체적인 서비스 프로세스를 구축하고 난 후 한 발 더 나아가 이를 제대로 알리고 신뢰를 얻는 수단으로서 국제 인증 획득 방식을 차용하여 아시아에서 선도적인 국제적 명성을 얻는 데 성공한 것으로 볼 수 있다(자료: 한국보건산업진흥원, 태국의 해외 환자 유치 배경 및 현황, 2007. 6. 7. 자료 토대로 작성).

학습 목표

1. 제품이란 무엇인지 개념을 이해하고, '그릇'으로 제품을 비유해 봄으로써 시사점을 도출해 본다. 나아가 글로벌 의료서비스와 관련하여 '그릇'으로서의 제품 특성을 이해한다.
2. Servqual 모형, Nordic 모형, Hierarchical 모형 등 서로 다른 서비스 품질 모형을 이해하고 글로벌 의료서비스 맥락에서 적용해 본다.
3. 서비스 프로세스의 개념과 중요성을 이해하고 글로벌 의료서비스 맥락에 적용해 본다.
4. 서비스의 물리적 증거란 무엇인지 이해하고 글로벌 의료서비스 맥락에 적용해 본다.
5. 서비스 믹스의 개념을 이해하고 글로벌 의료서비스 상황에 적용해 본다.

1. 글로벌 의료서비스 관리의 의의

〈표 8-3〉 세브란스병원 의료관광상품

(단위: 달러)

치료 분야	비용	입원일
건강 검진	남자 6,800 여자 7,500	일박 입원 전신 CT, PET, 위내시경, 대장내시경, 골밀도, 초음파, 심장 CT, 뇌 MRI
당뇨 검사	16,000	
관상동맥 우회술 (심장 수술)	40,400	2일 심장 수술 입원실 4일 일반 입원실
다빈치 로봇 mitral valve repair	52,000	2일 심장 수술 입원실 4일 일반 입원실
비디오 폐암 수술	34,500	7일 입원
다빈치 로봇 폐암 수술	62,600	7일 입원
식도암 수술	52,000	7일 입원
위암 수술(개복)	28,400	0일 입원
다빈치 로봇 위암 수술	46,500	10일 입원
대장암 수술	36,100	14일 입원
간암 수술	27,300～50,300	
유방암 수술	20,400～52,900	
암 방사선 치료	126,200	45일 입원

자료: 윤형호(2007)

1) 서비스로서의 글로벌 의료

글로벌 의료서비스 마케터는 서비스 관리자로서 현명한 의사 결정을 하기 위해 서비스, 제품 등 관련 개념에 대한 정리를 할 필요가 있다.

우선 글로벌 의료는 서비스의 특성을 가진다. 글로벌 의료서비스 마케터는 서비스의 특성을 감안한 의사 결정을 해야 한다.

미국마케팅협회(AMA)는 '판매 목적으로 제공되거나 또는 상품 판매와 연계해서 제공되는 제 활동'으로 서비스를 규정한다. 대영백과사전에도 서비스는 고객에 대한 호의적인 접대 행위 또는 동작이라고 기록되어 있다.

글로벌 의료는 대부분의 서비스와 마찬가지로 넓은 의미의 제품(product)에 포함된다. 글로벌 의료서비스 마케터는 제품의 일반적인 특성도 감안해서 의사 결정을 해야 한다. 경우에 따라 '제품' 대신에 '상품'이라는 용어를 사용하기도 한다. 이 책에서는 '제품'이라는 용어로 주로 사용하되 필요 시 양자를 혼용하기로 한다.

제품(product)이란 '소비자나 사용자의 요구를 충족시킬 수 있도록 시장에 내어져 교환 대상이 될 수 있는 모든 것'이다. 경우에 따라 '제품'이 좁은 의미로 사용되는데, 좁은 의미에서의 제품은 '공장에서 제작된 유형의 재화'로 넓은 의미의 제품에 속하며 수시로 서비스와 비교되는 경향이 있다.

글로벌 의료가 제품에 속한다는 사실은 제품 일반을 염두에 두고 발전되어 온 마케팅의 패러다임을 적용할 수 있다는 점을 시사한다.

이하에서는 일반적인 마케팅의 패러다임을 글로벌 의료서비스 마케터의 견지에서 구사할 수 있도록 서비스의 특성을 감안하여 보완하여 기술한다.

2) 서비스 특성

〈표 8-4〉 서비스의 특성

재화	서비스	관리적 의미
유형	무형	서비스는 저장할 수 없다. 서비스는 쉽게 특허를 낼 수 없다. 서비스는 쉽게 전시되거나 소통할 수 없다. 가격 책정이 어렵다.

표준	이질	서비스 제공과 고객 만족은 직원과 고객의 행위에 달렸다. 서비스 품질은 많은 통제 불가능한 요인에 달렸다. 제공된 서비스가 계획되거나 촉진된 것과 일치하는지를 확실히 알기 어렵다.
생산과 소비가 분리	생산과 소비가 동시	고객이 거래에 참여하거나 영향을 미친다. 고객이 서로에게 영향을 미친다. 직원이 서비스 성과에 영향을 미친다. 분산화가 필수적이다. 대량 생산이 어렵다.
비소멸	소멸	수요와 공급을 맞추기 어렵다. 서비스는 반품되거나 재판매될 수 없다.

자료: V. A. Zeithaml, M. J. Bitner, D. D. Gremler 지음, 전인수, 배일현 역(2006)에서 인용

(1) 무형성

서비스의 가장 두드러진 특징 중 하나는 눈에 보이지 않는다는 것이다. 유형의 제품은 사람의 감각기관을 이용하여 그 가치를 판단하고 만족 수준을 표시할 수 있지만, 서비스는 감각기관보다는 감동과 만족과 같은 심리적 상태에 더 의존한다. 의료, 법률, 컨설팅, 교육 등의 모든 서비스는 고객들의 감정과 논리적 사고에 의해서 판단된다. 따라서 서비스 상품은 자신이 직접 사용해 보기 전에는 그 품질에 대한 확신이 약할 수밖에 없다.

(2) 비분리성

서비스 상품은 일반적으로 생산과 소비가 동시에 이루어진다. 유형의 제품은 생산, 운송, 구매 및 소비의 각 단계가 일정한 시간 간격을 두고 이루어지지만, 서비스 상품은 생산과 동시에 소비되기 때문에 고객이 서비스의 생산 현장에 같이 참여하게 된다. 따라서 서비스 품질에 대한 판단은 생산 현장에서 즉각적으로 이루어지고, 이에 따라 서비스 제공 회사는 서비스 품질을 통제할 수 있는 시간적 여유가 별로 없다. 또한 서비스 상품은 고객의 주문에 의해서 이루어지고 고객의 다양한 욕구에 부응해야 하기 때문에 표준화된 대량 생산 체제를 갖추기가 힘들다.

(3) 이질성

서비스 품질은 서비스 제공자와 제공 상황에 따라서 매우 다양하게 나타난다. 예를 들어 외국어 학원에서 수강생들의 외국어 실력 향상은 강사의 능력, 주변 환경, 수강생들의 열의

등 여러 요인에 의해서 서로 다르게 나타날 수 있다. 이러한 서비스 상품의 이질성은 서비스 표준화를 어렵게 만든다. 또한 서비스 생산 현장에 고객들이 직접 참여하고 있기 때문에 서비스 품질에 대한 통제는 더욱 힘들다. 서비스 품질의 이질성으로 인해 서비스 제공 회사가 추가할 수 있는 마케팅 전략은 개별화이다. 개별화 전략은 욕구가 서로 다른 고객들에게 개별적인 서비스 상품을 제공하는 것이다.

(4) 소멸성

판매되지 않은 제품은 재고의 형태로 보관이 가능하지만 서비스는 그럴 수 없기 때문에 판매되지 않으면 소멸하고 만다. 또한 서비스는 제품과 같이 오랜 기간 동안 그 가치가 지속되지 않고 한 번 사용에 의해 그 가치가 완전히 없어진다. 즉각적인 가치의 소멸은 서비스 제공 회사로 하여금 수요와 공급에 대한 정확한 예측 능력을 필요로 한다. 수요에 대한 잘못된 예측은 판매되지 않는 서비스 상품의 가치 소멸로 인해 서비스 제공 회사에게 많은 재정적 부담을 주게 되므로 수요를 조절하는 능력이 필요하다.

2. 글로벌 의료서비스 관리

1) 서비스 위계 관리

(1) 핵심 서비스

핵심 서비스는 글로벌 의료서비스 마케터가 '표적 소비자에게 건네주려는 혜택의 정수'를 지칭한다.

핵심 서비스는 '구체적인 서비스의 속성들이 기능하여 결과적으로 소비자에게 전해지는 혜택'을 지칭한다. 핵심 서비스는 Kotler(2003, 2004)가 다양한 저서에서 지적한 핵심 혜택(core benefit)에 해당된다.

글로벌 의료서비스 마케터가 핵심 서비스에 대한 개념을 잡기 위해서는 "도대체 소비자가 상당한 대가를 기꺼이 지불하고 구입해 가는 게 무엇인가?" 자문해 볼 필요가 있다.

본국을 떠나 현지국에서 성형 수술을 받으려는 소비자는 두렵고 고통스러운 수술과 회복 과정으로 이루어진 실체적인 서비스 자체를 누리기 위해 대가를 지불하지 않는다. 바로 고통스러운 과정 이후에 누릴 수 있는 '아름다움의 증분'과 '자부심의 증분'에 대가를 지불한다.

글로벌 의료서비스 마케터는 핵심 서비스의 지평을 확대할 수 있는지 가능성을 모색하고 끊임없이 집착할 필요가 있다.

주의할 점은 핵심 서비스가 중요하지만 그것만으로는 소비자의 문제를 해결해 줄 수 없다는 점이다. 핵심 서비스 자체를 소비자에게 건네줄 수는 없다. 앞의 예에서 '아름다움의 증분'과 '자부심의 증분'을 마법처럼 소비자에게 건네줄 수는 없으며 반드시 어떤 실체적 서비스가 매개해야만 한다. 이 책에서는 그것을 '실체 서비스'로 기술하기로 한다.

(2) 실체 서비스

실체 서비스는 글로벌 의료서비스 마케터가 '표적 소비자에게 건네주려는 핵심 서비스를 건네주거나 창출시키는 과정'을 지칭한다.

일반적으로 소비자가 오감에 의해 직간접적 경험을 통해 알고 있거나 기억하고 있는 명칭, 위치, 품질, 평판, 건물, 인테리어 등 '○○○의료서비스'의 면면은 대부분 실체 서비스에 해당된다.

[그림 8-5] '그릇'으로서의 서비스

명심할 점은 '그릇' 자체가 아니라 '그릇'에 담아서 소비자에게 제시할 '핵심 서비스'가 중요하다는 사실을 잊지 않는 것이다. '그릇'에 대한 의사 결정은 철저하게 전달하려 하는 '핵심 서비스'에 입각해서 이루어져야 한다는 점이다.

이하에서는 서비스 '그릇'을 특징짓는 다양한 차원 중에서 중요성을 인정받고 있는 품질, 프로세스, 물리적 증거, 인적 자원, 브랜드 등 주요 차원별로 글로벌 의료서비스 마케터가 직면할 수 있는 사안들을 기술한다. 참고로 브랜드의 경우 현대 마케팅에서 차지하는 나름대로의 비중을 감안하여 별도로 기술하고 있다.

2) 서비스 품질 관리

(1) 서비스 품질 개념

서비스 품질(service quality)은 서비스의 상대적 우수성 혹은 열등성에 대한 전반적인 인상이다(Parasuraman et al. 1988).

서비스 품질에 대한 연구는 객관적 측정치와 주관적 인식치 중에서 어떤 것이 보다 적절한가에 대한 개념 논쟁, 사전적 기대와 대비하는 것이 보다 정확한지에 대한 측정 방식 논쟁, 어떤 차원으로 구성되었는지에 대한 품질 차원 논쟁 등을 중심으로 이루어졌다.

Holbrook and Corfman(1985)은 실제적인 기술적 우월성 등에 대한 개념을 다루는 객관적 품질(mechanistic quality)과 사람의 주관적 인식을 다루는 주관적 품질(humanistic quality)을 구분하였는데 소비자 행동 분야에서는 주로 주관적 품질을 의미하는 지각된 서비스 품질 개념(perceived service quality)을 사용하는 경향이 있다.

Cronin and Taylor(1992)는 사전적 기대에 대비하여 서비스 품질을 측정하는 SERVQUAL 보다 사전적 기대에 의존하지 않는 SERVPERF가 산업 특성에 덜 좌우되는 안정적 측정 방식이라는 점을 제안하였다. 이 후 보다 많은 연구에서 사전적 기대를 생략하고 서비스 품질을 측정하는 경향이 두드러진다.

Grönroos(1984, 1988)는 서비스 품질이 고객이 서비스로부터 얻는 결과에 대한 기술적 품질(technical quality)과 고객이 그 결과를 얻는 과정에 대한 기능적 품질(functional quality)의 두 가지 차원으로 구성되어 있다고 보았다.

Rust and Oliver(1994)는 서비스 상품(service product), 서비스 전달(service delivery), 서비스 환경(service environment)이라는 서비스 품질의 세 가지 차원을 제안하였다. 이러한 3차원 구조를 계승한 Brady and Cronin(2001)은 위계 구조 형태의 서비스 품질 차원을 제안하였는데 각 차원은 결과 품질(outcome quality), 상호 작용 품질(interaction quality), 물리적 환경 품질(physical environment quality)로 구성된다. 이들은 Grönroos(1984, 1988)의 두 가지 차원에 물리적 환경 차원을 추가하고 있다는 공통점이 있다. Grönroos(1984, 1988)의 기술적 품질(technical quality)과 기능적 품질(functional quality)은 각각 Brady and Cronin (2001)의 결과 품질(outcome quality)과 상호 작용 품질(interaction quality)에 해당된다고 볼 수 있다.

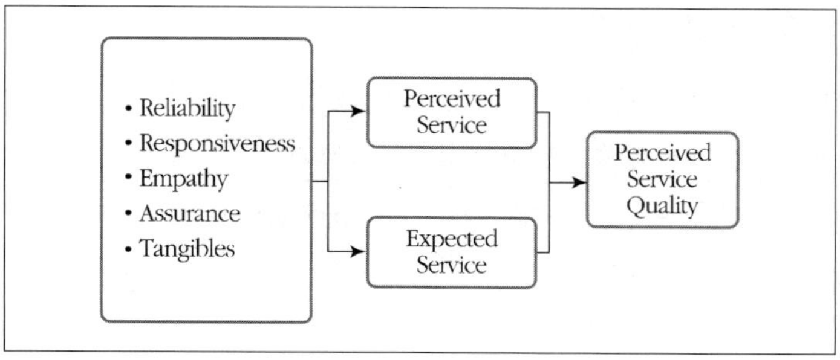

[그림 8-6] The SERVQUAL Model

자료: Parasuraman, Zeithaml, and Berry(1988), 이유재(2005)

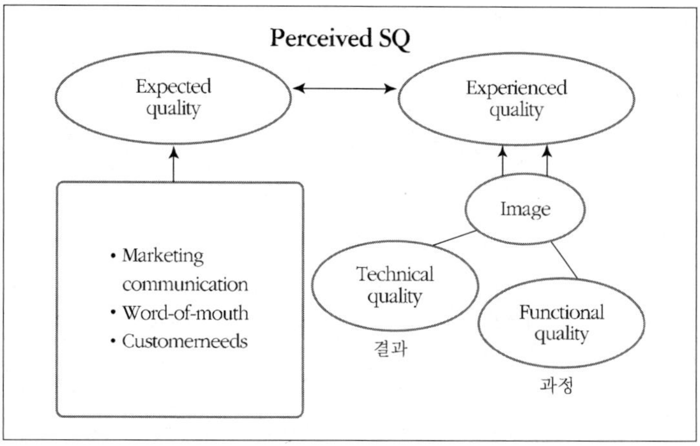

[그림 8-7] The Nordic Model

자료: Grönroos(1984, 1988), 이유재(2005)

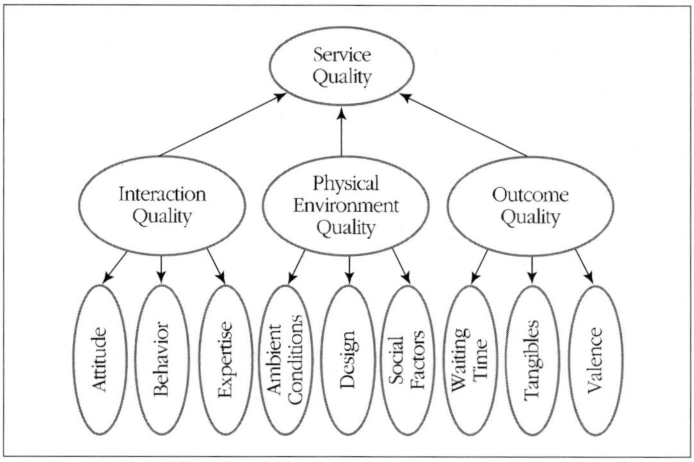

[그림 8-8] The Hierarchical Antecedent Model

자료: Brady and Cronin(2001), 이유재(2005)

(2) 글로벌 의료서비스 품질 특성

글로벌 의료서비스 품질은 측정이 매우 어려운 서비스이다. 글로벌 의료서비스는 서비스 이용 전에 품질을 판단할 수 있는 탐색품(search goods)으로 보기는 어려우며 서비스 이용 후에 품질을 제대로 판단할 수 있는 경험재(experience goods)로 보기도 쉽지 않은 소위 '신뢰재(credence goods)'의 성격을 가지고 있다.

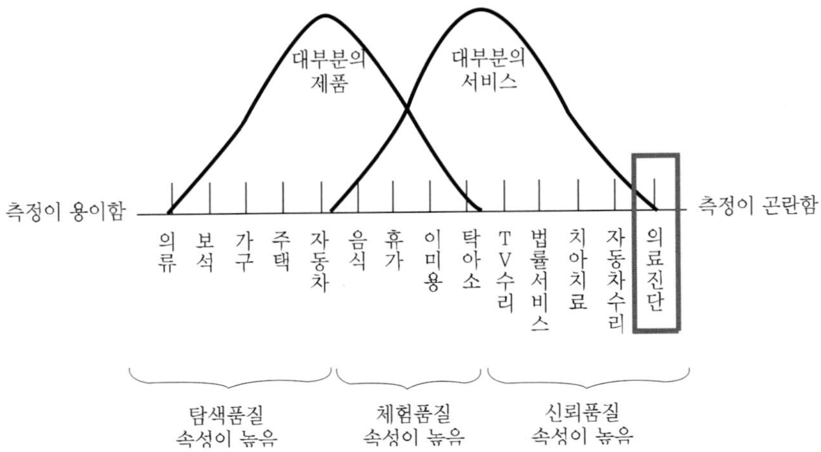

[그림 8-9] 글로벌 의료서비스 품질 특성

자료: V. A. Zeithaml, M. J. Bitner, D. D. Gremler 지음, 전인수, 배일현 역(2006)

글로벌 의료서비스 마케터의 선두주자 중 하나로 꼽히는 태국 범룽랏병원은 소비자가 판단하기 어려운 의료서비스의 품질 특성을 감안하여 국제적으로 통용되는 인증의 하나인 JCI(Joint Commission International) 인증을 통해 자신들의 서비스 품질 우월성을 소비자들에게 알리기 위해 노력하고 있다.

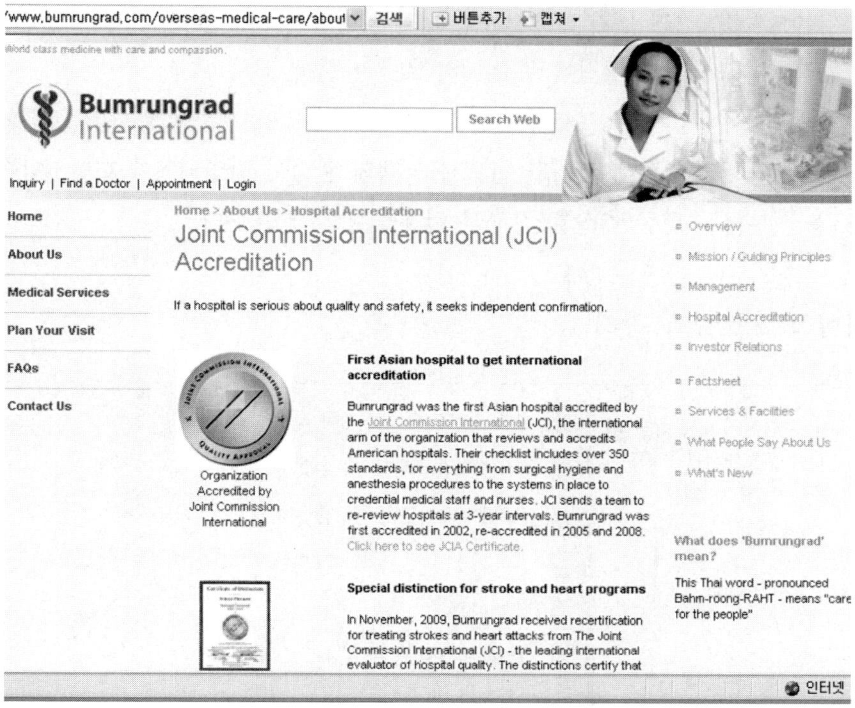

[그림 8-10] 2002년 아시아 최초로 JCI 인증을 받은 Bumrungrad병원

자료: Bumrungrad병원 홈페이지

3) 서비스 프로세스 관리

(1) 서비스 프로세스 개념

서비스 프로세스란 서비스가 전달되는 절차나 메커니즘 또는 활동들의 흐름을 의미한다. 서비스 상품 관리에서도 언급했지만 고객에 의해서 경험되는 서비스는 화물의 운송이나 자동차의 수리 등과 같이 일정한 결과물(outcome)을 갖는 경우도 있지만 대부분의 서비스는 일련의 과정(process)이며 흐름(flow)의 형태로 전달된다. 서비스는 그 동시성과 비분리성 때문에 고객과 떨어져서 생각할 수 없다. 서비스의 고객은 서비스 프로세스 안에서 일정한 역할을 수행한다.

예를 들어 근사한 레스토랑에서 식사를 하러 간 고객들은 도착하여 자리에 앉고 안락한 분위기를 즐기며, 주문을 하고, 음식을 받고 식사를 하는 전 과정(process)과 거기서 얻어지는 경험(experience)이 훨씬 더 중요하다. 또한 은행에 대출을 신청하는 고객은 그가 받는 대출금의 액수와 이자율만으로 만족을 표시하지 않는다. 승인 절차의 신속성이나 은행 직원과의 상호 작용 과정, 여러 가지 보고서들의 적절한 전달 등의 프로세스가 고객의 태도에 영향을 주고, 향후 거래 여부 결정에 중요 변수로 작용한다.

그렇기 때문에 서비스 생산 프로세스를 설계할 때에는 프로세스에 대해서 고객이 느끼는 점들에 대해 특별하게 주의해야 하고 반드시 고객의 관점이 반영되어야 한다. 이를 위해서 마케팅과 생산 부서는 밀접한 상호 작용의 관계를 유지해야 한다.

(2) 서비스 프로세스 관리

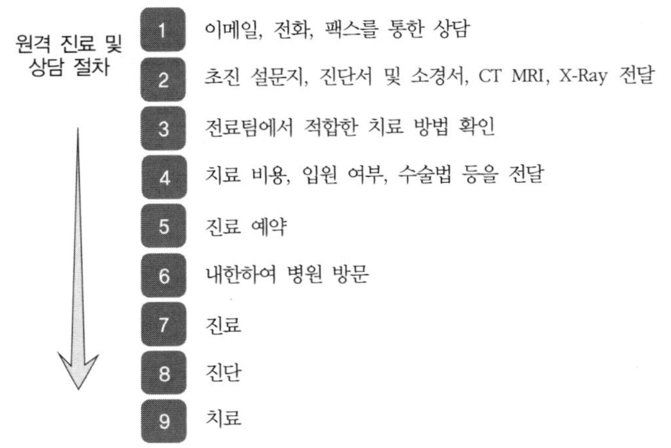

[그림 8-11] 우리들병원의 외국인 환자 원격 상담 프로세스

자료: 윤형호(2007)

마케터는 고객과 서비스의 특성을 고려하여 서비스 프로세스를 전략적으로 표준화(standardization)하거나 개별화(customization)할 필요가 있다. 예를 들어 미국의 사우스웨스트항공사(Southwest Airline)는 비교적 저렴한 요금으로 가까운 거리를 운영하며 기내에서 음료나 식사를 제공하는 프로세스를 생략한다. 이것은 항공사의 목표와 비전에 따른 것으로 매우 표준화된 프로세스만 제공하고 있는 것이다. 반면에 싱가포르항공사(Singapore Airline)는 약간 높은 가격으로 개별화된 서비스 프로세스를 제공한다. 그들은 친절하고 자상한 직원들에게 많은 권한을 부여하여 고객들의 취향에 맞는 차별적 서비스를 제공하도록 하는 프로세스를 갖고 있다.

특히 서비스 프로세스 관리에서 중요한 부분은 대기 관리이다. 대기는 고객이 서비스를 받을 준비가 되어 있는 시간부터 서비스가 개시되기까지의 시간을 의미한다. 대기는 어쩔 수 없이 발생하는 것이지만 모든 고객들이 이러한 상황을 이해하고 당연한 것으로 받아들이는 것은 아니다. 많은 사람들은 서비스를 받기 위해 기다리는 것을 부정적인 경험으로 인식하고 있다. 따라서 고객들이 서비스를 받기 위해서 보내는 대기 시간을 효과적으로 관리하는 것은 고객에게 만족을 제공할 수 있고 서비스를 재구매하려는 고객에게 큰 영향을 줄 수 있다.

4) 서비스 물리적 증거 관리

(1) 물리적 증거의 개념

물리적 증거(physical evidence)는 서비스가 전달되고 서비스 기업과 고객의 상호 작용이 이루어지는 환경을 말한다. 이것에는 무형적인 서비스를 전달하는 데 동원되는 모든 유형적 요소가 포함된다. 물리적 증거는 물리적 환경(physical environment)과 유형적 요소(other tangibles)로 구성된다.

① 물리적 환경

물리적 환경은 증거를 대표하여 나타내는 경우가 많다. 물리적 환경은 서비스케이프(servicescape)라고도 하는데 이것은 경치, 풍경을 의미하는 '랜드스케이프(landscape)', 바다 경치를 의미하는 '씨스케이프(seascape)' 등에 붙이는 접미사인 스케이프(scape)를 서비스(service)와 합성한 단어로 인간이 창조한 환경을 의미한다. 이러한 물리적 환경은 외부 환경과 내부 환경으로 나눌 수 있다.

외부의 물리적 환경은 특히 신규 고객을 끌어들이기 위해서 중요하다. 시설의 외형이나 주변 환경 등의 외부 환경은 서비스 기업의 차별화된 이미지를 확립하는 데 결정적인 역할을 한다. 특히 테마파크나 콘도 등 엔터테인먼트 산업의 경우 시설의 외형이 사업의 성패를 좌우한다. 주차의 용이성이 음식점 선택의 주요 기준이 되기도 한다.

내부 벽의 색상이나 장식, 의자나 책상 등의 가구, 서비스 생산에 필요한 시설물 등이 내부 환경을 구성한다. 내부 환경은 특히 고객과 종업원의 만족과 생산성에 직결된다. 병원에 걸려 있는 의사의 박사 학위증, 고객 만족 수상 상장 등은 고객들로 하여금 서비스 기업을 신뢰하게 만든다. 예치과에서는 어린이 환자를 위하여 천장에 미키마우스 등 만화 주인공의 스티커를 붙여서 치과에 오기를 꺼리는 아이들의 두려움을 해소하고 있다.

② 유형적 요소

항공사나 자동차 정비 업체, 병원 등은 고객과 접하는 종업원에게 유니폼을 입도록 요구한다. 일하기에 편리하며 세련된 유니폼을 입은 종업원은 자신의 일에 만족하고 고객들에게

도 깔끔한 이미지를 전달할 수 있다. 이러한 유니폼 외에도 기업을 알리는 광고 팸플릿, 콘서트나 경기장에 들어갈 입장 티켓, 식사 후에 받게 될 계산서 등은 무형적 서비스 전달에 수반되는 유형적인 요소로 서비스의 품질이나 첫인상에 영향을 미친다.

고객의 관점에서 본 물리적 증거의 예를 여러 업종별로 들어 보면 병원이나 리조트 업체, 어린이 놀이방 등의 서비스 기업은 주로 물리적 환경을 통해서 많은 커뮤니케이션이 이루어진다. 반면에 보험, 수화물 운송 업체 같은 서비스 기업에서는 물리적 환경이 미치는 영향이 매우 제한적이다.

(2) 물리적 증거의 관리

물리적 환경은 자동차 정비와 같이 신용 속성에 근거한 서비스의 커뮤니케이션에 특히 중요하며 경험적 속성에 근거하는 레스토랑, 호텔, 병원, 테마파크 등의 서비스에도 매우 큰 의미를 갖고 있다. 서비스는 무형적이기 때문에 고객들은 흔히 구매 전 서비스를 평가할 때나 구매 후 만족을 평가하는 데 가시적인 물리적 환경에 의존한다. 예를 들어 백화점들도 철마다 인테리어와 상품의 진열 상태를 바꾸고 있다. 백화점 내 의류 매장들은 인테리어의 핵심을 그 철에 맞는 색깔에 맞추고 있으며, 현대백화점의 경우 각층의 에스컬레이터 옆에 향수 냄새를 분사하는 기계를 설치하여 고급 백화점으로서의 이미지를 높이고 있다. 신세대를 주요 고객으로 하는 의류 매장은 특히 음악을 이용하여 분위기를 연출한다.

고객들은 기업의 환경 내에서 서비스를 소비하기 때문에 서비스 기업의 물리적 환경은 매우 중요한 영향력을 갖고 있다. 즉, 서비스 물리적 환경은 서비스나 그 품질에 대한 정보적 단서를 고객들에게 재공해 주는 커뮤니케이션의 역할을 한다.

서비스의 무형성 때문에 고객들은 서비스 상품을 이해하거나 평가하는 데 다소 어려울 수 있다. 따라서 소비자는 종종 그 상품이 어떤가를 결정하는 데 도움이 될 수 있는 유형적 단서를 찾고자 한다. 이때 서비스 제공자는 소비자들의 이러한 요구에 부응하여 물리적 환경이라는 유형적 대용물을 제공함으로써 소비자의 이해와 의사 결정을 돕는다.

서비스 기업의 물리적 환경은 서비스 기업에 대한 이미지를 형성하는 데 있어서도 매우 중요하다.

색깔, 밝기, 음량과 음폭, 공기의 신선함, 온도, 공간의 이용, 가구 스타일 등과 같이 서비스에 대한 고객의 인상에 영향을 미칠 수 있는 물리적 환경은 서비스에 대한 고객 감정을 형성하는 데 도움을 준다. 물리적 환경의 이러한 측면이 실제상으로는 아주 미묘한 것이기에 서비스 기업은 궁극적으로 서비스 자체에 대한 긍정적 인식을 창조하기 위하여 이런 물리적 환경을 잘 조성해야 한다.

5) 서비스 인적 자원 관리

(1) 서비스 종업원 관리

① 내부 마케팅

서비스 경쟁에서 종업원은 결정적인 중요성을 갖는다. 그 이유는 첫째, '그들 자체가 서비스'이기 때문이다. 특히 미용사나 변호사, 의사 등의 경우엔 더욱 그렇다. 둘째, '그들은 고객의 눈에 비치는 조직 그 자체'이기 때문이다 그들은 기업의 이미지를 형성하는 데 매우 중요한 역할을 한다. 이것을 인식한 디즈니랜드는 종업원들에게 'On-stage 자세'를 교육하고 있다. 셋째, '그들은 마케터'이기 때문이다. 즉, 종업원 스스로가 마케팅 활동을 수행하고 있기 때문이다.

서비스 기업은 두 종류의 고객을 갖고 있다. 하나는 통상적 의미에서의 고객으로 외부 고객이다. 다른 하나는 기업의 종업원인 내부 고객이다. 서비스 기업은 외부 고객에게는 상품을 판매하고 내부 고객에게는 내부 상품(internal product)으로서의 업무를 판매한다. 즉, 내부 마케팅이란 종업원을 최초의 고객으로 보고 그들에게 서비스 마인드나 고객 지향적 사고를 심어주며 더 좋은 성과를 낼 수 있도록 동기 부여하는 활동이라고 정의할 수 있다.

종래의 견해는 마케팅이란 기업의 외부 고객 또는 사외의 고객에 대한 활동만을 뜻하는 것으로 여겨왔다. 그러나 사내의 고객 특히 서비스 기업의 현장 종업원들을 대상으로 하는 내부 지향적 마케팅 활동도 중요하다는 인식이 점차 확대되고 있다. 종업원과 고객과의 관계를 상호 작용적 마케팅이라 하면, 기업과 고객과의 관계는 외부 마케팅이며 기업과 종업원과의 관계는 내부 마케팅이 될 것이다. 크게 보면 내부 마케팅은 고객과의 약속을 지키기 위한 기업 내부의 노력이라 할 수 있다.

내부 마케팅에서는 사내 고객에게 동기 부여하는 데 중점을 두고 있는데, 종업원의 욕구를 충족시키는 경영 능력에 따라서 최종 고객의 욕구를 충족시키는 능력이 결정된다는 생각을 기초로 한다. 물론 종업원에 대한 동기 부여는 인사 및 조직론에서 다루어져 왔으나 그 배경은 제조업의 생산 과정에서의 원가 절감 및 효율성 향상에 기초한다. 그에 비해 내부 마케팅은 고객 지향적 사고에서 종업원들은 기업의 일차적 고객이라는 시각에 기초하므로 마케팅과 조직론의 접점이라고 볼 수 있다.

효과적인 내부 마케팅을 위해서는 먼저 서비스 문화의 확립이 중요하다. 서비스 문화란 내부 고객과 외부 고객에 대해 좋은 서비스를 제공하는 것을 당연하고 가장 중요한 것으로 여기는 기업 문화라고 볼 수 있다. 제조 기업에 비해 서비스 기업의 경우에는 무엇보다도 잘 확립된 서비스 문화가 중요하다. 보통 서비스 기업의 경우에는 제품의 생산 과정이 표준화될 수 없고 구매자-판매자 간의 상호 작용으로 판매가 이루어지기 때문에 예기치 못했던 상황에 어떻게 대응해야 하는가를 제시하는 서비스 지향적 문화가 필요하다.

서비스 문화가 강한 기업의 경우에는 종업원이 다양한 상황에 처해도 일관성 있게 행동할 수 있다. 가치나 규범이 명확하기 때문에 종업원들이 어떤 행동을 취해야 하는지를 알고 있는 것이다. 따라서 서비스 기업은 고객을 대하는 종업원들이 긍정적인 태도와 행동을 개발하도록 내부 분위기를 조성해야 한다.

서비스 문화를 개발할 때는 다음과 같은 점에 유의해야 한다. 첫째, 기업의 제품, 서비스, 마케팅 캠페인뿐만 아니라 기업의 사명, 전략, 전술까지도 종업원들이 이해하고 수용하도록 한다. 둘째, 관리자들 사이에 서비스 지향적인 관리 및 리더십을 개발한다. 셋째, 모든 종업원들에게 서비스 지향적인 커뮤니케이션과 대인 관계 기술을 교육시킨다.

내부 마케팅에서 두 번째로 중요한 것은 확립된 서비스 문화의 유지이다. 일단 서비스 문화가 확립되면 적극적으로 이를 유지해야만 한다. 그렇지 않으면 종업원의 태도나 기업 내 규범이 쉽게 이전의 사고방식으로 돌아가게 된다. 서비스 문화를 유지하기 위해서는 관리 방법이 지원되어야 하며 종업원의 서비스 마인드와 고객 지향성을 향상시킨다. 또한 종업원들에게 지속적으로 정보와 피드백을 제공하고 새로운 제품, 서비스, 마케팅 캠페인 등을 시장에 도입하기 전에 종업원들에게 먼저 경험하도록 한다.

원래 내부 마케팅은 종업원들에게 충분히 준비를 못 시키고 새로운 제품이나 서비스 또는 마케팅 캠페인을 도입했을 때 발생하는 문제를 체계적으로 다루기 위한 방법으로 등장했었다. 특히 고객 접점에 있는 종업원은 새로운 제품이나 서비스 또는 마케팅 활동에 대해 충분히 이해하지 못한 경우에 제대로 자신의 역할을 수행할 수 없다. 이 경우에는 개발 중이거나 판매 중인 신상품, 마케팅 활동이나 캠페인에 대해 종업원들이 알고 수용하도록 하는 것이 중요하다.

② 다른 고객 관리

서비스 접점(service encounter)은 서비스 마케팅 연구에서 중요한 위치를 차지한다(Solomon et al. 1985). 서비스 전달 및 품질 관리를 통해 서비스 업체가 직·간접적으로 고객 만족(CS)에 영향을 미칠 수 있는 결정적 순간(Moment of Truth)이기 때문이다. 서비스는 서비스 제공자-고객만의 접점을 갖는 데 그치는 것이 아니라 생산과 소비의 비분리성 때문에 고객과 고객 간의 접점도 상당수 포함할 수 있다. 업종마다 다르긴 하지만 서비스 접점의 일정 부분을 차지하는 고객-고객 간 접점은 서비스 제공자가 의도하거나 예측하지 않은 수많은 요소들을 포함한 채 고객의 서비스 경험에 영향을 미치고 있다.

그런데 지금까지 다른 고객이 서비스 경험에 미치는 영향에 대한 연구는 일부의 예(Grove and Fisk 1997; Lehtinen and Lehtinen 1991)를 제외하고는 매우 제한되어 있다. 고객-고객 간 접점 또는 다른 고객의 영향에 대한 연구가 드믄 가장 큰 이유 중 하나는 이것이 마케터가 관리하기 어려운 범위에 속한다고 생각되었기 때문이다(Martin and Clark 1996).

고객-고객 간 접점의 경험을 결정하는 요소는 다른 고객의 존재나 행동이다(Clark and Martin 1994; Grove and Fisk 1997; Baker 1987; Martin 1996; Martin and Pranter 1989; Langeard et al. 1981). 따라서 서비스 제공자는 기업-고객 간 접점에 한정되어서 서비스 품질을 향상시키려는 노력을 경주하는 것에 머무르지 않고, 고객-고객 간 접점도 관리 가능한 품질의 대상으로 바라볼 필요가 있다. 고객의 서비스 품질 지각과 고객 만족은 기업이 제공하는 서비스 품질만이 아니라 다른 고객의 존재와 행동으로부터도 심대한 영향을 받을 수 있기 때문이다.

하지만 최근에 벌어지고 있는 일련의 경영 환경 변화는 서비스 접점에서 다른 고객이 미치는 영향에 대한 관리의 필요성을 높이는 한편 이에 대한 기업의 관리 가능성도 높이고 있어 마케터 입장에서는 이전까지와 달리 보다 적극적인 관리 가능성 타진의 필요성이 커지고 있다. 예를 들어 인터넷 커뮤니티, 웹 2.0, 지식인(collective knowledge) 등을 통한 고객 간 상호 작용을 통해 기업과 대등한 지식과 정보를 습득하여 파워를 획득한 소비자는 가치 창출과 가치 획득 과정에서 이전과는 달리 적극적인 역할을 담당하며 자신들의 몫을 요구하고 있어(Prahalad and Ramaswamy 2000), 기업 입장에서는 특정 고객에게 영향을 미치는 다른 고객의 영향에 대한 심도 있는 연구와 대응책 마련이 요구된다.

또한 경영 환경 변화가 제공하는 기회를 활용하여 과거와는 다른 새로운 방식을 통해 다른 고객의 영향을 관리해 가는 기업의 사례도 늘어나고 있다. 예컨대 시스코(Cisco)는 자사의 지식 DB와 사용자 커뮤니티에 대한 접근 권한을 고객들에게 부여하여 고객의 고충을 다른 고객들이 해결해 줄 수 있도록 여건을 조성하고 있으며, 네덜란드의 필립스(Philips) 전자는 특정 고객이 만든 커뮤니티 사이트에 자사 제품의 S/W 코드를 게재하여 다양한 응용 프로그램 개발을 독려하기도 한다(Prahalad and Ramaswamy 2000).

다른 고객은 다양한 명칭으로 불린다. 고객 B(customer B, Langeard et al. 1981), 관객(audience, Grove and Fisk 1983), 참가자(participants, Booms and Bitner 1981), 사회적 요소(social factor, Baker 1987) 등이 기존 문헌에 나타난 다른 고객의 호칭이다.

다른 고객의 영향은 양면적이어서 고객의 만족이나 지각된 품질을 높이거나 저하시킬 수 있다(Martin and Pranter 1989). 고객 간 갈등을 제대로 관리하지 못할 경우에는 고객 만족을 도모하는 서비스 업체의 노력을 무위로 돌릴 수도 있다는 점도 잘 알려져 있다(Shamir 1980).

헬스클럽, 리조트 등지에서는 다른 고객이 있다는 것 자체가 경험을 좋게 만들 수도 있으며 모순되는 욕구를 가지고 있는 고객은 서로에게 부정적인 영향을 줄 수도 있다.

Martin(1996)은 CIT(Critical Incidents Technique: 중요 사건 기법) 방식의 연구로 서비스 만족도에 영향을 주는 동일한 환경 속의 다른 고객이 취하는 32가지 행동을 규명하여 제시하였으며, Grove and Fisk(1997)는 미국 내 관광객을 대상으로 한 CIT를 통해 고객과 다른 고객의 상호 작용이 필수적 사건(protocol incidents)과 사회 교류적 사건(sociability incidents) 차원으로 대별될 수 있다는 점을 제시하였다. 최근에는 Thakor, Suri, and Saleh(2008)가 다른 고객의 나이가 서비스 지각을 다르게 형성시킬 수 있다는 사실을 실험적으로 규명한바 있다.

Schneider and Bowen(1996)은 다른 고객의 영향을 현명하게 관리하기 위해서 어울리는 고객 구성을 조성하는 노력이 필요하고(Martin and Pranter 1989), 다른 고객의 능력과 재능을 이끌어 내는 참여 행동(participation)을 독려함으로써 고객(들)의 만족도를 높여 가는 노력이 필요하다는 점을 강조하였다.

다른 고객의 영향에 대한 관리를 위한 아이디어로 Booms and Bitner(1981)는 'participants' 요소가 포함된 7P 마케팅 믹스를 제안한바 있고, Lovelock and Wirtz(2000)는 8P 마케팅 믹스의 일환으로 다른 고객이 포함된 'people' 요소를 제안한 바 있다.

특히 Lehtinen and Lehtinen(1991)은 다른 고객의 존재와 행동이 서비스 품질의 상호 작용 품질 차원(interactive dimension)에 영향을 줄 수 있다는 점을 제안하였다.

3. 서비스 믹스 관리

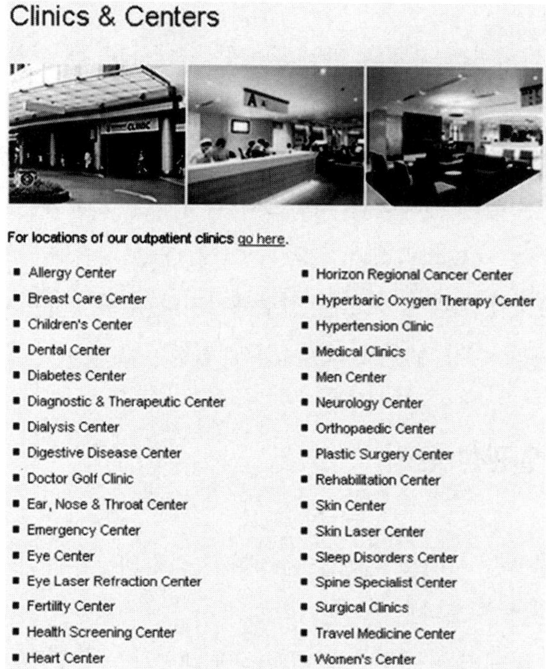

[그림 8-12] Bumrungrad병원 의료서비스 믹스

자료: Bumrungrad병원 홈페이지

〈표 8-5〉 Raffles병원 의료서비스 믹스

- Aesthetics
- Cancer
- Children
- Traditional Chinese Medicine
- Counselling
- Dental
- Dialysis
- Ear Nose & Throat
- Executive Medical
- Eye
- Fertility
- Health Screening
- Heart
- Internal Medicine
- International Patient Centre
- Laboratory
- Physiotherapy
- Radiology
- Japanese Clinic
- Orthopaedic
- Skin
- Surgery
- Women

자료: Raffles Medical Group 홈페이지

서비스 믹스란 '글로벌 의료서비스 마케터가 제공하는 둘 이상의 서비스를 묶어놓은 집합'이다. 글로벌 의료서비스 마케터는 각각의 서비스를 '나무'처럼 관리하기 위한 의사 결정을 해야 하는 동시에 전체 서비스 집합을 '숲'처럼 관리하기 위한 의사 결정도 해야 한다. 서비스믹스 관리는 후자를 지칭한다. 양자는 연결되어 있지만 일정 수준 독립적인 견지가 요구되기도 한다. 이하에서는 서비스 믹스 관리자로서 글로벌 의료서비스 마케터가 직면할 수 있는 의사 결정 문제를 살펴본다.

1) 서비스 믹스 폭과 길이 관리

서비스 믹스 폭이란 서비스 유형의 다양성 수준, 즉 '유형 간 다양성' 수준을 나타내는 척도다.

서비스 믹스 길이란 비슷한 서비스의 '유형 내 다양성' 수준을 나타내는 척도다.

서비스믹스의 폭과 길이는 전체적인 서비스의 다양성을 묘사하는 기본 척도가 된다. 글로벌 의료서비스 마케터는 서비스믹스의 폭과 길이에 대한 지속적인 의사 결정을 해야 한다. 한 순간 적정할 수 있지만 시간이 흐르면 진부해지거나 부족해지는 서비스가 발생하게 되므로 끊임없는 모니터링과 수정 보완을 위한 의사 결정이 요구된다.

2) 서비스 믹스 일관성 관리

서비스 믹스 일관성이란 서비스 믹스를 구성하는 각각의 서비스 사이에 존재하는 상호 관련성의 정도를 나타내는 척도다.

글로벌 의료서비스 마케터는 서비스의 다양성에 대한 의사 결정도 해야 하지만 각 서비스 간 상호 관련성 수준에 대해서도 의사 결정을 해야 한다.

예컨대 '성형 서비스' 범주 내에서 4가지 폭과 평균 5단계 길이로 총 20개 서비스를 제공하는 서비스 믹스를 운용하는 글로벌 의료서비스 마케터는 '종합 병원 서비스' 범주로 총 20개 서비스를 제공하는 글로벌 의료서비스 마케터의 경우보다 일관성 수준을 높게 적용하는 것이다.

글로벌 의료서비스 마케터는 내외 조건을 지속적으로 고려하여 최적의 서비스 믹스 일관성 수준을 발견하고 적용, 유지하기 위한 노력을 경주해야 한다.

4. 브랜드 관리

1) 브랜드 관리의 의의

(1) 브랜드 정의

브랜드란 '마케터가 자신의 제품(product)을 식별하고 다른 경쟁자의 제품으로부터 차별화시킬 목적으로 사용하는 이름, 어구, 기호, 상징, 디자인 또는 이들의 결합'이다. 브랜드라는 단어도 노르웨이어 'brandr'에서 유래되었다(Keller 2003).

원래의 의미는 '태우다'로 가축 소유자가 자기 가축의 털가죽을 일부 태워 남의 가축과 식별해 오던 관행에 뿌리가 있는 셈이다.

브랜드를 만든다는 것은 곧 하나의 제품이 식별될 수 있고 다른 제품으로부터 차별화되도록 적당한 이름, 어구, 기호, 상징, 디자인 등을 선택하는 것이다.

(2) 브랜드 구성 요소

브랜드 구성 요소(brand elements)란 이름, 어구, 로고, 상징, 디자인 등과 같이 어떤 한 브랜드를 식별할 수 있도록 하고 차별화시키는 서로 다른 요소를 의미한다.

브랜드명(brand name)이란 '브랜드 구성 요소 중 글자, 단어, 숫자 등과 같이 말로 표현될 수 있는 부분'이다. 예를 들어 코카콜라, 페리오, 맥도날드 등의 글귀가 이에 해당된다.

브랜드 마크(brand mark)란 '상표 구성 요소 중 로고, 디자인, 특이 글자 조합 등과 같이 말로 표현되지 않고 눈으로 식별할 수 있는 부분'이다. 예를 들어 악어 그림(라코스테), 금빛 M 로고(맥도날드) 등이 이에 해당된다.

등록 브랜드(trade mark)란 '브랜드명이나 브랜드 마크 중에서 특허청 등 공공 기관에 등록되어, TM 표시와 함께 사용되는 항목들'이다.

(3) 브랜드의 중요성

소비자 입장에서 볼 때 브랜드가 있으면 다음과 같은 이점이 있으므로 브랜드가 중요성을 가진다.

우선 브랜드는 소비자가 제품을 쉽게 식별하게 해 준다.

브랜드는 소비자가 체감하는 구매 위험을 줄여 줄 수 있다. 브랜드는 제품의 자료원을 알려 주어 그 제품에 대한 책임이 누구에게 있는지 분명하게 알려 주고 제조업체가 품질 관리에 노력하게 만들어 소비자의 신뢰를 높일 수 있다. 특히 경험재(experience goods)나 신뢰재(credence goods)의 품질을 판단하는 데 도움을 줄 수 있다.

브랜드는 소비자의 구매 과정을 보다 효율화시킬 수 있다. 예컨대 특정 브랜드에 대한 경험과 지식을 보유한 소비자는 특정 제품에 대한 고민이나 정보 탐색에 들이는 노력을 그만큼 줄이고 보다 빠르게 의사 결정할 수 있다.

마케터 입장에서 볼 때 브랜드는 다양한 이점을 제공하므로 중요하다.

일차적으로 브랜드는 제품 취급과 관리 과정의 효율성을 높여 준다. 마케터는 다양한 제품을 각각의 브랜드를 중심으로 회계, 재고 관리 과정 등을 표준화할 수 있다.

브랜드는 제품에 독특한 연상을 부여하고 나아가 다른 제품과 차별화시킬 수 있는 수단으로 쓰일 수 있어 제품을 법적으로 보호할 수 있는 바탕을 제공한다. 예컨대 브랜드명은 등록브랜드(trade mark)로 등록하여 보호하고, 제품 포장은 저작권을 통해 보호할 수 있다.

브랜드와 관련된 좋은 경험과 지식이 축적된 소비자가 형성하는 충성도(loyalty)는 마케터에게 보다 높은 성과를 가져다줄 수 있다. 예컨대 소비자가 코카콜라를 눈을 가리고 마실 때에 비해 실제 상황에서 훨씬 더 많이 마시는 이유도 코카콜라 브랜드에 대한 소비자의 충성도가 가져다주는 효과로 설명할 수 있다.

2) 브랜드 관리

(1) 브랜드 개발

신규 브랜드(new brand)란 문자 그대로 신제품에 기존에 사용하지 않던 새롭게 개발된 브랜드이다. 일반적으로 브랜드 요소를 선택하는 기준으로 다음의 6가지가 있다. 여기서 브랜드 요소란 브랜드명만이 아니고 로고, 상징, 디자인 등을 포괄한다.

① 기억 용이성(memorability)

브랜드 요소는 본질적으로 잘 기억될 수 있어야 한다. 브랜드명, 로고, 상징 등이 소비자에게 쉽게 인식되고 잘 상기될수록 바람직하다.

② 의미 전달성(meaningfulness)

마케터가 추구하는 브랜드 연상이 소비자에게 보다 잘 형성될 수 있도록 브랜드 요소가 이를 촉진시킬 수 있어야 한다. 브랜드 요소는 그 제품 유형을 잘 담아내고 나아가 해당 브랜드 제품의 이점이나 특성을 잘 표현할수록 바람직하다.

③ 호감성(likability)

브랜드 요소가 시각적, 언어적, 미적으로 즐거움을 줄 수 있어 소비자의 호감을 이끌어 낼수록 바람직하다.

④ 적응성(adaptability)

시간 경과에 따라 소비자의 가치관과 취향이 달라지므로 브랜드 요소는 시간이 지나는 데 따라 진부하게 되는 것을 잘 견뎌낼 수 있어야 한다.

⑤ 전이성(transferability)

브랜드 요소는 다른 제품 범주와 다른 지역으로 확장되어서도 마찰 없이 사용할 수 있을수록 바람직하다. 일반적으로 덜 구체적일수록 다른 제품 범주로 확장될 수 있고 문화적으로 고유한 의미를 덜 가질수록 다른 지역으로 확장될 여지가 크다.

⑥ 보호 가능성(protectability)

브랜드 요소가 법적으로 보호받을 수 있고 경쟁자의 모방이 어려울수록 바람직하다.

〈표 8-6〉 브랜드 요소별 특성

	기억 용이성	의미 전달성	적응성	전이성	보호 가능성
브랜드명	브랜드 재인과 회상 제고 가능한 대안 선택 용이	때로 간접적이나 거의 모든 연상을 이끌어 낼 수 있음	어려움	다소 제한적	양호한 편
로고, 상징	브랜드 재인 제고에 유용	때로 간접적이나 거의 모든 연상을 이끌어 낼 수 있음	일반적으로 재디자인 가능	탁월함	탁월함
캐릭터	브랜드 재인 제고에 유용	비제품 심상과 브랜드 개성에 유용	경우에 따라 재디자인 가능	다소 제한적	탁월함
슬로건	브랜드 재인과 회상 제고 가능한 대안 선택 용이	대부분의 연상을 명확히 전달 가능	수정 가능	탁월함	탁월함

자료: Keller(2003)에서 인용

(2) 브랜드 확장

브랜드 확장(brand extention)이란 기존의 브랜드를 새로운 제품 라인 혹은 새로운 제품 라인에 속하는 신제품에 적용하는 행위이다. 예컨대 킴벌리-클라크사가 종이 기저귀 하기스를 유아용 샴푸, 로션, 연고, 목욕비누 등 유아용 욕실 용품 제품 라인들로 확장시켰다.

브랜드 확장의 장점은 신제품을 출시할 때 소비자의 인지도 확보 기간을 극적으로 단축할 수 있고 새로운 브랜드 도입에 따른 막대한 촉진 비용을 절감할 수 있다는 점이다.

브랜드 확장의 단점은 원래의 브랜드 이미지가 희석될 수 있고, 새로운 제품이 실패할 경우에 기존 제품에도 부정적인 영향이 미칠 수 있다는 점 등이다.

마케터는 브랜드 확장을 고려할 때 기존의 브랜드에 대한 소비자 연상이 신제품에 부적합하지 않은지를 철저하게 점검해야 한다.

3) 브랜드 자산 관리

(1) 브랜드 자산의 정의

마케터와 소비자에게 브랜드는 단순한 이름, 어구, 기호, 상징, 디자인 이상의 어떤 의미를 지닌다. 예컨대 낯선 브랜드와 삼성, LG브랜드는 전자제품 구매 과정에 있는 한국 소비자에게 매우 큰 차이가 있는 것으로 느껴진다. 최근에는 그와 같은 차이를 일종의 '자산(asset, equity)'으로 간주되는 경향이 있다.

Keller는 브랜드 자산(brand equity)이란 '어떤 브랜드에 대해 축적된 지식(knowledge)이 그 브랜드의 마케팅에 대한 소비자 반응을 차등화시키는 효과'라고 정의한다.

이러한 정의에는 다음과 같은 3가지 의미가 강조될 수 있다.

① **차등적 효과**: 마케팅에 대한 소비자 반응이 차등적임을 나타낸다.
② **브랜드 지식**: 이처럼 차등적인 소비자 반응은 브랜드에 대한 소비자 지식의 소산이다. 다시 말해 시간 경과에 따라 소비자가 경험을 통해 해당 브랜드를 보고 듣고 느낀 점으로 인해 생겨난 것이라는 의미다.
③ **마케팅에 대한 소비자 반응**: 특정 브랜드에 대한 소비자의 차등적 반응은 그 브랜드에 대해 시행한 모든 마케팅 차원과 관련된 인식, 선호, 행동 등으로 나타난다.

다른 말로 바꿔본다면 브랜드 자산은 '어떤 제품이나 서비스가 어떤 브랜드를 가졌기 때문에 발생된 바람직한 마케팅 효과의 재무적 환산치' 혹은 '해당 브랜드가 없을 때에 비해 높아진 고객의 상표 애호도 증가분, 시장 점유율 증가분, 수익 증가분'이다.

브랜드 가치 평가(brand valuation)는 브랜드의 자산적 가치를 추정하는 과정이다. 특정 브랜드를 구입하기 위해 고객이 추가로 지불하려고 하는 금액은 브랜드의 자산적 가치를 측정하는 데 사용되는 중요한 척도 중 하나이다. 2007년 『비즈니스위크 *Businessweek*』에서 발표한 자료를 보면 코카콜라의 브랜드 자산 가치는 650억 달러, 마이크로소프트는 590억 달러, IBM은 570억 달러인 것으로 추정된다.

(2) 브랜드 자산의 원천

무엇이 브랜드 자산을 창출하는 원천인가? 고객 중심적인 브랜드 자산의 관점에서 볼 때 그 답은 바로 브랜드 지식(brand knowledge)이다. 왜냐하면 브랜드 지식이 해당 브랜드에 대한 소비자의 차등적 효과를 창출하기 때문이다.

마케터가 필요로 하는 것은 소비자 기억 속에 브랜드 지식이 어떻게 자리 잡고 있는지를 파악하고 잘 표현해 내어 활용하는 것이다. 이때 심리학자들이 개발해 놓은 연상 네트워크 기억 모델(associative network memory model)이 도움이 될 수 있다.

브랜드 지식(brand knowledge)은 기억 속에 존재하는 '브랜드 노드(brand node)와 그 브랜드 노드에 연결고리(link)로 연결된 다양한 정보 노드들의 구성체'이다. 노드는 저장된 정보와 개념을 나타내고 연결고리는 이런 정보나 개념들 사이의 연상 강도를 나타낸다.

브랜드 지식은 특히 두 가지 차원에서 특징화할 수 있는데 그 두 가지 구성 요소는 브랜드 인지도(brand awareness)와 브랜드 이미지(brand image)이다.

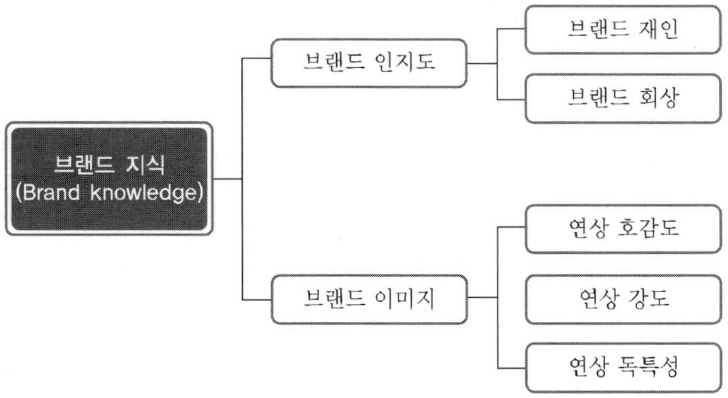

[그림 8-13] 브랜드 지식의 차원

자료: Keller(2003)

무엇이 브랜드 자산을 존재토록 하는가? 브랜드 자산은 소비자가 브랜드에 대해 높은 인지도를 가지고 있고, 그 소비자의 기억 속에 강하고 호의적이며 독특한 브랜드 연상이 존재할 때 형성된다.

① 브랜드 인지도

브랜드 인지도(brand awareness)란 다양한 상황 속에서 소비자가 브랜드를 보조식별(recognition)하거나 비보조상기(recall)할 수 있는 능력이다. 보조식별은 특정 브랜드가 주어질 때 소비자가 그 브랜드를 전에 보거나 들은 적이 있는 것으로 정확히 구별해 내는 과정이다. 보조식별은 객관식 문제에 답하는 과정에 비유될 수 있다. 예컨대 구매 의사 결정이 특정 점포 안에서 이루어진다면 눈앞에 브랜드가 제시되어 있으므로 보조식별이 보다 중요할 수 있다.

비보조상기는 관련 제품 유형이나 그 제품 유형이 충족시키는 필요, 구매 상황, 사용 상황 등이 단서로 주어질 때 기억 속에서 특정 브랜드를 회상해 내는 과정이다. 비보조상기는 주관식 문제에 답하는 과정에 비유될 수 있다. 예컨대 점포 바깥이나 온라인 서비스처럼 그 브랜드가 바로 눈앞에 있지 않은 상황에서는 기억 속에서 그 브랜드를 상기해 낼 수 있는 비보조상기가 더욱 중요한 관건이 된다.

그렇다면 높은 수준의 브랜드 인지도를 통해 마케터가 얻을 수 있는 이점은 무엇일까? 다음과 같은 세 가지 이유 때문에 소비자 의사 결정에서 중요한 역할을 하게 된다.

- **학습 촉진**: 한 브랜드 노드가 기억 속에 확실하게 자리 잡고 있어야 그 브랜드와 관련된 서로 다른 정보들이 연상으로 그 브랜드 노드에 쉽게 연결될 수 있다. 따라서 브랜드 인지도가 높아 기억 속에 확립된 브랜드 노드는 소비자가 브랜드 연상을 보다 용이하게 학습할 수 있게 만든다.
- **고려 촉진**: 브랜드 인지도가 높아지면 소비자가 고려 대상으로 여기는 고려 대상 브랜드 집합에 속하게 될 가능성이 높아진다. 일반적으로 소수의 브랜드만이 포함되는 고려 대상 브랜드 집합에 속하게 되면 그렇지 못한 브랜드에 비해 구매될 확률이 높아지게 된다.
- **선택 촉진**: 경우에 따라 소비자는 좀 더 친숙하고 이름난 브랜드를 구매하기도 한다. 소비자가 구매 의사 결정에 특별한 노력을 기울이지 않는 저관여 의사 결정 시에는 브랜드 인지도만으로도 충분히 소비자의 구매를 유발할 여지가 있다.

브랜드 인지도는 어떻게 높일 수 있을까? 보조식별(recognition)과 비보조상기(recall)로 나누어 방법을 모색해 보기로 한다.

▪ **보조식별 제고**: 보조식별을 높이는 데 가장 효과적인 방법으로 알려진 것이 '반복 노출'이다. 소비자가 그 브랜드를 보고 듣고 생각하여 더 많이 경험할수록 그 브랜드가 기억 속에 강하게 새겨질 가능성이 커진다. 소비자로 하여금 브랜드명, 로고, 상징, 슬로건, 캐릭터 등의 브랜드 요소를 접할 수 있게 해 주는 광고, 판촉, PR(Public Relations) 등 모든 활동이 브랜드 요소에 대한 인지도와 친밀성을 높일 수 있다. 이와 같은 반복 노출은 소비자 기억 속에 심어진 브랜드 노드의 강도, 즉 인식 능력을 증가시키게 된다. 참고로 브랜드 요소의 보충을 통해 브랜드명을 시각적, 언어적으로 강화하는 것도 반복 노출의 효과를 보다 심화시키게 된다.

▪ **비보조상기 제고**: 비보조상기를 높이기 위해서는 기억 속에서 브랜드가 관련 제품 유형이나 구매 상황, 소비 단서 등과 연결되어야 한다. 관련 제품 유형, 구매 상황, 소비 단서 등에 대한 창의적인 슬로건이나 CM송 등이 효과적일 수 있다.

② 브랜드 이미지

브랜드 이미지(brand image)란 소비자 기억 속에 새겨진 브랜드 연상(brand association)이 형성하는 전체적인 인상이다.

브랜드 연상(brand association)은 기억 속에서 브랜드 노드에 연결되어 있는 또 다른 정보의 노드이다. 예컨대 Apple컴퓨터를 생각해 보자. Apple컴퓨터를 생각하면 무엇이 떠오르는가? 어쩌면 사과 모양 로고, i-pod, 노트북, 훌륭한 디자인, 스티브 잡스, 매킨토시, '혁신적', 그래픽 등 다양한 것들을 떠올릴 수 있는데, 그것들 각각이 브랜드 연상(brand association)이다.

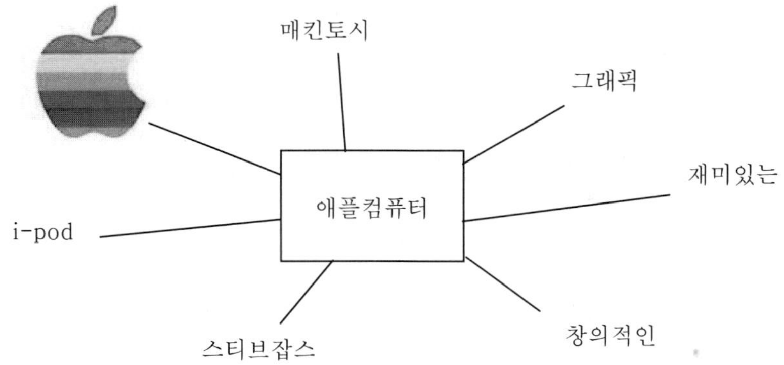

[그림 8-14] 애플 컴퓨터에 대한 연상의 예

자료: Keller(2003)

유리한 브랜드 이미지는 어떻게 해야 유발되는가?

바람직한 브랜드 이미지는 소비자의 기억 속에 강하고 호의적이며 독특한 연상을 브랜드와 연결시키는 마케팅 프로그램에 의해 창출된다.

- **브랜드 연상의 호감도(favorability) 제고**: 브랜드 연상은 소비자가 느끼는 호감도면에서 다양하게 분포된다. 소비자의 욕구 충족에 효과적일수록 그 속성이나 편익에 대한 브랜드 연상이 호의적으로 평가된다. 참고로 욕구 충족을 위해 중요하지 않은 속성이나 편익에 대한 연상은 호감도를 높이기가 어렵다고 알려져 있다. 따라서 마케터로서는 표적고객의 욕구 충족에 필수적인 속성이나 편익에 대한 호의적 연상을 창출하는 데 초점을 맞추는 것이 현명하다.
- **브랜드 연상의 독특성(uniqueness) 제고**: 브랜드 연상이 경쟁 브랜드와 공유될 가능성은 늘 존재한다. 브랜드 연상의 독특성이 높으면 경쟁 브랜드와 차별적인 성과를 야기할 가능성도 높아진다. 여기서 독특한 브랜드 연상이란 경쟁 브랜드와 공유되지 않는 차별적인 브랜드 연상이다. 마케터로서는 호감도를 높이기에 적절한 브랜드 연상 중에서 독특성도 가미할 수 있는 대상을 선별하여 마케팅 노력을 집중하는 것이 바람직하다.
- **브랜드 연상의 강도(strength) 제고**: 브랜드 연상이 브랜드 노드에 얼마나 강하게 연결되어 있는지를 나타내는 브랜드 연상의 강도는 소비자 정보 처리 양과 질에 달려 있다. 소비자가 특정 브랜드 연상을 깊이 생각하고 그것을 기존 브랜드 지식에 강하게 연결시킬수록 그 브랜드 연상이 강해질 수 있다. 아울러 특정 브랜드 연상에 연결된 단서의 수가 많을수록 그 정보 노드가 활성화될 가능성이 커지므로 필요한 브랜드 연상은 다양한 정보 노드를 연결시키는 노력이 필요하다.

토의 문제

1. 글로벌 의료서비스와 관련하여 '그릇'으로서의 제품이란 무엇인지 생각해 보시오.
2. 글로벌 의료서비스 품질을 설명할 수 있는 모형을 생각해 보고 각 모형의 특성을 비교해 보시오.
3. 글로벌 의료서비스 프로세스의 중요성을 생각해 보고 서로 다른 글로벌 의료서비스 프로세스를 취하는 사례를 조사해 보시오.
4. 글로벌 의료서비스 물리적 증거의 현실적인 예들을 생각해 보고 서로 다른 글로벌 의료서비스 물리적 증거를 제시하는 사례를 조사해 보시오.
5. 우리나라의 글로벌 의료서비스 마케터가 취할 수 있는 서비스 믹스 방향을 생각해 보시오.

참고문헌

윤형호, 2007, 「서울시의료관광의국제마케팅육성방안」, 서울시정개발연구원.

자이타믈, 비트너, 그레믈러 지음, 전인수, 배일현 역, 2006, 『서비스 마케팅』, 4판, McGraw-Hill Korea.

주우진, 박철, 김현식, 『마케팅관리』, 홍문사, 출판 예정.

Baker, Julie, 1987, "The Role of the Environment in Marketing Services: The Consumer Perspective," 79-84 in J. A. Czepiel, C. A., Congram, and J. Shanahan (eds.), *The Service Challenge: Integrating For Competitive Advantage*, Chicago: American Marketing Association.

Bitner, M. J., B. H. Booms, and L. A. Mohr, 1994, "Critical Service Encounters: The Employee's Viewpoint," *Journal of Marketing* 58(October), 95-106.

Bitner, M. J., J. D. Nyquist, and B. H. Booms, 1985, "The Critical Incidents as a Technique for Analysing Service Encounter," 48-51 in T. M. Bloch, G. D. Upah, and V. A. Zeithmal (eds.), *Service Marketing in a Changing Environment*, Chicago: American Marketing Association.

Bitner, M. J., S. W. Brown and M. L. Meuter, 2000, "Technology Infusion in Service Encounters," *Journal of the Academy of Marketing Science* 28(December), 138-149.

Bitner, M. J., S. W. Brown, and M. S. Tegreaul, 1990, "The Service Encounter: Diagnosing Favorable and Unfavorable Incidents," *Journal of Marketing* 54(January), 71-84.

Booms, B. H. and M. J. Bitner, 1981, "Marketing Strategies and Organizational Structures for Service Firms," 47-51 in J. H. Donnelly and W. R. George (eds.), *Marketing of Services*, Chicago: American Marketing Associations.

Brady, M. K. and J. Cronin, 2001, "Some New Thoughts on Conceptualizing Perceived Service Quality: A Hierarchical Approach," *Journal of Marketing* 65(July), 34-49.

Clark, T. and C. L. Martin, 1994, "Customer-to-Customer: The Forgotten Relationship in Relationship Marketing," 1-10 in *Proceedings of the Research Conference on Relationship Marketing Theory, Method, and Applications*, Emory University, Atlanta, GA.

Cronin, J. J. and S. A. Taylor, 1992, "Measuring Service Quality: A Reexamination and Extension," *Journal of Marketing* 56(July), 55-68.

Gremler, D. D. and M. J. Bitner, 1992, "Classifying Service Encounter Satisfaction Across Industries," 111-118 in C. T. Allen et al. (eds.), *Marketing Theory and Implications*, Chicago: American Marketing Association.

Gremler, D. D., M. J. Bitner, and K. R. Evans, 1994, "The Internal Service Encounter," *International Journal of Service Industry Management* 5(2), 34-56.

Grönroos, C., 1984, "A Service Quality Model and Its Marketing Implication," *European Journal of Marketing* 18(4), 36-44.

Grönroos, C., 1988, "Service Quality: The Six Criteria of Good Perceived Service Quality," *Review of Business* 9(Winter), 10-13.

Grove, S. J. and R. P. Fisk, 1983, "The Dramaturgy of Service Exchange: An Analytical Framework for Service Marketing," 45-49 in L. L. Berry, G. L. Shostack, and G. D. Upah (eds.), *Emerging Perspectives on Service Marketing*, Chicago: American Marketing Association.

Grove, S. J. and R. P. Fisk, 1992, "The Service Experience and Theater," *Advances in Consumer Research* 19, 455-461.

Grove, S. J. and R. P. Fisk, 1997, "The Impact of Other Customers on Service Experiences: A Critical Incidents Examination of 'Getting Along,' *Journal of Retailing* 73(1), 63-85.

Holbrook, M. B. and K. P. Corfman, 1985, "Quality and Value in the Consumption Experience," 31-57 in J. Jacoby and J. C. Olson (eds.), *Perceived Quality: How Consumers View Stores and Merchandise*, Lexington, MA: D. C. Health.

Keller, Kevin Lane, 1998, *Strategic Brand Management*, Prentice-Hall, Inc.

Keller, Kevin Lane, 2003, *Strategic Brand Management*, 2nd ed., Prentice-Hall, Inc.

Kotler, Philip, 2003, *Marketing Management*, 11th ed., Prentice-Hall, Inc.

Kotler, Philip and Gary Armstrong, 2004, *Principles of Marketing*, 10th ed., Pearson Education, Inc.

Langeard, E., J. E. G. Bateson, C. H. Lovelock, and P. Eigler (eds.), 1981, *Marketing of Services: New Insights from Consumers and Managers*. Cambridge, MA: Marketing Science Institute.

Lehtinen, U. and J. R. Lehtinen, 1991, "Two Approaches to Service Quality," *The Services Industry Journal* 11(July), 287-303.

Lovelock, C. H. and J. Wirtz, 2000, *Service Marketing*, 6th ed., Upper Saddle River, NJ: Pearson Prentice Hall.

Martin, C. L. and C. A. Pranter, 1989, "Compatibility Management: Customer-to-Customer Relationships in Service Environments," *Journal of Services Marketing* 3(Summer), 5-15.

Martin, C. L. and T. Clark, 1996, "Networks of Customer-to-Customer Relationships in Marketing," 342-366, in *Networks in Marketing*, Iacobucci, D(eds.), Beverly, Hills, CA: Sage Publications.

Martin, C. L., 1996, "Consumer-to-Consumer Relationships: Satisfaction with Other Consumers' Public Behavior," *Journal of Consumer Affairs* 30(1), 146-169.

Parasuraman, A., V. A. Zeithaml, and L. L. Berry, 1988, "SERVQUAL: A Multiple Item Scale for Measuring Consumer Perceptions of Service Quality," *Journal of Retailing* 64(1), 12-40.

Prahalad, C. K. and V. Ramaswamy, 2000, "Co-opting Customer Competence," *Harvard Business Review* 78(1), 79-87.

Rust, R. T. and R. L. Oliver, 1994, "Service Quality: Insights and Managerial Implications from the Frontier," 1-19 in Rust, R. T. and R. L. Oliver (eds.), *Service Quality: New Directions in Theory and Practice*, Thousand Oaks, CA: Sage Publications.

Schneider, B. and D. E. Bowen, 1995, *Winning the Service Game*, Boston: Harvard Business School Press.

Shamir, Boas, 1980, "Between Service and Servility: Role Conflict in Subordinate Service Roles," *Human Relations* 33(10), 741-758.

Thakor, Mrugank V., Rajneesh Suri, and Katayoun Saleh, 2008, "Effects of Service Setting and Other Customers' Age on the Service Perceptions of Young Consumers," *Journal of Retailing* 84(2), 137-149.

Zeithaml, V. A. and M. J. Bitner, 2003, *Service Marketing: Integrating Customer Focus across the Firm* (3rd ed.).

제9장 글로벌 의료서비스 신제품 기획 · 개발

도입 사례

2009년 10월 23일 캘리포니아 LA공항에서 비행기를 탈 때만 해도 나는 이렇게 긴 동안 내가 한국 병원에 있게 될 줄은 꿈에도 몰랐다. '2009년 10월 23일부터 오늘 2010년 3월 10일까지 어느덧 5개월여의 시간이 지났구나. 2009년 10월 23일 캘리포니아에서 학교 수업이 없는 주말 3일을 이용하여 한국에서 중요한 시험을 치르고 다음날 다시 바로 입국하면 학교 수업에 결석이 없을 것이라는 계획을 갖고 언니와 함께 입국했다. 입국하기 1주일 전부터 열이 나고 늑골 하측 부에 통증이 심하고 기운이 빠지며 기침이 나고 가래가 나와 병원에 가 감기 약 처방을 받아 약을 먹었으나 낫지를 않고 오히려 더 심해지기만 했었다. 한국 시험을 포기하고 그대로 미국 캘리포니아에서 치료를 받으며 학교를 다니려 하였으나, 이미 예약한 비행기 표를 취소하기에는 손해가 너무 커서 아픈 몸을 이끌고 부득이 한국에 시험을 치르러 10월 23일에 입국하게 되었다. 단단히 해열제를 준비하고 마음 준비를 단단히 하여서인지 당일에 치르게 되어 있는 시험도 오후 6시까지 모두 마쳤다. 그러나 시험 도중 가래가 목을 조여 왔고 숨이 콱콱 막혀 왔지만 미국에서까지 보러 온 시험이라 악착같이 책임을 다해야 했다. 시험이 끝나고 집에 가서 쉬고 싶었다. 그러나 숨이 차고 가래가 끊임없이 나왔다. 그래서 응급실에 첫발을 디뎌놓게 되었고 그때 X-RAY를 바로 찍게 되었는데, 응급실에 들어온 지 20분 만에 기흉이란 폐질환으로 폐가 1/5만 남아 있어 바로 흉관 삽입술로 폐의 공기를 빼주지 않으면 심장이 눌려 생명이 위태로운 상태이므로 바로 응급 처치에 들어가야 한다는 진단을 받게 되었다. 아버지는 캘리포니아에 계신 어머니에게 나의 소식을 전하랴 경과를 보고하랴 수술 결정을 하랴 어찌 할 바를 몰라 하셨다. 그러나 우리들의 이해나 준비와는 아무런 상관없이 우리를 아프게 하고 고통과 괴로움을 주는 병이나 사고는 예고 없이 어느 누구에게나 찾아올 수 있었다. 〈생략〉

학습 목표

1. 의료서비스 제품을 정의하고, 제품 및 서비스의 주요 유형들을 정의한다.
2. 개별 의료서비스 제품 및 서비스, 의료서비스의 특성에 대해 설명한다.
3. 브랜드 전략에 대해 설명하는데, 구체적으로 브랜드를 구축/관리하기 위해 의료기관이 내리는 결정들을 다룬다.
4. 글로벌 의료서비스 마케팅에 영향을 주는 서비스의 특징을 파악한다.
5. 의료기관이 어떻게 의료서비스 신제품 아이디어를 찾고 구성하는지 설명한다.
6. 신제품 개발 과정의 각 단계와 그 과정 관리 시 주요하게 고려해야 할 사항을 열거하고 각각의 의미를 설명하고자 한다.
7. 의료서비스 상품 수명 주기에 걸쳐 마케팅 전략이 어떻게 변화하는지 설명하고자 한다.

1. 의료 신제품의 정의

의료서비스 마케터는 의료 신제품 개발 과정에 들어가기에 앞서 신제품이 무엇인지를 정확히 이해할 필요가 있다. 왜냐하면 신제품에 대한 정의는 바로 의료산업화 전략과 직결되기 때문이다. 즉, 의료서비스 마케터가 개발될 제품을 보는 견해에 따라 신규 상품으로 보느냐 또는 기존 의료서비스의 확대 개념으로 보느냐에 따라 개발 과정 및 마케팅 전략이 달라지기 때문이다.

의료서비스 상품의 신상품 여부는 의료기관이 글로벌 의료시장에 처음으로 진출한 것인가 또는 이미 글로벌 의료시장에 진출하였는지에 의해 분류된다. 즉, 의료기관이 특정 의료서비스 시장에 처음으로 상품을 론칭하면 의료기관에게 새로운 의료서비스 상품으로, 이미 진출한 글로벌 의료시장에서 개선된 의료서비스 상품을 개발하는 경우는 새로운 의료상품이 아닌 것으로 분류된다.

고객과 의료기관 모두에게 새로운 상품을 혁신제품(innovation)이라고 한다. 의료기관이 글로벌 의료시장에 진출하여 개발된 신상품의 의료서비스 제공 형태가 이미 의료기관에게 새로운 것은 아니지만 고객에게는 새로운 의료서비스 형태인 상품을 제품 확장(product extension)이라고 하는데, 의료서비스 수정(product revision), 의료서비스 추가(product addition), 의료서비스 재포지셔닝(product repositioning) 등 세 가지 형태의 제품 확장이 있다. 의료서비스 수정이란 기존 의료서비스 제공 수준을 수정한 것으로 예를 들어 건강 검진 CT 촬영 시 멀티-고화상 촬영 상품을 구성한 것이다. 의료서비스 추가란 기존 의료서비스 수준 내에서 신제품(확장 제품)을 도입하는 것으로, 다발성 질환 부위를 추가한 상품을 개발·판매하는 경우이다. 의료서비스 재포지셔닝은 의료서비스의 수준이나 물리적 특성을 변경하지 않고 의료의 질 또는 상품 브랜드의 새로운 특징을 강조하는 것이다. 예를 들어 대부분의 고객들은 PET - CT 촬영이 정밀한 검사로 인식되기 때문에 이용 횟수에 제한을 생각하지 않지만 이 검사는 방사선동위원소를 사용하므로 주의를 요하는 검사이며 고객에게 정밀검사 상품으로서 새롭게 포지션하였다.

1) 의료서비스에서의 제품이란 무엇인가

제품(product)은 시장의 욕구를 충족시킬 수 있기 때문에 주의, 획득, 사용 혹은 소비해야 할 대상물로 정의된다. 제품은 유형재(tangible goods) 이상을 포함하는데, 광의의 제품은 유형재, 서비스, 이벤트, 사람, 장소, 조직, 아이디어 혹은 이들의 결합물 등을 포함한다. 따라서 의료서비스도 제품이다.

서비스(service)는 무형이고 어떤 것을 소유할 수 없다는 특징을 지닌 활동, 편익 혹은 만족을 말하는데, 의료서비스 역시 같은 성질을 가지고 있다. 특히 글로벌 의료서비스인 경우 의료서비스 이외의 교통·숙박시설, 관광자원까지 모든 것이 포함될 수 있어야 하므로 의료시장에서 고객의 욕구와 요구를 모두 충족시켜 줄 수 있는 서비스이어야 한다.

2) 의료서비스, 경험이란

오늘날 많은 의료서비스가 표준화된 상품으로 변화되어 감에 따라 의료기관은 고객의 가치를 창출하기 위해 새로운 의료서비스 수준, 방법에 관심을 가지고 있다. 의료서비스의 차별화를 위해 의료기관은 단순히 의료와 서비스를 제공하는 것에서 차별화된 의료서비스 상품 또는 체험을 통한 고객 창출 및 관리를 하고 있다.

의료서비스는 무형의 서비스로 다양하며 고객의 생명과 직접 연계된 특수성이 고객에게 제공되므로 철저한 의료의 질적 관리와 신뢰를 최고의 목표로 삼아야 한다. 의료기관은 표적시장과 고객의 Needs를 정확히 파악해야 하며 의료서비스 믹스에 대한 계속적인 평가도 수반되어야 할 것이다. 또한 고객의 만족과 기대에 부응하여 의료서비스의 지속적 개선 발전 등의 조정이 필요하다.

체험을 제공하는 의료기관은 고객이 단순히 의료상품과 서비스를 이용하는 것이 아니라 이러한 의료상품과 서비스들이 고객의 보다 나은 삶에 중요한 역할을 하기 때문에 구매한다는 것을 알고 있어야 한다.

3) 의료상품과 서비스의 수준

의료상품 마케터는 세 가지 수준에서 의료상품과 서비스를 생각할 필요가 있다. 각 수준은 부가적인 고객 가치를 창출한다. 가장 기본적인 수준은 핵심 편익(core benefit)인데, 이는 고객의 정확한 욕구를 판매하는 것이다. 의료상품을 구성할 때 마케터는 먼저 고객이 추구하는 핵심적인 문제 해결 편익이나 서비스가 무엇인지 정의해야 한다. 두 번째, 의료상품 마케터는 핵심 편익을 실제 제품(actual product)으로 전환시키는데, 이를 위해 의료상품과 서비스의 특징, 품질 수준, 브랜드명, 패키징 등의 개발이 필요하다. 세 번째, 핵심 편익과 실제 제품을 지원하는 추가적인 고객 서비스와 편익을 제공한다.

고객은 의료상품을 자신의 가장 소중한 생명 연장의 욕구를 충족시키는 방법으로 간주한다. 따라서 의료상품을 개발할 때 마케터는 먼저 의료상품에 의해 충족시켜야 할 핵심 고객의 욕구 및 그 가치를 파악해야 한다. 다음으로 가장 높은 만족도를 가진 고객 경험을 제공할 의료서비스 수준의 항상성을 제공하기 위해 실제 제품을 설계하고, 이를 확장시킬 방법을 강구해야 한다.

2. 신제품 콘셉트 개발 및 사업성 분석

1) 의료상품과 서비스에 대한 의사 결정

의료상품, 제공 서비스에 대한 의사 결정은 개별 의료상품에서의 의사 결정, 서비스 실행에서의 의사 결정, 의료상품의 융복합에서의 의사 결정의 내용으로 이루어지며, 개별 의료상품, 콘셉트, 서비스를 개발하고 마케팅하는 과정에서 내려야 할 주요 의사 결정과 브랜딩에 대해 자세히 설명하기로 한다.

(1) 의료상품과 서비스의 속성

의료상품, 의료서비스의 개발은 고객의 보다 나은 편익을 추구하는 것을 포함하는데, 정의된 편익(benefits)은 품질, 특징, 스타일, 서비스 구성 등의 의료서비스 속성들을 통해 커뮤니케이션되고 전달된다.

(2) 의료상품 품질

의료상품의 품질(medical quality)은 마케터가 의료상품 포지셔닝에 이용하는 주요 도구이다. 품질은 의료서비스 성과에 직접적인 영향을 준다. 즉, 이는 고객 가치와 고객 만족에 밀접하게 연결되어 있다. 의료서비스의 특성상 의료 품질은 결점이 없는 것으로도 정의될 수 있으며 이는 고객 가치와 고객 만족을 창출하는 것으로 본다.

(3) 의료상품 특징

의료는 다양한 특징(features)을 제공할 수 있다. 의료서비스의 수준은 무한대인 특징이 있으며 경쟁 의료기관과 차별화시키기 위한 경쟁 도구로서, 가치 있는 새 특징을 처음으로 도입한 선도 의료기관이 되는 것은 가장 효과적인 경쟁 방식의 하나이다.

(4) 의료상품 디자인

고객 가치를 추가하는 또 다른 방법의 하나는 차별화된 상품 구성(디자인)을 활용하는 것이다. 좋은 상품 구성은 고객의 욕구를 잘 이해하는 것에서 시작된다. 좋은 구성은 상품 혹은 서비스 속성을 창출하는 것뿐 아니라 고객의 의료서비스 이용 경험을 형성하는 것을 포함한다.

2) 브랜딩

전문성 있는 마케터가 보유한 두드러진 기술 중 하나가 브랜드를 구축/관리하는 능력이다. 브랜드는 의료상품이나 의료서비스의 제공 기관이나 판매 에이전시가 누구인지 파악할 수 있게 하는 이름, 용어, 사인, 심벌, 디자인, 이들의 결합을 말한다. 고객은 브랜드를 이용하고자하는 의료상품을 구성하는 중요한 부분으로 간주하며, 브랜딩은 의료에 가치를 부가할 수 있다. 브랜딩의 힘은 매우 강력하여 브랜드가 없는 상품을 생각하기란 어렵다. 또한 브랜딩은 의료 소비자인 고객에게 여러 측면에서 도움을 준다. 브랜드명은 고객에게 자신이 원하는 편익을 제공할 의료상품을 파악하는 데 도움을 주는 정보를 제공하는데, 동일한 브랜드 이용 고객은 의료서비스를 이용할 때마다 동일한 의료의 질을 얻게 됨을 인지하게 된다. 브랜딩은 의료기관에게도 이점을 제공한다. 브랜드명은 의료서비스 특유의 품질과 관련된 스토리를 담을 수 있는 도구가 된다. 브랜딩은 시장을 세분화하는 데 도움을 주기도 한다.

브랜드의 구축과 관리는 마케터가 수행해야 할 과업 중 가장 중요할 수 있다.

강력한 브랜드는 높은 브랜드 자산을 갖는다. 브랜드 자산(brand equity)은 브랜드명을 안다는 것이 의료상품이나 서비스에 대한 고객 반응에 미치는 긍정적, 차별적 효과를 말한다. 고객이 브랜드 구매를 위해 추가로 지불하려고 하는 금액은 브랜드의 자산적 가치를 측정하는 척도의 하나이다. 강력한 브랜드 자산을 보유한 브랜드는 기업에게 매우 가치 있는 자산이다. 브랜드 가치 평가(brand valuation)는 브랜드의 재무적 가치를 추정하는 과정이다.

높은 브랜드 자산은 의료기관에게 많은 경쟁 우위를 제공한다. 강력한 브랜드는 높은 수준의 브랜드 인지도와 고객 충성도를 갖는다. 의료 이용 고객은 의료에 병원들이 강력한 브랜드를 취급할 것으로 기대하기 때문에, 그 브랜드를 소유한 의료기관은 에이전시와의 거래 조건 협상에서 우위를 점한다. 브랜드 자산이 높은 브랜드명은 신뢰성이 높기 때문에, 그 브랜드를 가진 의료기관의 신규 의료상품과 브랜드 확장 제품을 성공적으로 출시하기가 쉽다.

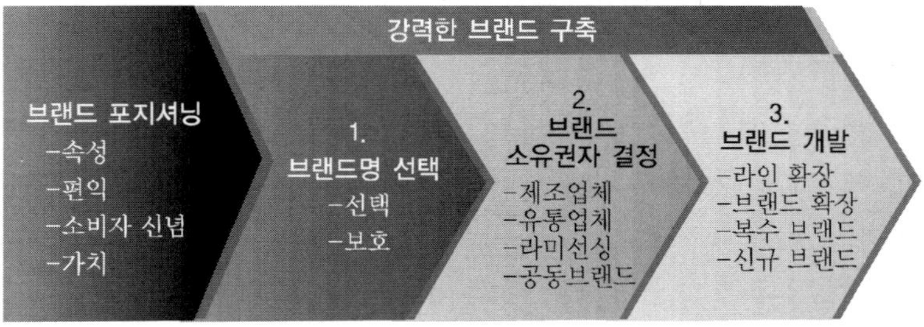

[그림 9-1] 브랜드 전략의 주요 의사 결정 요인

3) 의료서비스 관리

(1) 의료서비스 차별화의 관리

치열한 가격 경쟁이 벌어지는 오늘날의 글로벌 의료시장에서, 서비스 마케터는 경쟁 의료기관과 차별화된 서비스를 제공하기가 어려워지고 있다. 고객이 여러 의료기관이 제공하는 의료서비스의 수준이 비슷하다고 지각한다면, 서비스 가격에만 주로 신경을 쓸 것이다.

가격 경쟁을 피하는 해결책은 차별화된 서비스 제공물, 서비스 전달, 이미지 등을 개발하는 것이다. 서비스 제공물(offer)은 경쟁 의료기관과 차별화시키는 혁신적 특성을 포함할 수 있다. 일부 의료기관에서는 호텔식 컨시어지 서비스와 비즈니스 센터, 공항 픽업 등의 서비스를 제공하고, 각 객실에 초고속 인터넷 연결망을 설치한다.

의료기관도 제공되는 상품이 서비스로 구현되므로 서비스 기업이며 실제 서비스 전달(service delivery)에서 차별화를 추구해야 되며, 신뢰성 있는 고객 접촉 담당자의 확보, 탁월한 물리적 환경의 개발, 탁월한 서비스 전달 과정의 설계 등이 그 예이다. 의료서비스는 의료의 질적 수준을 통한 브랜딩을 통해 이미지에서 차별화를 추구할 수 있다.

(2) 서비스 품질 및 생산성 관리

의료기관은 경쟁 의료기관보다 더 높은 의료 수준을 일관성 있게 전달함으로써 차별화를 추구할 수 있다. 또한 서비스 생산성의 관리도 급속한 비용 상승을 경험하는 의료기관은 의료 수익을 향상시키기 위해 노력한다. 그러나 의료기관은 의료 수익을 높이는 데 너무 집착하여 서비스 품질을 저하시키는 상황이 발생되지 않도록 해야 한다. 의료서비스 산업화의 비용 절감 노력은 단기적으로 서비스 기업의 효율성을 높일 수 있다. 그러나 이러한 노력은 혁신을 추구하고, 의료서비스 품질을 유지하며, 고객의 욕구에 대응하는 등과 같은 장기적 역량을 감소시킬 수 있다. 따라서 의료서비스 생산성을 향상시키려고 하는 의료기관은 고객 가치를 창출/전달하는 방법을 반드시 염두에 두어야 한다. 즉, 의료 수익 추구로 인해 서비스 품질 자체가 사라지지 않도록 유의해야 하는 것이다.

4) 신상품 개발 과정

새로운 의료상품 개발 과정 중 아이디어 창출, 아이디어 선별, 상품 콘셉트의 개발 및 테스트, 사업성 분석에 대해 알아보고 마케팅 전략의 개발, 시제품 개발, 시험 마케팅, 상업화는 다음 장에서 논하기로 한다.

(1) 아이디어 창출(Idea Generation)

신규 의료서비스 개발 과정은 의료기관의 마케팅 목표와 부합되어야 되며 가능한 한 많은 아이디어들을 창출하여야 한다.

(2) 아이디어 선별(Idea Screening)

의료서비스 마케터는 여러 아이디어 원천들로부터 수집된 신제품 아이디어들 중 소수의 최적 아이디어만을 선별하여야 한다. 아이디어 선별의 목표는 성공할 가능성이 낮은 제품 아이디어를 제거하고 최선의 아이디어만을 선택하는 것이다.

(3) 제품 콘셉트의 개발 및 테스트(Development and Test of Product Concept)

성공 가능한 의료서비스 상품은 실현 가능하여야 하며 구체화될 수 있어야 한다.

(4) 사업성 분석

사업성 분석은 신규 의료서비스 예상 이용률, 진료비 원가, 의료 이익 등이 의료기관의 목표를 충족시키는지를 검토하여야 한다. 만약 의료서비스 콘셉트와 마케팅 전략이 사업성이 있는 것으로 판단되면, 의료상품 개발 단계로 들어간다.

3. 신제품 개발 및 테스트 마케팅

1) 개발 전략

의료 소비자의 성향, 다양한 의료 정보, 의료 기술의 발전, 글로벌 의료시장 경쟁이 빠르게 변함에 따라 의료기관은 경쟁력 있는 의료상품과 차별화된 의료서비스를 지속적으로 개발해야 한다. 신제품은 의료 소비자와 의료서비스 마케터 모두에게 중요하다.

2) 상품 개발(Product Development)

의료기관은 반드시 신의료상품과 의료서비스를 개발해야 하지만 성공 확률이 낮은 것도 사실이다. 성공적인 신상품을 개발하기 위해 의료기관은 고객, 의료시장, 경쟁 의료기관을 잘 이해하여야 하고, 고객에게 뛰어난 가치를 전달할 수 있는 의료서비스 상품을 만들어야 한다. 또한 상품 개발 단계는 많은 재정 투자가 필요하므로 의료상품이 안전하고 효과적으로 서비스 제공이 기능하는지, 고객의 건강에 대한 가치 전달 방법을 찾기 위해 노력해야 한다.

신상품은 필요한 의료 기능의 차별화 특징을 잘 갖춰야 할 뿐 아니라 의료기관이 추구하는 비전과도 일치하여야 된다.

3) 테스트 마케팅

만약 의료상품이 이 콘셉트 테스트 단계와 상품 테스트 단계를 통과하면, 그 다음 단계는 테스트 마케팅(test marketing)이 진행된다. 테스트 마케팅은 좀 더 실제적인 의료시장에서 의료상품과 비즈니스 마케팅 프로그램을 도입하는 단계이다. 테스트 마케팅은 마케터에게 많은 비용이 드는 정식 출시 이전에 제품을 실제 마케팅해 보는 경험을 제공한다. 테스트 마케팅 기간 동안 의료기관은 의료상품뿐만 아니라 판매 전략, 예산 등을 포함한 해당 제품의 마케팅 전체 프로그램을 테스트해 볼 수 있다. 테스트 마케팅은 다음 세 가지 중 하나를 이용한다. 표준 테스트 마켓(standard test market), 통제된 테스트 마켓(controlled test market), 모의 테스트 마켓(simulated test market)이 그것이다.

4) 상업화(Commercialization)

테스트 마케팅은 경영진에게 신제품을 출시할 것인지 아닌지의 최종 결정을 내리는 데 필요한 정보를 제공한다. 신상품을 출시하는 의료기관은 시행(timing)을 정해야 하며, 론칭 지역(where)을 타깃팅할 것인지를 결정해야 한다.

□ 글로벌 의료마케팅 상품 구성—Niche Marketing 중심으로

▪ **M.I.C.E 융합 건강 검진 패키지 상품**

- 송도 컨벤시아 국제회의 참석 외국인 대상 의료관광상품
  - ➔ 송도 컨벤시아 외국어 홈페이지에 의료관광 홍보, 판매

▪ **환승 고객 대상 특화 검진 상품**

- 인천국제공항 경유 환승 고객 상품 론칭
  - ➔ 인천대교 경유 환승 상품(3시간, 4시간, 5시간)
  - ➔ 인천대교 Stop-over 상품(IFEZ 호텔, 골프 연계 상품)
  - ➔ 서울 연계 8시간 상품(인천 4시간 + 서울 4시간)

■ **크루즈 상품**

➔ 인천항 크루즈 15척 유치(목표)에 따른 VIP 크루즈 고객 검진 유치

■ **외국 항공사 승무원 (뷰티) 건강 검진 상품**

➔ IFEZ 호텔 Stop-over 상품 개발 론칭
(케세이퍼시픽 외)

[그림 9-2] 글로벌 의료마케팅 상품 구성

토의 문제

1. 의료서비스는 제품인가 아니면 서비스인가를 설명하라.
2. 의료서비스의 브랜드란 무엇인가? 브랜딩의 가치를 의료 소비자와 의료 공급자의 입장에서 설명하라.
3. 브랜드 포지셔닝을 위한 수준과 브랜드는 이들 수준에서 어떻게 포지션되어 있는가를 논하라.
4. 의료 신제품의 상업화를 위한 요소와 공공재인 의료의 특성에 대해 비교 분석하라.
5. 콘셉트 테스팅(concept testing)은 왜 중요한가?
6. 의료서비스 특성을 고려한 테스트가 필요하지 않은 조건을 만족시키는 의료상품이나 서비스를 설명하라.

참고문헌

김굿시아, 2010, 「대학병원 진료 후기」.

「인하대병원 해외환자 유치 전략보고서」, 2010

Philip kotler, John Caslione, 채서일 감수, 김명철, 방영호 옮김, 2009, 『카오틱스』, 비즈니스맵.

제10장 글로벌 의료서비스 가격 관리

도입 사례

최근 의료관광 또는 해외 환자 유치 사업을 진행하면서 에이전시와의 수수료 부분과 적용 진료 수가의 수준을 두고 여러 의견들이 있다. 의료산업화의 활성화를 위한 초기 경쟁 국가와의 가격 경쟁 전략을 시행해야 되는 만큼 저수가, 고수수료를 지불해야 된다는 일각의 의견과 한국은 의료의 질이 우수한 만큼 진료비 수준을 상향 조정하여 수익을 창출함과 동시에 국가 의료 브랜드를 높여야 된다는 의견이 있다. 양측 모두 다 틀린 주장이 아니기에 고심이 되는 건 사실이다. 또한 타깃 국가의 수준을 고려한 수가 적용도 요구되며, 각 의료기관, 에이전시의 이해관계가 얽혀 있는 만큼 합리적인 판단으로 슬기롭게 극복해야 될 것이다.

대형 병원에서 중증 질환자의 진료 수가 수준을 국내 환자보다도 낮게 책정해서 운영하는 것은 국부 창출의 의료산업화 취지에 앞서 국내 환자에 대한 역차별로서 근절되어야 할 것이다. 수수료 수준 또한 국내 의료기관 간의 과다 경쟁으로 의도하지 않은 수준으로 운영된다면 이 또한 장기적인 사업으로의 발전에 걸림돌이 될 수도 있을 것이다.

글로벌 의료마케팅에서의 가격 관리는 그 의미 이상의 중요함을 가지므로 대승적인 측면에서 윤리성을 겸비한 철학적 사고로 운영, 관리가 되어야 될 것이다.

학습 목표

1. 가격을 정의하고, 가격 결정의 중요성을 이해한다.
2. 가격 책정에서 고객 가치 지각을 이해하는 것이 왜 중요한지 이해한다.
3. 가격 책정에서 의료기관, 의료서비스 원가의 중요성을 이해한다.
4. 의료기관의 가격 결정에 영향을 주는 기타 주요한 내·외부 요인을 파악한다.
5. 고객 유형과 상황에 따라 가격을 어떻게 조정해야 하는지 이해한다.
6. 가격 변경을 주도하는 경우와 이에 대응하는 경우와 관련된 주요 이슈를 학습한다.

1. 가격 관리의 중요성

1) 가격(의료 수가)이란 무엇인가

의료에 있어서의 가격(price)은 의료상품 혹은 의료서비스에 부과된 의료 비용의 양이다. 조금 더 넓은 의미로 보면, 가격은 의료상품 혹은 의료서비스의 획득이나 이용으로 얻게 될 보다 나은 삶의 추구를 위해 고객이 포기해야 할 모든 가치의 합이다. 오랜 기간 의료 비용은 의료 소비자의 의료상품 선택에 영향을 주는 핵심 요인이 되어 왔다. 최근 수십 년에 걸쳐 다른 산업에 있어서는 비가격 요인의 중요성이 상대적으로 커지고 있음에도 불구하고, 의료에 있어서의 가격은 여전히 의료기관의 시장 점유율과 수익성을 결정짓는 가장 중요한 요소 중 하나로 자리 잡고 있다.

의료 비용은 의료서비스 마케팅 믹스 가운데 수익(revenue)을 창출하는 요소이며, 마케팅 믹스의 나머지 구성 요소는 비용을 발생시킨다. 의료 비용은 마케팅 믹스 요소들 중 가장 유연성이 높다. 국제 의료서비스에서 의료 비용은 변경이 고정화되어 있지 않게 진화되고 있는 실정이다. 이는 자유 경쟁 체제의 근본 원리가 잘 지켜지고 있는 듯하지만 장기적인 사업 추진 관점에서 볼 때 의료 비용(가격) 수준이 하향 저가 정책으로 진행되고 있어서, 국가 차원의 관리와 통제 개념의 규제가 새롭게 신설되어야 한다.

실제로 많은 의료기관들이 의료 수가(가격) 책정을 잘 다루지 못한다. 의료기관이 자주 겪는 문제는 자사 의료상품의 높은 가치 때문에 의료 수가가 더 비싸다는 것을 의료 소비자에게 설득시키지 못하고, 단기적인 매출을 실현하기 위해 성급하게 가격을 인하한다는 것이다. 또 다른 경우는 고객 가치 지향적 가격 결정 방식을 추구하지 않고, 지나치게 원가 지향적인 가격 결정 방식을 고집하고, 마케팅 믹스의 다른 구성 요소들을 고려하지 않은 가격 결정 방식을 사용한다는 것이다.

현명한 경영자는 의료 수가의 수준과 목표를 고객 가치 창출·획득을 위한 중요한 전략 도구로 활용한다. 의료 수가는 의료기관의 재무 성과와 브랜드에 직접적인 영향을 미친다.

경제학적 측면에서 가격은 제품이나 서비스의 가치를 화폐 단위로 나타낸 것, 또는 이러한 제품이나 서비스를 소유·사용하기 위해 지불해야 하는 화폐의 양으로 정의된다.

의료기관의 의료서비스 마케팅 관리자에게 있어서 적정한 의료상품 가격을 설정하는 일은 매우 어려운 문제인데, 이는 무엇보다도 제공 의료서비스가 고객에게 미치는 가치를 평가하는 일이 그리 간단한 일이 아니기 때문이다.

2) 수가의 중요성

병원 경영에 있어서 수가의 중요성은 의료서비스 마케팅 믹스 변수들 중에서 유일하게 수익과 관련된 변수라는 점에 있다. 즉, '이익 = 수익 − 비용 = (단위 가격 × 판매량) − 비용'이라는 공식을 보면, 의료상품, 서비스 제공, 촉진과 같은 다른 마케팅 믹스 변수들은 모두 비용 유발 요인인 데 비해 가격은 수익에 직접적인 영향을 미치며, 궁극적으로 의료기관의 이익을 결정하는 요인임을 알 수 있다. 최근까지 많은 국내 병원들이 국제 의료마케팅을 위한 수가(국제 수가, 외국인 수가) 수준을 보수적인 관점에서 지나친 가격 경쟁보다는 물가 상승률, 보험 수가의 몇 %, 지난해보다 몇 % 정도 수가를 인상하거나, 경쟁 의료기관이 몇 % 정도 올리니까 우리도 그와 비슷한 수준으로 올리는 식으로 가격 결정을 실시하였다. 그러나 국제적 정보 네트워크 (수가, 서비스 수준 등) 인프라가 구축됨에 따라 의료 소비자들이 수가에 민감해지고 의료기관이 고객 유치와 매출 증대를 위해 저수가 정책을 적극 활용하면서 상황은 달라졌다. 최근에는 수가의 하한 가격이 없어지면서 의료기관이 자체적으로 최종 소비 가격을 통제할 수 없게 되면서 의료기관 간, 에이전시 간 저수가 가격 경쟁도 심화되고 있는 상태이다. 의료 소비자들은 수가에 민감하게 반응하고 있으며, 수가를 이용한 경쟁은 향후 가속화될 전망이다.

의료 소비자들이 의료기관 브랜드를 선택하는 과정에서 수가를 중요한 요인으로 인식하면서 브랜드 관리에는 많은 어려움이 발생하고 있다. 경쟁 의료기관들이 저수가 정책으로 할인을 하는 경우 매출 하락을 막기 위해 유사한 수가 전략으로 대응할 수밖에 없어진다. 이렇게 수가를 중심으로 단기적 관점에서 의사 결정을 하다 보면 브랜드 관리와 가치 증진을 위한 장기적 계획은 어려워질 수밖에 없게 된다.

2. 가격 결정 요인 분석

1) 전반적 마케팅 전략, 마케팅 목표, 마케팅 믹스

수가는 의료기관의 마케팅 전략을 구성하는 많은 요소 가운데 하나일 뿐이다. 따라서 수가를 책정하기에 앞서, 의료기관은 의료상품의 전반적 마케팅 전략을 결정해야 한다. 만약 의료기관이 목표시장과 포지셔닝을 신중하게 선정했다면, 그 다음에 결정되는 마케팅 믹스 전략(가격 결정을 포함함)은 상당히 쉬워진다.

수가 결정의 전반적 목표는 생존 추구, 현재 이익의 극대화, 선도적인 시장 점유율, 고객 유지와 고객 관계 구축 등을 포함한다. 나아가 보다 구체적인 목표 수준을 실현시켜 줄 수 있는 의료 수가를 책정할 수 있다. 수가 결정은 서로 다른 수준에서 설정되는 의료기관의 마케팅 목표를 실현하는 데 도움을 준다는 점에서 중요한 역할을 한다.

수가는 의료서비스 마케팅 목표를 달성하기 위해 사용하는 여러 마케팅 믹스 도구 가운데 하나에 불과하다. 따라서 수가 결정은 일관성 있고 효과적인 통합적 마케팅 프로그램이 될 수 있도록 의료상품 설계, 유통, 촉진의 결정과 조화가 이루어져야 한다. 그러므로 다른 마케팅 믹스 도구의 의사 결정이 의료 수가 결정에 영향을 줄 수 있다. 예를 들어 고가의 의료서비스 상품으로 포지션시킨다는 결정은 높아진 의료 원가를 회수하기 위해 비싼 수가를 책정해야 함을 의미한다. 그리고 에이전시가 의료상품을 지원·판촉해 주기를 기대하는 의료기관은 더 많은 수수료, 마진을 반영하여 의료 수가를 책정해야 할 것이다.

2) 수가 결정에 영향을 미치는 내·외부 고려 요인

의료기관이 결정한 의료 수가는 의료 소비자를 생성하기에는 너무 높은 수가와 수익을 실현하기에는 너무 낮은 수가의 절충선에 있을 것이다. 의료 소비자의 의료상품 지각은 수가의 상한선이 된다. 의료 비용이 의료상품에 대한 기대 가치보다 높다고 지각한다면 의료 소비 행위를 하지 않을 것이다. 의료상품의 원가는 수가의 하한선이 된다. 의료기관이 원가 이하에서 수가를 책정한다면, 수익을 얻지 못할 것이다. 두 가지 극단적인 수가 수준 사이에서 의료 비용 수가를 책정할 때 의료기관은 다른 내·외부 요인을 고려해야 하는데, 전반적 마케팅 전략, 마케팅 믹스, 시장과 수요의 성격, 경쟁사의 전략과 가격 등이 포함된다.

최종적으로 의료상품의 수가가 적정한지를 결정하는 것은 고객이다. 따라서 다른 마케팅 믹스의 의사 결정과 마찬가지로 수가 결정은 고객 가치에서 출발해야 한다.

3) 가치 기반 의료 수가 결정

좋은 의료 수가 결정은 의료상품 혹은 의료서비스가 고객을 위해 창출한 가치를 완벽하게 이해하는 것에서 출발한다. 가치 기반 가격 결정(value-based pricing)은 의료기관의 의료 원가보다는 의료 소비자의 가치 지각에 중점을 두어 의료 수가를 책정하는 것이다. 가치 기반 수가 결정이 시사하는 것은 마케터가 의료상품과 마케팅 프로그램을 먼저 설계한 다음 수가를 책정할 수 없다는 것이다. 즉, 의료 수가는 마케팅 프로그램이 개발되기 전에 고객의 의료상품에 대한 가치 지각에 영향을 줄 다른 마케팅 믹스 요소와 함께 고려해야 한다.

의료기관은 좋은 의료상품을 설계한 후 그 의료상품을 생산하는 데 드는 비용에 목표 이익을 합하여 의료 수가 수준을 책정한다. 의료기관은 마케팅을 통해 그 수가대에 상응한 의료상품 가치가 있기 때문에 의료 소비를 할 만하다는 것을 의료 소비자에게 확인시켜야 한다. 만약 수가가 너무 높은 것으로 지각된다면, 의료기관은 수익률을 낮추거나 매출 감소를 감수해야 하지만, 두 가지 해결책 모두가 수익성을 감소시키는 실망스러운 결과를 낳는다.

가치 기반 수가 결정은 결정 과정이 이와 정반대이다. 의료기관은 의료 소비자의 의료상품 가치 지각에 근거하여 목표 수가를 설정한다. 그런 다음 목표로 삼은 의료상품 가치와 수가에 맞추어 의료상품을 설계하고, 이를 생산하는 데 드는 비용을 추정한다. 따라서 수가 결정은 고객의 욕구와 가치 지각을 분석하는 것에서 시작하며, 의료상품 가격은 의료 소비자의 지각된 가치에 맞춰 책정된다.

가치 기반 수가 결정 방식을 사용하는 의료기관은 의료 소비자가 경쟁 의료기관의 의료상품에 부여하는 가치를 파악해야 한다. 그러나 의료 소비자가 자사 의료상품에 부여하는 가치를 측정하는 것이 쉽지 않다는 것을 의료기관은 알고 있다.

의료기관은 고객 만족도 조사를 통하여 의료상품에 대한 지불 가격 수준과 제공 의료서비스 수준별 비용 지불 정도를 파악할 필요가 있다.

4) 의료기관의 비용과 제품 원가

의료 소비자의 가치 지각이 의료 수가의 상한선을 결정하는 반면 원가는 의료상품의 하한선이 된다. 원가 기반 의료 수가 결정(cost-based pricing)은 의료상품을 생산 · 제공 · 마케팅하는 데 드는 비용에다 적정 수준의 마진(즉, 의료기관의 노력과 위험 부담에 대한 보상)을 더하여 의료 수가를 책정하는 것이다. 의료기관 비용은 수가 결정 전략에서 주요 구성 요소이다. 상대적으로 낮은 원가의 의료기관은 경쟁 의료기관보다 저렴한 수준의 의료 수가를 책정하여 더 많은 매출과 수익을 실현한다.

의료기관의 원가는 고정비와 변동비로 구성된다. 고정비(fixed costs) 혹은 간접비(overhead costs)는 의료상품 제공량 혹은 매출 수준에 따라 변동하지 않는 비용을 말한다. 변동비(variable costs)는 의료서비스 제공 수준에 따라 달라지는 비용이다. 총 원가(total costs)는 주어진 의료서비스 제공 수준을 실현하는 데 드는 고정비와 변동비를 합한 것이다. 경영자는 주어진 의료상품 제공량에서 최소한 총 생산비를 회수할 수 있는 수준에서 의료 수가를 책정하고 싶어 한다.

현명하게 의료 수가를 책정하기 위해 경영자는 의료서비스 제공 수준에 따라 원가가 어떻게 달라지는지 알아야 한다.

5) 부가가치의 중요성

경쟁적인 수가 인하 정책은 결국 저수가 정책 유지로 이어져 의료산업 내 모든 의료기관의 이익을 잠식하는 결과를 낳는다. 더욱 나쁜 결과는 저수가 정책이 의료 소비자의 기억 속에 저가 제품으로 인식되어, 장기적으로 수익성 있는 의료상품 수가를 유지할 수 있는 힘을 약하게 한다는 것이다.

경쟁 의료기관 또는 에이전시의 저수가 요구 시 수가 지배력을 유지할 수 있는 방법은 무엇인가? 흔히 최선의 전략은 경쟁 의료기관보다 저렴한 수가를 책정하는 것이 아니라 경쟁 의료기관사보다 더 비싼 수가를 책정하고, 그만한 가치가 있다고 의료 소비자를 설득하는 것이다. 의료기관은 제공하는 의료서비스의 질적 우수성이 의료 소비자에게 가치 발현될 수 있도록 지원해야 한다. 이렇게 의료기관은 의료 수가에 있어서 가치로 초점을 이동시킨다.

그러나 경쟁 의료기관과 의료상품이 유사한 경우에는 고객을 위해 탁월한 가치를 창출하는 방안을 모색해야 한다. 이는 의료서비스의 차별성과 부가가치, 특성 있는 의료서비스를 개발하여 더 높은 수가와 마진의 책정을 정당화시킴으로써 실현될 수 있다.

6) 의료 수가 변화

의료 수가 결정 구조와 마케팅 전략이 수립되더라도, 의료기관은 의료 수가의 변화를 주도하거나 경쟁 의료기관의 수가 변화에 대응해야 하는 상황에 직면한다.

경우에 따라 의료기관은 수가 인하 혹은 수가 인상을 주도하는 것이 바람직하다는 판단을 내릴 수 있다. 두 경우 모두 의료기관은 의료 소비자와 경쟁 의료기관의 반응을 예상해야 한다.

7) 의료 수가 변화에 대한 반응 고찰

의료 소비자는 의료 수가의 변화를 항상 일방적으로 해석하지 않는다. 수가 인상은 의료 소비자에게 긍정적인 의미를 줄 수도 있다. 의료기관은 의료 소비자 반응뿐 아니라 경쟁 의료기관의 반응도 고려해야 한다. 경쟁 의료기관이 반응을 보일 가능성이 높은 조건은 경쟁 의료기관의 수가 적거나, 의료상품이 표준화되어 있거나, 의료 소비자가 의료상품과 의료 수가에 충분한 정보가 있을 때이다.

의료기관은 각 경쟁 의료기관의 가능한 대응 반응을 예측해야 한다. 만약 모든 경쟁 의료기관이 비슷하게 행동한다면, 전형적인 한 경쟁 의료기관의 반응만을 분석하면 된다. 이에 비해 경쟁 의료기관이 서로 다르게 행동한다면 (병상 규모, 시장 점유율, 경영 정책 등의 차이 때문에), 각 경쟁 의료기관의 개별 분석이 필요하다.

또한 경쟁 의료기관의 수가 변화에 우리 의료기관이 어떻게 대응해야 할지를 생각해야 하며, 수가를 변경한 이유는 무엇일까? 수가 변화가 일시적인가? 영구적인가? 우리가 대응하지 않을 경우 우리 병원의 의료상품의 시장 점유율과 이익은 어떻게 될 것인가? 다른 경쟁 의료기관도 반응할 것인가? 이 외에도 자사의 상황, 전략, 수가 변화에 따른 의료 소비자의 반응도 함께 고려해야 한다.

의료기관은 의료 수가에 기반을 두고 의료상품을 포지션한 다음 그들이 원하는 의료 수가 수준에 맞추어 다른 마케팅 믹스 도구에 의사 결정을 내리는 경우가 자주 있다. 이 경우 수가는 의료상품의 목표시장, 경쟁 의료기관, 제품 설계를 정의하는 데 중요한 역할을 하는 상품 포지셔닝 요인이 된다. 많은 의료기관이 목표 수가 실현 원가 관리법(target costing)이라고 불리는 기법을 토대로 하여 수가 기반 포지셔닝 전략을 추구한다. 목표 수가 실현 원가관리법은 의료기관이 추구하는 의료 비용 수가를 먼저 결정한 다음 이 수가를 실현시킬 수 있도록 원가를 관리하는 것이다. 목표 수가 실현 원가관리법은 신상품을 설계하고, 이 상품을 개발 · 생산하는 데 드는 의료 비용을 결정한 후 판매 수가를 결정하는 일반적인 수가 결정과 정반대의 과정을 거친다. 즉, 의료 소비자의 가치를 고려하여 이상적인 의료 비용이 얼마인지를 결정한 다음 이 수가를 확실하게 실현할 수 있도록 원가를 관리하는 것이다.

8) 조직적 특성

의료기관은 다양한 방식으로 수가 결정 문제를 다룬다. 작은 병원에서는 마케팅 부서 혹은 영업 부서가 아니라 최고경영자가 국제 수가를 결정하는 경우가 흔하다. 대형 병원들은 주로 국제 진료팀, 원무 보험팀의 관리자가 가격 결정 문제를 취급한다. 수가 결정에 영향을 미치는 조직 구성원에는 글로벌 의료마케팅 관리자, 진료부 관리자, 원무 보험 관리자 등이 있다.

9) 시장 유형에 따른 가격 결정

의료 공급자가 수가를 자유롭게 결정할 수 있는지는 시장 유형에 따라 달라진다. 시장 유형이 수가 결정에 주는 시사점은 각기 다르다.

(1) **완전 경쟁**(pure competition)

많은 의료 소비자와 많은 의료 공급자로 구성된 시장으로서 어떤 의료 소비자, 의료 공급자도 시장 가격에 큰 영향을 미치지 못한다. 의료 공급자는 현재의 시장 가격 이상으로 수가를 책정할 수 없는데, 의료 소비자가 현재의 수가 시장에서 필요한 만큼의 상품이나 의료서비스를 획득할 수 있기 때문이다. 또한 어떤 의료 공급자도 시장 가격 아래로 수가를 책정하지 않는데, 그 수가에서 원하는 서비스 수준과 기회를 제공할 수 있기 때문이다.

(2) **독점적 경쟁**(monopolistic competition)

단일 시장 가격이 아니라 일정한 수가 범위에서 서비스를 공급하는 많은 의료 소비자와 의료 공급자로 구성된다.

일정한 수가 범위에서 의료 공급이 이루어지는 이유는 의료 공급자가 자신의 의료서비스를 차별화할 수 있기 때문이다. 물리적 제품은 품질, 특성, 스타일 등에서 다를 수 있으며,

부가 서비스에서 서로 다를 수 있다. 의료 소비자는 의료 공급자가 제공하는 의료상품에 차이가 있음을 지각하고, 각 의료상품에 서로 다른 가격을 지불할 것이다. 의료 공급자는 서로 다른 고객 세분화적인 판매를 활용하여 자신의 의료상품을 차별화하려고 한다.

(3) **과점적 경쟁**(oligopolistic competition)

경쟁 의료기관 수가 전략과 마케팅 전략에 민감하게 반응하는 의료 공급자 소수로 구성된다. 의료상품은 표준화된 것일 수도 있고(건강 검진, MRI, CT 등), 비표준화된 것일 수도 있다(로봇 수술, 유전자 치료 등). 의료서비스 시장이 소수의 의료 공급자로 구성된 이유는 새로운 의료 공급자가 시장에 진입하기 어렵기 때문이다. 의료 공급자는 경쟁 의료기관의 전략에 민감하다.

(4) **완전 독점**(pure monopoly)

정부 주도 하의 의료 공급, 규제를 받는 독점 의료서비스 종류(양전자 치료, 고가 의료 장비 사용, 신기술 의료서비스 등)일 수 있다. 규제를 받는 독점 의료기관에 정부는 적정 수익률을 얻는 수준에서 가격을 책정하도록 규제한다. 여러 가지 이유에서 원하는 최고 가격을 책정하지 않을 수 있는데, 경쟁 의료기관 시장 진입의 봉쇄, 저수가로 시장 침투 가속화, 정부 규제가 이루어질 가능성 사전 배제 등이 이에 포함된다.

10) 경쟁사의 전략과 가격

수가를 책정할 때 경쟁 의료기관의 원가, 수가, 제공 의료서비스 등도 고려해야 한다. 의료 소비자는 한 의료상품의 가치를 판단할 때 이와 비슷한 의료상품의 경쟁 의료기관과 가격을 비교 근거로 삼는다(국제적 의료상품일수록 더욱 심하다 – 국제적 의료 쇼핑).

또한 의료기관의 수가 전략은 경쟁의 성격에 영향을 줄 수 있다. 그러나 저가격-저마진 전략은 경쟁 의료기관의 시장 진입을 저지하거나 시장에서 살아남지 못하게 할 수 있다.

경쟁 의료기관의 수가 전략을 평가할 경우 몇 가지 문제를 자문해 보아야 한다. 첫째, 경쟁 의료기관의 의료서비스와 비교해 자사 의료서비스의 고객 가치가 어느 수준인가를 정확히 판단할 수 있어야 한다. 만약 의료 소비자가 자사의 의료상품 혹은 제공 서비스가 더 많은 가치를 제공한다고 지각한다면, 더 비싼 수가를 책정할 수 있다. 의료 소비자가 자사 의료상품을 경쟁 의료기관 서비스보다 가치가 낮은 것으로 지각한다면, 경쟁 의료기관보다 낮은 수가를 책정하거나 혹은 비싼 수가를 정당화시킬 수 있도록 고객의 지각을 변화시켜야 한다.

둘째, 현 경쟁 의료기관이 어느 정도 강하고, 현재 어떤 수가 전략을 채택하고 있는지 분석해야 한다. 시장을 비교적 큰 규모의 저수가 정책의 경쟁 의료기관이 지배한다면 경쟁 의료기관이 시도하지 않고 있는 틈새시장을 표적으로 부가가치 제품에 고가격을 책정할 수 있다(Niche Marketing).

셋째, 의료기관은 경쟁 환경이 고객의 수가 민감도에 어떤 영향을 미치는지 검토해야 한다. 경쟁 의료상품 간에 별 차이가 없는 것으로 지각한다면, 의료 소비자는 수가에 더 민감해질 것이다. 따라서 그들은 가장 저렴한 의료상품만을 이용할 것이다. 그리고 의료 소비자가 의료서비스 이용 전에 경쟁 의료상품과 수가 정보를 더 많이 가지고 있을수록, 의료 소비자의 수가 민감도는 높아질 것이다.

경쟁 의료기관과 비교하여 자사 의료상품에 책정해야 할 수가를 결정할 때 적용될 원칙은 수준(고가격, 저가격, 중간 가격)에 맞추어 고객에게 탁월한 가치를 제공하는 것이다.

3. 마케팅 목표 달성을 위한 가격 관리 방안

1) 전략적 의료서비스 상품의 수가 전략

대체로 수가 전략은 의료서비스 상품이 제공되는 형태, 수준, 시기에 따라 변하게 된다. 도입기는 특히 수가 결정에서 기회의 시기이다. 신의료상품을 개발한 의료기관은 이에 대한 수가를 책정해야 하는 도전적 과제에 직면한다. 초기 고가격 전략(market-skimming pricing)과 상품 확산 가격 전략(market-penetration pricing)의 두 가지 가격 전략 유형 중 하나를 선택할 수 있다.

(1) 초기 고수가 전략

신의료상품을 개발한 많은 의료기관들은 신의료상품을 이용하려는 의료 소비자들로 구성된 세분시장을 표적으로 하여 고가격을 책정함으로써 초기에 최고의 수익을 올리려고 하는데, 이를 초기 고가격 전략(market-skimming pricing)이라고 한다. 이러한 수가 전략은 신의료 기술 확보, 독과점 의료 장비 등의 차별화된 의료서비스 상품을 판매하는 의료기관에서 시용한다.

초기 고가격에 기반을 둔 수익 극대화는 다음과 같은 조건에서 설득력 있는 가격 전략이다. 첫째, 의료의 질적 보장과 브랜드가 상대적 고수가를 지원해야 하고, 많은 의료 소비자가 그 수가에 대해 이용을 원해야 한다. 둘째, 소규모 고객 대상 의료서비스 제공 비용이 고가격 책정의 이점을 상쇄할 정도로 높지 않아야 한다. 셋째, 경쟁 의료기관이 신규 시장에 쉽게 진입하여 자사보다 저렴한 수가를 책정할 수 없어야 한다.

(2) 시장 침투 수가 전략

초기 고가격 책정을 통해 규모는 작지만 수익성이 높은 세분시장에서 최대한의 수입을 벌어들이는 대안 대신, 일부 의료기관은 상품 확산 가격 전략(market-penetration pricing)을 사용한다. 그들은 처음부터 저수가 상품으로 구성하여 빠른 속도로 시장에 확산 잠식 시장 점유율을 제고하는 전략을 선택한다. 즉, 많은 수의 의료 소비자를 신속하게 끌어들여 높은 시장 점유율을 확보하는 것이다. 높은 판매량이 원가 인하를 유발하다면, 의료기관은 수가를 현재보다 더 낮출 여력이 생긴다.

상품 확산 가격 전략이 효과를 거두기 위해서는 다음 같은 조건이 충족되어야 한다. 첫째, 시장이 수가에 매우 민감해 저가격이 더 많은 시장 성장을 발생시켜야 한다. 둘째, 의료 이용 소비자의 수가 증가함에 따라 생산 원가와 판매 비용이 하락해야 한다. 셋째, 저수가 책정이 경쟁 의료기관의 진입을 억제하는 데 도움을 주어야 하며, 상품 확산 가격 전략을 선택한 의료기관이 저수가 포지션을 계속 유지해야 한다. 그렇지 못하다면, 저수가로 인한 우위는 일시적 현상에 불과할 수 있다.

(3) 제품 믹스 수가 전략

만약 어떤 의료상품이 상품 자체가 믹스의 구성 요소일 경우, 그 상품에 대한 수가 결정 전략은 자주 변한다. 이 경우에 의료기관은 전체 상품 믹스의 수익을 극대화시키는 (개별 의료상품) 수가의 집합을 모색한다. 상품 믹스를 구성하는 의료상품들에 대한 가격 결정이 어려운 이유는 여러 의료상품들이 서로 관련된 의료 수요와 생산 원가를 가지고 있으며, 경쟁 수준이 서로 다르기 때문이다.

□ 제품 믹스 수가 전략

▪ 제품 라인 수가 결정

의료기관은 대체로 획일화되고 독립적인 의료서비스 상품보다는 공통적인 의료를 제공하면서 그 효과는 차별화되는 상품을 개발한다. 예를 들어 건강 검진 상품 중에서도 기본 검진과 고객이 원하는 추가 검사를 시행할 수 있는 맞춤형 검진 상품을 병행해서 운영하고, 고객 만족도도 향상시키고 있다.

제품 라인 가격(product line pricing)을 결정할 때 경영자는 몇 개의 가격대(price steps)로 구분하고, 이에 따라 유사 의료상품들을 분류해야 한다.

가격대를 구분할 때 경영자는 유사 의료상품 간의 원가 차이, 서로 다른 특성에 관한 고객 평가, 경쟁 기관과의 가격 등을 고려해야 한다. 유사 의료상품을 구분하기 위해 정형화된 가격대(price points)를 사용한다. 가령, 남성 종합 검진은 얼마, 여성 검진은 얼마 등의 형식으로 구성 운영한다.

▪ 사양 제품 가격 결정

여러 병원이 선택 상품 가격 결정(optional-product pricing)을 이용하는데, 이는 주력 상품에 추가하여 제공되는 선택 상품(optional or accessory product)의 판매 가격을 책정하는 것이다. 예를 들어 의료 소비자가 가장 많이 이용하는 의료서비스를 구분하여 기본 의료서비스 이용 시 다빈도 이용 선택 의료상품을 판매한다. 각 선택 상품에 대한 가격 결정은 쉽지 않은 문제이다.

▪ 종속 제품 가격 결정

주 의료상품과 함께 이용되는 종속 상품을 제공하는 의료기관은 종속 제품 가격 결정(captive-product optional)을 내린다. 실제 의료서비스 제공에서는 의료라는 서비스의 특수성으로 인해 드문 사항이다.

▪ 부산물 가격 결정

부산물 가격 결정(by-product pricing)은 주 제품의 가격이 경쟁력을 갖도록 부산물 가격을 책정하는 것이다.

▪ 묶음 제품 가격 결정

묶음 제품 가격 결정(product bundle pricing)은 의료기관이 몇 개의 상품들을 묶어서 할인된 가격으로 판매하는 것이다. 고객이 지각하는 중요한 검사들로만 구성된 항목을 특별 할인된 가격의 종합형 패키지로 판매한다. 묶음 가격(price bundling)은 이러한 가격 책정 방식을 도입하지 않을 경우에는 구매하지 않았을 제품의 판매를 촉진시킬 수 있지만, 묶음 가격은 묶음 제품의 구매를 유도할 만큼 충분히 싸야 한다.

▪ **마케팅 전략의 검토**

의료기관은 의료상품 수가를 결정하는 데 있어 자사의 전반적인 마케팅 전략을 고려해야 한다. 마케팅 전략의 구성 요소들 중에서 수가 결정에 중요한 영향을 미치는 것들에는 의료서비스 포트폴리오 상에서 각 의료상품들의 전략적 역할, 상품 포지셔닝 전략, 상품열 내에서의 각 항목들의 상대적 위치 등이 있다.

4. 경쟁 의료서비스 검토와 수가 결정 전략

1) 경쟁 의료서비스의 검토

경쟁 의료서비스의 검토 시 고려해야 할 요인은 시장구조와 경쟁 의료기관의 수가이다. 마케터는 의료시장에서 선발 주자로 높은 시장 점유율을 갖고 있는 경쟁 상품을 공략하기 위하여 저수가 정책을 취할 수도 있으며, 그와는 반대로 고품질의 이미지를 의료 소비자들에게 주기 위한 고수가 정책을 취할 수도 있다. 마케터가 경쟁 의료기관의 의료상품 수가를 자사 의료상품 수가 결정에 반영하기 위해서는 먼저 시장에서의 경쟁 구조를 이해할 필요가 있다.

시장의 운영 구조 중 독점적 구조와 과점적 구조에 대해 알아본다. 자유 시장 경제 하에서 순수한 독점 구조는 그리 흔하지 않으며 완전 경쟁 구조나 이와 유사한 형태 또한 매우 드물다. 따라서 여기서는 마케터가 실제 시장구조 상황에서 흔히 접하게 되는 독점적 구조와 과점적 구조에서의 가격 관리를 중심으로 살펴보기로 한다.

(1) 독점적 시장구조(monopolistic market structure)

시장 내에서 여러 의료상품들이 경쟁하지만 의료서비스의 차별화를 통해 각 의료상품이 표적으로 한 세분시장 내에서 선도적 위치를 구축하는 시장구조이다. 독점적 경쟁 하에서는 각 의료상품의 브랜드는 차별화된 의료상품의 개발과 경쟁 의료기관과의 차별적 광고 등으로 경쟁 의료상품과는 다른 위치에서 의료 소비자에게 지각됨을 구축하고 그 의료상품에 대해서는 고가격을 취함으로써 많은 이익을 얻을 수 있게 된다.

(2) 과점적 시장구조(oligopolistic market structure)

소수의 경쟁 의료기관이 의료상품 시장의 대부분을 지배하는 시장구조이다. 과점적 경쟁은 높은 투자 비용, 독점적 노하우 및 서비스 제공 경로의 선점 등과 같은 시장 진입 장벽으로 인해 새로운 의료기관들이 상품 시장 진출이 어렵기 때문에 발생한다.

의료기관들은 이와 같은 의료시장 상황 하에서 철저하게 경쟁 의료기관과 유사한 수가 전략을 취하게 된다. 이는 한 의료기관에서 상품 가격을 변경시킬 경우 의료 소비자의 이동이 심하게 나타나 다른 의료기관들도 곧 따르기 때문이다.

2) 가격 결정 전략

의료기관은 의료 소비자와 의료시장 제도나 법규 상황의 변화에 따라 책정된 기본 수가를 조정한다.

(1) 할인, 공제 가격

대부분의 의료기관은 특정한 반응을 보인 고객(가령, 구입 대금을 일찍 지불하거나, 많은 수량을 구매하거나 혹은 비수기에 구매함)을 보상하기 위해 기본 수가를 조정한다. 이러한 유형의 가격 조정을 할인(discounts)과 공제(allowances)라고 하는데 형태가 다양하다.

할인의 여러 형태 가운데 하나가 현금 할인(cash discount)인데, 이는 의료 비용을 빨리 지불하는 경우에 의료 소비자에게 할인해 주는 것이다. 수량 할인(quantity discount)은 대량으로 구매한 고객에게 할인해 주는 것이다. 의료 소비자가 여러 의료 공급자에게 제품을 사지 않고 특정 의료 공급자에게 더 많은 양을 사도록 유인하는 수단이 된다.

기능적 할인(functional discount) 혹은 에이전시 할인(trade discount)은 에이전시가 업무 협약에 의해 마케팅의 기능을 수행한 대가로 판매 상품의 대금을 할인해 주는 것이다. 비수기(계절) 할인(seasonal discount)은 비수기에 상품을 구매한 고객에게 가격을 할인해 주는 것이다.

공제(allowances)는 기본 가격 할인의 또 다른 유형으로 형태가 여러 가지다. 그중 하나가 중고품 공제(trade-in allowances)인데, 중고품을 돌려주고 신제품을 구매한 고객에게 가격을 할인해 주는 것이다. 촉진 공제(promotional allowances)는 광고와 판매 활성화 프로그램에 참여한 거래처를 보상해 주기 위해 구입 대금이나 가격을 깎아 주는 것이다.

(2) 세분시장별 가격 결정(segmented pricing)

의료 소비자, 의료상품에 따라 기본 수가를 조정하는 것이다. 세분시장별로 수가를 달리하는 병원은 수가 차이가 원가상의 차이에 근거한 것이 아니더라도 동일한 상품이나 서비스를 둘 이상의 서로 다른 가격으로 판매한다.

고객 집단별 가격 결정(customer segment pricing)은 고객에 따라 같은 제품에 서로 다른 가격을 책정하는 것이다.

입지별 가격 결정(location pricing)은 각각의 입지에서 고객에게 드는 비용이 동일한 경우에도 입지에 따라 서로 다른 가격을 책정하는 것이다.

시간별 가격 결정(time pricing)은 시즌에 따라, 달에 따라, 주중/주말에 따라, 하루의 시간대에 따라 가격을 다르게 책정하는 것이다.

세분시장별 가격 결정은 수익 관리(revenue management), 수익률 관리(yield management)라고도 하는데, 이는 올바른 소비자에게, 올바른 시간에, 올바른 가격으로, 올바른 제품을 판매하도록 하는 것이다.

세분시장별 수가 결정 전략이 효과를 거두기 위해서는 몇 가지 조건이 충족되어야 한다. 먼저 의료시장이 세분화될 수 있어야 하며, 각 세분시장의 의료서비스 수요 수준이 서로 달라야 한다. 그리고 의료시장을 세분화하고 각 의료시장의 특징을 파악하는 데 드는 비용이 수가의 차별화를 통해 얻는 추가 이익을 넘지 않아야 한다. 또한 세분시장별 수가 결정이 합법적이어야 한다. 가장 중요한 조건은 세분시장별로 수가 차이를 두는 것이 의료 소비자인 고객의 지각된 가치에서 차이가 있음을 반영하는 것이어야 한다.

(3) 심리적 가격 결정

수가(가격)는 의료상품의 질적 효과와 관련된 정보를 의료 소비자에게 전달한다. 예를 들어 많은 의료 소비자는 수가(가격)를 품질 판단의 근거로 삼는다.

심리적 가격 결정(psychological pricing)을 활용하는 병원은 상품의 경제적 가치보다는 수가(가격)가 갖는 심리적 효과를 고려한다. 예를 들어 소비자는 비싼 의료상품이 싼 의료상품에 비해 더 좋은 품질이라고 지각하는 경향이 있다. 의료상품 특성을 자세히 살펴보거나 과거의 의료 이용 경험에 근거하여 의료상품의 품질을 판단할 수 있는 경우 의료 소비자는 품질을 판단하는 데 수가(가격)에 덜 의존한다. 그러나 상품을 평가할 충분한 정보가 없거나 의학적 전문 지식이 부족한 의료 소비자는 의료상품을 판단할 때 수가(가격)를 중요한 단서로 삼는다.

심리적 수가(가격) 결정에 활용되는 개념으로 준거 가격(reference price)이 있는데, 이는 어떤 의료상품을 평가할 때 참조하기 위해 의료 소비자 기억 속에 있는 가격을 말한다.

준거 가격의 형성은 현재의 판매 수가를 살펴보거나, 과거의 판매 수가를 회상하거나, 구매 상황을 평가함으로써 이루어질 수 있다. 의료 공급자는 의료상품 수가를 책정할 때 의료 소비자가 갖고 있는 준거 가격에 영향을 미치거나 혹은 이를 활용할 수 있다.

대부분의 구매에서 의료 소비자는 제 값을 지불하는지 판단하는 데 필요한 모든 기술, 능력이 없다. 그들은 서로 다른 브랜드 대안 또는 병원 대안을 탐색하고, 수가를 비교하고, 좋은 수가로 의료상품을 이용하는 데 필요한 시간, 능력, 의지를 충분히 갖고 있지 않은 것이다. 오히려 구매 과정에서 수가가 비싼지 혹은 저렴한지를 판단하는 데 도움이 될 특정 단서에 의존할 수 있다. 예를 들어 대학병원에서의 의료서비스 이용은 무조건 비싼 대신 의료서비스의 품질 또한 고급이며 일정 수준 이상 보장된다고 지각한다.

(4) 촉진 가격 결정(promotional pricing)

촉진 수가 결정은 구매에 따른 흥분감과 구매 압박감을 창출하기 위해 일시적으로 의료상품 수가를 정가 혹은 원가 이하로 내리는 것이다.

촉진 수가를 자주 사용하는 것은 또한 의료시장에서 수가 전쟁을 촉발시킬 수 있다. 수가 전쟁은 하나의 경쟁 의료기관 혹은 소수의 경쟁 의료기관, 즉 가장 효율적인 운영을 하는 병원에게만 이익이 된다.

요약하면 촉진 수가 정책은 특정 상황에서 일부 병원에게만 매출을 증대시키는 데 효과적일 수 있다는 것이다. 그러나 이는 그 외의 다른 병원에 손상을 입히거나 계속 이익률을 하락시키는 결과를 초래할 수 있다.

(5) 지리적 가격 결정(geographical pricing)

의료기관은 다른 지역에 있는 의료 소비자에게 어떤 수가를 제공할 것인지도 결정해야 한다.

▪ FOB 가격 정책(FOB-Origin Pricing)

운송 수단에 주문 제품이 선적되는 순간부터 제조업체는 제품을 책임지는 것에서 자유로워짐(free on the board: FOB)을 뜻한다.

의료기관과 협약되어 있는 의료기관에서 상품 이용 시 최초 상품 구성, 판매는 담당하였지만 의료서비스 제공을 의뢰하며 이때 수가 수준을 달리하는 정책으로서 의료의 특성상 법적인 부분만 해결된다면 활용도는 높을 것이다.

지역 의료기관은 의료상품 홍보, 마케팅 능력이 부족하고 대규모의 의료 소비자를 확보하기에 어려움이 있으므로 전략적 제휴를 통하여 윈-윈하는 수가 정책이다.

▪ **균일 가격 결정(uniform-delivered pricing)**

고객의 위치에 상관없이 모든 고객에게 의료상품 가격을 동일하게 부과하는 것이다.

▪ **구역별 가격 결정(zone pricing)**

FOB 가격 결정과 균일 가격 결정의 중간 형태를 띤다.

▪ **거점(기준점) 기반 가격 결정(basing-point pricing)**

특정 도시를 기준점으로 선정하고, 의료상품이 실제 제공되는 도시가 어디든 상관없이 최초 판매한 의료기관에서 고객이 위치한 의료기관에서의 서비스를 제공하고 일부 비용을 각 고객에게 부담시키는 것이다.

(6) 동태적 가격 결정

동태적 가격 결정(dynamic pricing)은 개별 고객의 특징과 욕구, 상황에 맞추어 계속 가격을 조정하는 것이다.

동태적 가격 결정은 마케터에게 여러 가지 이점을 제공한다.

수많은 다이렉트 마케터는 특정 시점에서의 의료 이용률, 원가, 고객 수요 등을 감시하고 이에 맞추어 수가를 곧바로 조정한다.

동태적 가격 결정은 여러 상황에서 적절한 가격 결정 방식이다. 왜냐하면 누가 시장을 주도하느냐에 따라 가격을 조정하고, 종종 고객에게 혜택이 돌아가기 때문이다. 그러나 마케터는 특정 고객 집단을 자신에게 유리하게 이용하기 위해 동태적 가격 결정 방식을 사용하지 않도록 주의해야 한다. 왜냐하면 중요한 고객 관계에 타격을 입힐 수 있기 때문이다. 특히 온라인 환경에서 고객 충성도는 강도가 매우 약할 수 있다.

(7) 해외 시장 가격 결정

글로벌 의료시장에서 의료상품을 판매하는 의료기관은 국가에 따라 어떤 수가를 책정해야 할지 결정해야 한다. 어떤 경우에는 모든 해외 시장에 같은 수가를 책정할 수 있다.

특정 국가에 부과해야 할 수가는 여러 요인의 영향을 받는데, 경제적 여건, 경쟁 상황, 법과 규제, 도소매 시스템의 발달 정도 등이 이에 해당된다. 의료 소비자 지각과 선호도 국가에 따라 차이가 날 수 있으므로, 이에 맞추어 수가를 다르게 책정할 수 있다. 혹은 해외 시장의 위치에 따라 서로 다른 마케팅 목표를 가질 수 있으며, 이에 따라 수가 전략에 변화를 줄 수 있다.

의료 원가도 글로벌 의료상품 판매 수가를 책정하는 데 중요한 역할을 한다. 해외 고객들은 종종 자국에서 비교적 저렴하게 이용하던 의료상품을 다른 국가에서 매우 비싼 가격으로 판매되는 것을 발견하고 놀란다. 어떤 경우에는 이러한 수가 차이가 판매 전략의 차이 혹은 시장 여건의 차이 때문이기도 하다. 그러나 대부분의 수가의 차이는 국가에 따른 판매 원가의 차이 때문에 발생한다. 즉, 상품 수정, 보험료, 환율 변동 등으로 추가 원가가 발생하는 것이다.

토의 문제

1. 많은 의료기관이 가격 결정을 잘 다루지 못하고 있다. 지나치게 원가에 초점을 맞추는 것 이외에 마케터가 가격 책정 시에 겪는 어려움에는 어떤 것이 있는가?
2. 원가 기반 가격 결정과 가치 기반 가격 결정의 차이점은 무엇인가?
3. 가격 결정은 고객의 가치 지각, 원가, 다른 외부 요인에 근거하여 이루어진다. 가격 결정에 영향을 미칠 수 있는 다른 외부 요인에는 어떤 것이 있으며, 어떻게 가격 결정에 영향을 미치는가?
4. 표준화된 상품(commodity)의 서비스를 제공하는 의료 공급자에게 수요의 탄력성 개념이 왜 중요한지 설명하라.

참고문헌

오마에 겐이치, 홍을표 옮김, 한혜론 감수, 2003, 『기업경영과 전략적 사고』, 생활지혜사.
찰스 D, 앨리스, 김홍식 옮김, 2008, 『위대한 가치투자자 캐피탈그룹』, 굿모닝북스.

제11장 글로벌 의료서비스 채널 관리

도입 사례

Philadelphia Int'l Medicine(PIM)의 공생적 마케팅

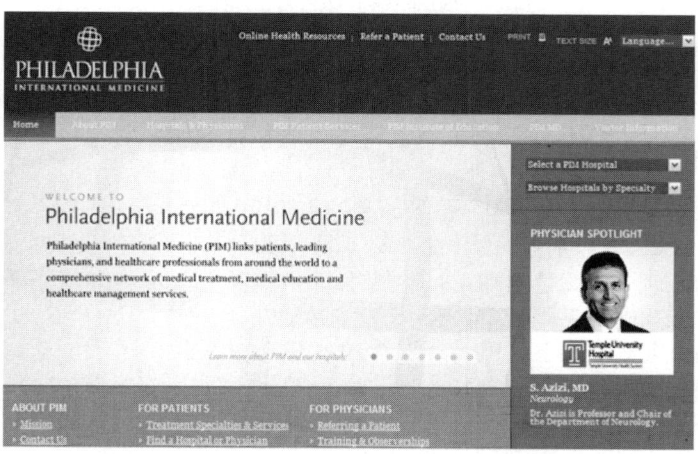

[그림 11-1] Philadelphia Int'l Medicine(PIM) 홈페이지 화면

자료: http://www.philadelphiamedicine.com

수평적인 협력 시스템을 형성하여 공생적으로 글로벌 의료서비스 마케팅을 하는 성공 사례 중 하나로 Philadelphia Int'l Medicine(PIM)이 있다. Philadelphia Int'l Medicine은 필라델피아 지역 병원들의 협력체에서 출발한 공생적 마케팅 시스템이다.

1997년 필라델피아 지역 11개 병원이 각각 15,000달러를 투자하여 총 165,000달러로 Greater Philadelphia Int'l Healthcare Consortium을 구성하였고, 이 후 Philadelphia Int'l Medicine은 1999년 최종 9개 병원의 참여로 설립되었다. 이때 참여 병원은 다음과 같다. Children's Hospital of Philadelphia, Crozer-Chester Medical Center, Fox Chase Cancer Center, Hospital of the Univ. of Pennsylvania, Medical Center of Delaware, MossRehab, Temple Univ. Hospital, Thomas Jefferson Univ. Hospital, Wills Eye Hospital.

Philadelphia Int'l Medicine은 Philadelphia 지역 병원들이 Medicaid와 Medicare 상환율을 향상시켜 병원 재정 상황을 개선하려는 시도가 여의치 않은 상황에서 해외 환자 유치를 적극적으로 추진하기 시작했다.

기본적으로 Philadelphia Int'l Medicine은 Philadelphia 지역 병원 사업을 지역 병원이 공동으로 글로벌 의료마케팅 활동을 함으로써 전문가 집단이자 해외 환자 추천의 열쇠인 해외 의사들의 미국 내 연수를 지원하는 한편 해외 환자를 유치하는 데 노력해 왔다.

Philadelphia Int'l Medicine은 캐리비언, 중동, 브라질 등 다양한 국가로부터 기존 연 평균 3,400명의 해외 환자를 유치하고 있는데, 연 6,000명 이상의 해외 환자를 유치하여 지역 경제에 약 2억 달러의 경제적 기여를 하는 것을 지향하고 있으며 이 중 6천만 달러 정도가 병원 재정에 직접적인 도움이 되는 것으로 생각하고 있다.

Philadelphia Int'l Medicine의 글로벌 의료서비스 마케팅 활동의 특징을 정리하면 다음과 같다.

서비스 접점 관리

'Int'l Services Center'를 설립하여 해외 환자 문의 사항 접수, 의사와의 상담 조정, 환자 지원 서비스, 의료기구 대여, 환자와 가족을 위한 여행, 호텔 숙박, 통역 업무 등을 제공해 준다.

PR을 통한 네트워크 강화

Philadelphia Int'l Medicine은 기본적으로 광고보다는 PR을 통한 네트워크 구축과 관계 형성에 글로벌 마케팅 노력을 집중하고 있다. 일례로 타국 정부와의 연계가 해외 환자 유치에 중요하다는 점에 착안하여 해외 환자 유치 관련 부서에서 정부 관리, 해외 의료 전문가, 해외 의료 교수진과의 유대를 강화하여 입체적인 PR 활동을 전개한다.

또한 타국 보건 관련 장관과 대사들을 초청 필라델피아의 의료서비스에 대한 세미나를 개최하고, 아프리카 보건 의료 장관을 위한 포럼 8회 개최, 페루 의료 관계자를 위한 리셉션 개최 등을 한바 있다. 중동 지역, 브라질과 주요한 파트너십 관계를 맺고 있으며, 칠레, 우루과이, 중국, 터키, 기타 지역 의료기관과의 네트워크를 구축하는 데 초점을 맞추고 있다.

그 밖에도 교환 프로그램, 교육 및 원격 진료, 세계 주요 병원과 연결한 비디오 세미나, 병원 경영 수련 프로그램을 제공하는 등 필라델피아에서 교육받은 해외 의료인과의 네트워크를 지속적으로 강화하고 있다.

참고로 2010년 현재 참여 병원은 Alfred I. DuPont Hospital for Children, Fox Chase Cancer Center, Pennsylvania Hospital, Temple University Hospital, Thomas Jefferson University Hospital, and the Hospital of the University of Pennsylvania 등 6개 병원이다(자료: 한국보건산업진흥원, 「미국의 해외 환자 유치 배경 및 현황」, 2007. 6. 7, PIM 홈페이지 자료 토대로 작성).

학습 목표

1. 서비스 유통의 특징을 이해하고 글로벌 의료서비스 맥락에 적용해 본다. 특히 유형 제품 유통과 어떤 차이가 있는지 숙지한다.
2. 서비스 유통 경로 설계 과정을 이해하고 글로벌 의료서비스에 대한 적절한 유통 경로 설계를 시험적으로 해 본다.
3. 서로 다른 국가를 포괄하는 글로벌 서비스 유통과 특정 국가 내에서의 서비스 유통과 어떤 차이가 있는지 이해한다.
4. 유통 경로 계열화란 무엇이며 어떻게 할 수 있는지 이해한다. 나아가 글로벌 의료서비스 맥락에서는 어떻게 시도할 수 있을지 생각해 본다.
5. 유통 경로 갈등이란 무엇이며 왜 발생하는지 이해하고 관리 방향을 숙지한다.

1. 글로벌 의료서비스 채널 관리의 의의

1) 글로벌 의료서비스 채널

유통 경로(distribution channel)란 상품과 서비스가 생산자에게서 소비자에게 전달되는 과정에 참가하는 개인이나 조직 전체를 의미한다. 글로벌 의료서비스 마케터는 소비자와 서로 원하는 것을 주고받을 수 있는 접점을 마련해서 교환이 보다 잘 이루어지도록 할 필요가 있다.

유통 경로의 효율 창출은 유통 경로 구성원들의 경로 흐름(channel flows)을 효율적으로 수행함에 달려 있다. 경로 흐름(channel flows)은 최종 소비자에게 가치를 제공하는 유통 경로 내의 기능이나 활동을 의미한다.

경로 흐름은 소유권, 촉진, 협상, 금융, 위험 부담, 주문, 지불 등으로 구성되어 있다. 이때 소유권, 촉진의 흐름은 제품이나 서비스 생산자로부터 중간상을 거쳐 소비자로 이어지는 흐름으로 전방 흐름(forward flow)이라고 한다. 주문과 지불은 소비자로부터 소매상, 도매상을 거쳐 생산자에게 전달되는 흐름으로 후방 흐름(backward flow)이라고 한다. 한편, 협상과 금융, 위험 부담은 거래의 주체가 되는 기구가 쌍방간 주고받는 흐름이라 할 수 있다.

글로벌 의료서비스 마케터는 글로벌 의료서비스 채널을 설계하고 개별 경로 담당자를 섭외한 후 채널을 운영해 가는 경로 관리자로서의 역할도 수행해야 한다. 이를 위해 우선 글로벌 의료서비스 채널이 지니고 있는 서비스 채널로서의 성격과 글로벌 채널로서의 성격을 충분히 숙지해야 한다.

2) 서비스 채널로서의 성격

글로벌 의료서비스 유통 문제는 서비스 채널로서의 특성을 감안해서 다루어져야 한다. 서비스는 일정한 형태를 가지지 않고 생산과 소비가 동시에 일어나며, 판매되지 않으면 바로 사라지는 성격을 가지고 있다. 따라서 서비스의 전달(delivery)은 눈으로 볼 수 있는 물리적 증거(physical evidence) 아래에서 일련의 서비스 과정(process)에 참여하는 사람들(people or participants)이 함께 상호 작용하는 서비스 접점(service encounter)에서 이루어진다.

이처럼 서비스의 유통(전달)은 제품의 유통과는 다른 성격을 갖는다. 서비스는 그 비분리성으로 인해 제품과는 달리 유통 업체에서 저장하거나 운송할 수 없다. 또한 한곳에서 서비스를 생산하여 다른 곳으로 이동시킬 수 없다. 따라서 서비스를 고객에게 제공하기 위해서는 적당한 곳에 점포를 두어야 하며 해당 점포별로 서비스 상품, 가격, 촉진 등의 기본적 마케팅 믹스와 프로세스, 물리적 환경, 내·외부 고객의 관리 등 확장 마케팅 믹스를 적절히 사용하여 통합적인 마케팅 활동을 수행하여야 한다.

글로벌 의료서비스 마케터는 이것을 위해서 효과적으로 의료서비스를 전달할 시스템을 구축해야 한다. 서비스 유통 경로는 이처럼 고객들이 원하는 시기에 편리한 장소에서 서비스를 받도록 하기 위해서 설계되고 수립되는 것을 말한다. 이것을 서비스 유통의 이용 가능성과 접근 가능성이라고 하는데 이용 가능성(availability)은 고객이 서비스를 필요로 할 때 이용할 수 있게 설계한 것을 말하고, 접근 가능성(accessibility)이란 서비스 기업을 이용하는 고객이 거래를 수행하기에 편리하도록 한 것을 의미한다.

글로벌 의료서비스 유통 경로는 제품 유통 경로에 비해 상대적으로 짧고 간결하게 구성되는 경향이 있다. 주된 이유 중 하나는 의료서비스가 생산과 소비가 동시에 일어나기 때문이다. 따라서 글로벌 의료서비스는 의료서비스 제공자가 소비자에게 직접 서비스를 전달하고 소비자는 서비스 접점에서 직접 서비스를 체험하는 형태로 전달되는 방식이 주종을 이룬다. 메이요 클리닉(Mayo Clinic)의 의료서비스는 주로 소비자에게 직접 판매되고 직접 제공된다.

그러나 서비스의 경우에도 브로커(broker, 중개인)나 대리점(agent) 등 중간상이 존재한다. 서비스의 경우 제조업의 경우에 비해 적은 수의 중간상이 존재하며 그 단계나 영향력이 적어 대부분의 서비스 유통 경로는 제품에 비해 짧고 간결하다.

3) 글로벌 채널로서의 성격

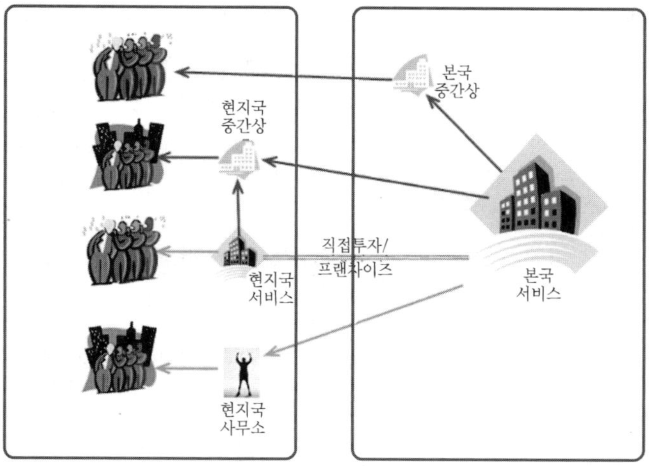

[그림 11-2] 글로벌 의료서비스 채널 유형

글로벌 의료서비스 유통 문제는 의료서비스 제공자가 속한 본국과 소비자가 속한 현지국을 포괄하는 글로벌 맥락 속에서 다루어져야 한다. 글로벌 의료서비스 마케터는 해외 시장 진입 방식에 따라 적합한 유통 경로를 선택적으로 적용할 필요가 있다.

우선 글로벌 의료서비스 마케터가 본국 의료서비스 접점에서 표적시장 소비자를 공략하는 방식으로는 본국 중간상을 경유하거나 현지국 중간상을 경유하는 방식을 고려할 수 있다.

다음으로 글로벌 의료서비스 마케터가 현지국에 의료서비스 접점을 개설하는 라이센싱, 프랜차이징, 해외 직접투자 방식 등을 통한 현지국 진입 시에는 현지국 소비자를 직접 공략하거나 현지국 중간상을 경유하는 방식을 고려할 수 있다.

[그림 11-3] 태국 Bumrungrad Hospital 한국 의료관광객 모집 대리점 개설

자료: 『메디컬투데이』, 2009. 9. 26.

〈표 11-1〉 국별 의료관광 알선 회사 현황

치료 국가	의료관광 알선 회사	소재 국가	치료 분야, 특성
브라질	MedNetBrazil Conclerge	미국	브라질아메리컨, 성형 수술
	Cosmetic Vacations	미국	NBC 방송 소개, 성형 수술
코스타리카	Medical Tourism of Costa Rica	코스타리카	성형 수술, 임플란트
	Medical Tourism International	미국	Medical Tourism of Costa Rica 제휴
	Planet Hospital	미국	
체코	Beauty in Prague	체코	유럽 국가 대상, Business Week 미국인 증가
헝가리	Dental Value	미국	독일 의사 헝가리 정착, 치과
	Hungary Dental Travel	영국	
	Posh Jouneys	미국	
인도	IndoUSHealth	미국	인도미국인
	MedRetreat	미국	
	Planet Hospital	미국	
	Taj Medical Group	영국	인도미국인
	Health Toursm Bangalote	인도	Bangalore
	Medtours	캐나다	Mumbal
말레이시아	Gourgeous Gateways	호주	성형 수술
	Malaysia Healthcare Network	말레이시아	
멕시코	Global Choice Healthcare	미국	멕시코 강점, 가장 큼
	Planet Hospital	미국	
	Plastic Surgeoans Mexico	미국	
	Surgical Care International	미국	
싱가포르	Global Choice Healthcare	미국	
	Planet Hospital	미국	
남아공화국	Surgeon and Safari	남아공화국	
	Surgical Attactions	남아공화국	
태국	Cosmetic Surgery Travel	미국	
	International Medical Resources	미국	
	MedRetreat	미국	

자료: 윤형호(2007)에서 재인용

2. 글로벌 의료서비스 채널 설계

1) 글로벌 의료서비스 채널 설계

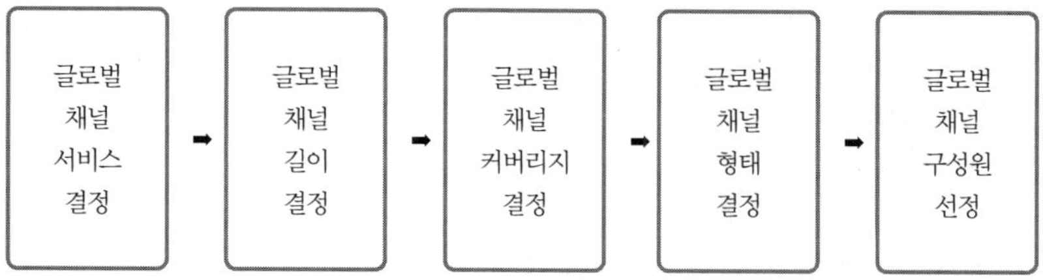

[그림 11-4] 글로벌 의료서비스 채널 설계 과정

(1) 글로벌 채널 서비스 결정

유통 경로를 설계하기 위해서는 먼저 유통 경로 서비스에 대한 표적시장 소비자의 요구 분석이 선행되어야 한다. 표적시장 소비자가 유통 경로에서 제공받고 싶어 하는 편익을 찾아내어 제한된 자원의 제약을 고려하여 그 편익을 제대로 고객들에게 제공해 주기 위한 최적의 유통 경로를 구축해야 한다.

전술한 시장세분화와 표적시장 선정을 통해 선별된 표적 고객의 유통 경로 서비스 요구 분석이 유통 경로 설계의 출발점이 될 수 있다. 편리한 위치, 짧은 대기 시간, 다양한 상품 구색, 저렴한 가격 등이 유통 경로에서 소비자가 원하는 대표적인 편익들이다. 그러나 제공하고자 하는 제품이나 서비스를 수용할 표적 고객에 맞게 세분시장별로 욕구를 파악하는 것이 전략적으로 중요하다.

소비자의 기대 수준이 파악된 후 기업은 이에 적절한 유통 경로 목표를 설정해야 한다. 유통 경로 목표는 기업의 경영 목표, 마케팅 목표 등과 부합되어야 하며, 이때 기업이 제공하는 제품과 서비스의 특성도 고려해야 한다.

또한 유통 경로를 설계할 때 여러 가지 유형의 중간상이 지니는 특성을 세밀히 검토해야 한다. 일반적으로 중간상들은 촉진, 협상, 저장, 거래 및 신용을 취급하는 태도가 각각 상이하므로 이에 대한 평가 후에 유통 경로 설계에 반영하는 것이 중요하다. 그 밖에 유통될 제품의 성격에 따라 경쟁자의 유통 구조에 영향을 받는 것도 고려해야 한다.

(2) 글로벌 채널 길이 결정

〈표 11-2〉 유통 경로 길이 결정 시 고려 요인

요인		"긴" 유통 경로 구조-Long	"짧은" 유통 경로-Short
시장 요인	시장 규모 지리적 분산 정도 구매 빈도 평균 주문 단위	소규모 높음 낮음 소량	대규모 낮음 높음 대량
제품 요인	단위당 가치 제품 표준화 기술적 복잡성	낮음 높음 낮음	높음 낮음 높음
기업 요인	규모 재무 능력 관리 능력 통제 욕구	소규모 약함 적음 낮음	대규모 강함 많음 강함
경로 구성원 요인	이용 가능성 마케팅기능 수행 의지 수행될 서비스 수 수행될 서비스 질 경로 구성원 이용의 비용	이용가능 높음 적음 낮음 낮음	이용불가능 낮음 많음 높음 높음

자료: 안광호, 권익현, 임병훈(2005)

유통 경로 길이 결정은 유통 경로에 참여하는 중간상의 계층을 몇 단계로 정할 것인가에 대한 의사 결정이다.

① 유통 경로 길이 유형

유통 경로 길이 결정의 대안은 기본적으로 직접(유통) 경로와 간접(유통) 경로로 구분된다.

▪ 직접(유통) 경로

직접(유통) 경로는 중간상인을 활용하지 않고 글로벌 의료서비스 마케터가 고객과 직접 교환을 시도하는 유통 경로다. 메이요 클리닉(Mayo Clinic)은 소비자와 직접 교환을 시도한다. 의료서비스는 소유될 수 없고 생산과 소비가 동시에 발생하므로 재고 확보, 안전한 보관, 상품 소유권 등 유통 채널의 주요 기능이 의미가 없다.

■ **간접(유통) 경로**

간접(유통) 경로는 제조업체 마케터가 고객과 직접 교환을 시도하지 않고 중간상인을 활용하여 간접적으로 교환을 시도하는 유통 경로다. 영세한 의료서비스 업체일수록 글로벌 시장의 수요에 대응해야 하는 상황에서 상대적으로 다양한 중간상이 개입되는 경향이 있다. 일반적으로 글로벌 의료서비스 채널로 주로 시도되는 간접 경로로는 대리인(agent)이나 중개상(broker), 프랜차이즈 가맹점(franchisee), 전자 경로(online agent) 등을 꼽을 수 있다.

② 유통 경로 길이 결정 시 고려 사항

유통 경로 길이 결정 시 고려해야 할 요인으로는 시장 요인, 제품 요인, 기업 요인, 경로 구성원 요인 등을 들 수 있다.

■ **시장 요인**

소량 구매하는 소규모 구매자가 광범위하게 분산되어 있을 경우에는 직접(유통) 경로보다는 간접(유통) 경로가 선호되는 경향이 있으며 나아가 다단계의 중간상인이 개입되는 긴 유통 경로가 많이 사용된다.

■ **제품 요인**

기술적으로 복잡하여 섬세한 커뮤니케이션이 필요하며, 부패 가능성이 높고, 단위당 가격이 높은 대용량 제품의 경우 짧은 길이를 지닌 유통 경로가 많이 사용되며 경우에 따라 간접(유통) 경로보다는 직접(유통)경로가 선호되는 경향이 있다.

■ **기업 요인**

재무적, 관리적 능력이 제한적인 중소 조직일수록 직접(유통) 경로보다는 간접(유통) 경로를 선호하는 경향이 있는데 이는 직접(유통) 경로를 활용하기 위해 요구되는 막대한 재원을 감당하기 어렵다는 점을 고려한다면 불가피한 면이 없지 않다.

■ **경로 구성원 요인**

안정적으로 쓸 만한 경로 구성원은 현실 세계에서 찾기가 어려울 수도 있는데, 이 경우 불가피하게 간접(유통) 경로보다는 직접(유통) 경로를 선호하는 경향이 있다.

(3) 글로벌 채널 커버리지 결정

〈표 11-3〉 유통 경로 전략 분류

	전속적 유통	선택적 유통	집약적 유통
전략	한 지역에 하나의 점포에게 판매권을 부여함	한 지역에 제한된 수의 점포들에게 판매권을 줌	가능한 한 많은 점포들로 하여금 자사 서비스를 취급하도록 함
점포 수	하나	소수	가능한 많은 점포
통제	서비스 업체의 통제력이 매우 높음	제한된 범위에서 서비스 업체의 통제가 가능함	서비스 업체의 통제력이 낮음
서비스 유형	전문 서비스	선매 서비스	편의 서비스
서비스 예	중증 의료서비스	보험 서비스	사진 인화 서비스

유통 경로 커버리지 결정은 유통 경로 기관의 수를 몇 개로 정할 것인가에 대한 의사 결정이다. 이는 기업이 소구하려는 시장의 범위가 어느 정도인가에 따라 결정된다. 즉, 유통 경로기관의 밀집도에 관한 의사 결정을 의미한다.

유통 경로 커버리지 유형은 일반적으로 전속적 유통 경로, 선택적 유통 경로와 개방적 유통 경로로 구분된다.

① 집약적 유통(intensive distribution)

집약적 유통은 유통 업자를 최대한 많이 사용하는 유통 전략이다. 개방적 유통 경로라고도 한다. 집약적 유통 전략은 소비자에게 제품 노출을 최대로 하여 제품을 쉽게 인지시키며 소비자의 구매를 편리하게 하고, 매출을 높이는 방식이다. 그러나 개별 유통 업자의 협조를 얻기가 힘들며, 통제가 어렵다. 또한 거래 단위가 작아지므로 거래상의 효율성이 낮아진다. 사진 현상, 우편 서비스 등 편의 서비스(convenience services)가 집약적 유통 전략을 구사하는 대표적인 서비스다.

② 전속적 유통(exclusive distribution)

한 상권 내에서는 하나의 중간상만이 자사 서비스를 유통하도록 하는 배타적 권한을 부여하는 유통 방식이다. 전속적 유통 경로의 장점으로는 중간상에 대한 확실한 통제가 가능하고 중간상과 긴밀한 협조 체제가 형성되므로 거래 비용이 감소되고 신뢰 관계가 형성된다는 점을 들 수 있다. 이러한 유통 경로를 사용하는 서비스로는 전문 서비스(special services)를 꼽을 수 있다. 의료서비스가 대표적인 전속적 유통 전략을 구사하는 서비스다. 글로벌 의료서비스도 마찬가지로 전속적 유통 전략이 많이 사용되는 경향을 보이고 있다.

③ 선택적 유통(selective distribution)

선택적 유통이란 집중적 유통과 전속적 유통의 절충된 형태이다. 서비스 업체가 시장별로 소수의 중간상을 운용하는 유통 방식이다. 선택적 유통 경로는 유통 경로에 대한 통제를 훼손시키지 않으면서 소비자에게 충분히 접근할 수 있는 유통 전략이라고 할 수 있다. 선택적 유통 경로를 사용하는 서비스로는 보험 서비스 등 선매 서비스(shopping services)를 들 수 있다.

(4) 글로벌 채널 형태 결정

유통 경로 형태 결정은 중간상의 형태를 무엇으로 정할 것인가에 대한 의사 결정이다. 예컨대 중간상을 활용하기로 결정했다면 중간상으로 본국 대리점을 활용할지 현지국 대리점을 활용할지 혹은 온라인 중간상을 활용할지 오프라인 중간상을 활용할지 결정하는 과정이다.

유통 경로 형태 결정은 표적시장 소비자의 요구를 반영하여 설계된 유통 경로 서비스 내용 및 수준과 더불어 앞서 결정한 유통 경로 길이 및 커버리지를 구현하기에 적합하도록 이루어져야 한다.

나아가 글로벌 의료서비스 마케터는 추구하는 유통 경로 서비스를 제공할 수 있는 새로운 현실적 경로 형태를 모색하는 데 지속적으로 노력해야 한다. 예를 들어 이동통신 네트워크에 기반을 둔 유통 업체는 앞으로 다가올 유비쿼터스 유통 시대에서 마케터의 선택이 될 수 있다.

(5) 글로벌 채널 구성원 선정

〈표 11-4〉 유통 경로 구성원 평가 기준

항목	내용
재정적 능력	대차대조표, 손익계산서, 현금 흐름표 상태가 좋은가?
판매 능력	판매망의 수, 영업 사원의 규모가 충분한가?
제품 믹스	우리 제품을 유통시키는 데 적합한 제품 믹스를 지녔는가?
명성	업계, 소비자, 전문가로부터 좋은 평판을 얻고 있는가?
입지	우리 제품을 유통시키는 데 적합한 입지를 지녔는가?
경영 일반 특성	노사관계가 안정적인가?
협력적 자세	상호 이익 증진을 위한 협력 의지가 높은가?

자료: Stern and El-Ansary(1992) 참고로 작성

유통 경로 구성원 선정은 앞서 결정한 유통 경로 형태에 걸맞은 현실 세계의 실재 유통 경로 기관을 누구로 정할 것인가에 대한 의사 결정이다. 예컨대 현지국 대리점으로 어떤 업체를 활용할지 결정하는 과정이 이에 해당된다.

유통 경로 구성원 선정은 마케터의 목적 달성에 기여할 수 있는 잠재력 등 주요 기준에 대한 포괄적 체크리스트를 통해 신중히 이루어져야 한다. 일반적으로 마케터는 〈표 11-4〉와 같은 기준에 의해 유통 경로 구성원을 채용하는 것으로 알려져 있다.

2) 수직적 마케팅 시스템(Vertical Marketing System)

전통형 유통 경로와 달리 수직적 마케팅 시스템은 경로 구성원 상호간의 연계성을 인식하고 있는 경로 선도자에 의해 형성된다. 수직적 마케팅 시스템(vertical marketing system, VMS)은 운영상의 경제성과 시장에 대한 최대한의 영향력을 획득하기 위해 전문적으로 관리되고 본부에 의해 설계되어 관리되는 경로 조직이다. 수직적 마케팅 시스템은 시스템 내의 힘이 경로 구성원 중 누군가에게 집중되는 특성을 가지며, 집중된 힘은 경로 구성원 간의 기능 분업과 조정, 갈등의 관리와 통제를 수행한다.

(1) VMS(Vertical Marketing System)의 유형

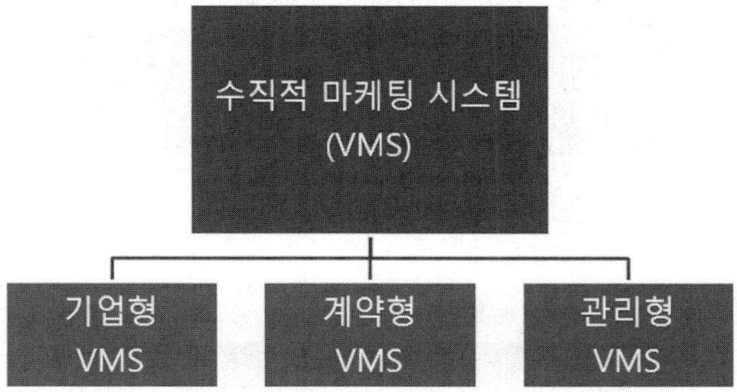

[그림 11-5] 수직적 마케팅 시스템 유형

수직적 마케팅 시스템은 기업형 경로(corporate channels)와 계약형 경로(contractual channels), 관리형 경로(administered channels)로 나누어진다. 수직적 마케팅 시스템은 본부의 마케팅 프로그램에 의해 경로 구성원의 기능을 전문적으로 관리한다.

기업형 수직적 마케팅 시스템(corporate VMS)은 한 경로 구성원이 다른 경로 구성원을 일정 부분 지분 등을 통해 소유하고 있는 경우를 말한다. 전반적 경로 의사 결정은 경로 조직구조 내의 상위 기구에서 담당하며 경로 시스템에 높은 수준의 헌신이 요구된다. 이때 서비스 제공자가 자신의 사무소를 통해 서비스를 판매하는 전방 통합이나 소비자 대상의 마케팅을 전개하는 중간상이 각종 서비스 제공자를 소유하게 되는 후방 통합 등의 경우가 있다.

계약형 수직적 마케팅 시스템(contractual VMS)은 개별 구성원별로 독자적인 목표를 가지고 있지만 전반적 경로 목표를 달성하기 위해 계약서를 통해 공식적으로 역할을 분담하여 수행하는 유형이다. 전반적 경로 의사 결정과 권한은 개별 구성원의 승인을 얻은 경로 조직구조 내의 상위 기구가 맡는다. 계약형 수직적 마케팅 시스템은, 경로 시스템의 몰입 수준은 중간 수준이다.

관리형 수직적 마케팅 시스템(administered VMS)은 개별 구성원별로 독자적인 목표를 가지고 있지만 전반적인 경로 목표를 달성하기 위해 비공식적으로 협력하는 시스템형 유통 경로 형태다. 경로 상에서 의사 결정과 권한은 개별 구성원에 각각 존재하며 개별 구성원 간의 상호 협의에 의해 의사 결정을 한다. 따라서 경로 시스템의 몰입 수준은 상대적으로 낮은 편이다.

(2) 프랜차이즈(Franchise)

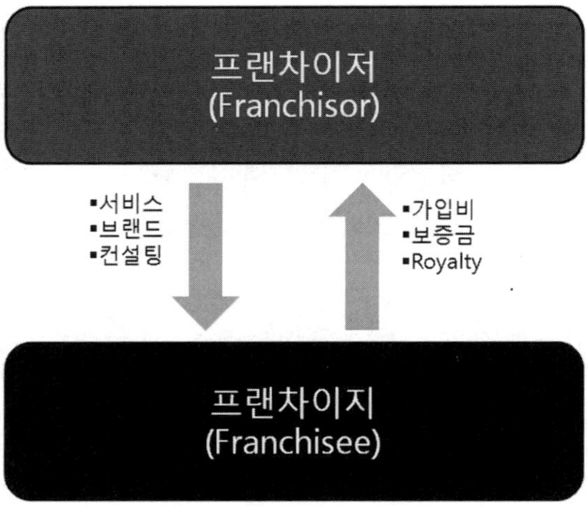

[그림 11-6] 프랜차이즈 시스템

특정 지역 내에서 일정 기간 동안 모기업(parent company)이 비교적 규모가 작은 개인이나 조직에 자신들의 상품, 서비스, 상표, 상호, 노하우(know-how) 및 기타 기업 운영 방식을 사용할 수 있는 권한이나 특권을 계약에 의해 허가해 주는 유통 형태이다.

모기업을 프랜차이저(franchisor: 본부)라 하고 특권을 받는 기업을 프랜차이지(franchisee: 가맹점)라 한다.

프랜차이즈 시스템은 계약형 수직적 마케팅 시스템 방식의 대표적 사례다. 1800년대 중반 미국에서 태동한 방식으로 현대 유통 전략에서 활발하게 구사되는 유통 형태 중 하나다.

프랜차이즈 시스템은 글로벌 의료서비스 마케터가 라이센싱 방식에 의해 해외 시장 진입을 시도할 경우 우선적으로 고려할 수 있는 유통 대안 중 하나로 꼽을 수 있다.

[그림 11-6]에서는 프랜차이즈 시스템에서 프랜차이저와 프랜차이지와의 관계를 설명하고 있다. 프랜차이저(본부)는 프랜차이지(가맹점)에 프랜차이즈 패키지를 제공하는데 이 패키지에는 서비스, 브랜드, 컨설팅 등이 포함된다. 반대로 프랜차이지(가맹점)는 이에 대한 대가로 가입금, 보증금, Royalty 등을 지급한다.

3) 수평적 마케팅 시스템(Horizontal Marketing System)

수평적 마케팅 시스템(horizontal marketing system)이란 같은 경로 단계에 있는 둘 이상의 기업들이 마케팅 기회를 보다 잘 이용하기 위해 서로 협력하며 운용하는 협력적 유통 경로를 지칭한다. 수평적 마케팅 시스템은 각각의 마케터가 효과적인 마케팅 활동을 수행하는 데 필요한 자본, 노하우, 마케팅 자원 등을 단독으로 보유하지 못한 경우에 적극적으로 활용되는 경향이 있다.

공생적 마케팅(공동 마케팅, symbiotic marketing)이라는 표현은 수평적 마케팅 시스템 등 다양한 방식을 통해 상호 협력적으로 전개하는 마케팅 활동을 의미한다. 수평적 마케팅 시스템은 공생적 마케팅이 구현된 방식 중 하나로 볼 수 있다.

Philadelphia Int'l Medicine(PIM)은 필라델피아 지역 병원들의 협력체에서 출발한 공생적 마케팅 시스템이다. 개별 병원이 글로벌 의료서비스 마케팅을 전개하기 위해 감당해야 하는 부담을 분담하기 위해, 서로 협력하기 위해 수평적 마케팅 시스템을 출범시켜 운용하고 있는 사례다.

3. 글로벌 의료서비스 채널 갈등 관리

1) 유통 경로 갈등

(1) 유통 경로 갈등의 개념

유통 경로가 설정되고 난 후에는 경로 성과를 증가시킬 수 있는 방법을 모색하여야 한다. 이때 유통 경로 상에서 발생하는 경로 갈등은 경로 성과를 감소시킬 수 있으므로 적절한 경로 갈등 관리가 필요하다.

경로 상의 갈등에 관한 일반적인 정의에 의하면 '갈등이란 한 구성원이 자신의 목표를 달성하거나 혹은 수단적인 행동 패턴을 효과적으로 수행하는 데 있어서 다른 구성원이 방해되는 행동을 하고 있다고 지각될 때에 생기는 것'이라고 하였다. 결국 유통 경로 갈등이란 다른 경로 구성원의 목적 달성 과정에 순응할 수 없는 상태가 존재하고 해당 경로 구성원이 그 상태를 인지하는 상태로 볼 수 있다.

(2) 유통 경로 갈등의 유형

유통 경로 갈등에는 수평적 갈등과 수직적 갈등이 있다. 수평적 갈등은 유통 경로 상에서 동일한 단계에 속한 경제 주체 간의 갈등을 지칭하며, 수직적 갈등은 상이한 단계에 속한 경제 주체 간의 갈등을 지칭한다.

① 수평적 갈등(horizontal conflict)

수평적 갈등은 유통 경로 내의 서로 다른 단계에 속한 경제 주체 사이에서 발생하는 갈등을 의미한다. 예컨대 일정 수준 중복되는 소비자층을 표적으로 동일한 의료서비스 제공자를 연결하려는 복수의 중간상 사이에 갈등이 발생할 경우 수평적 갈등에 해당된다. 해외 A 의료기관으로 소비자를 연결하려는 B와 C 중간상의 표적시장이 중복될 경우에 발생하는 B와 C 중간상 사이의 신경전은 수평적 갈등의 한 예가 될 수 있다. 이 경우 B와 C 중간상 사이의 갈등 소지를 원천적으로 봉쇄하기 위해 독점적인 영역(coverage)을 부여하는 방안은 A 의료기관의 마케팅 성과를 개선할 수도 있지만 경우에 따라 B와 C 중간상의 적극적인 마케팅 동기를 저하시켜 오히려 성과를 악화시킬 수도 있다는 점을 고려해야 한다.

② 수직적 갈등(vertical conflict)

수직적 갈등은 유통 경로 내의 서로 다른 단계에 속한 경제 주체 사이에 야기된 갈등을 의미한다. 이와 같이 계층 간에 야기된 갈등은 기존의 협동적 교환 관계에 악영향을 미칠 수 있다. 수직적으로 관계를 맺은 제조업자와 소매업자 간에는 마케팅에 관련된 여러 의사 결정 문제가 발생한다. 예컨대 D 의료기관과 E 중간상 사이에 결재 방식이나 결재 조건과 관련된 갈등이 발생할 경우 수직적 갈등에 해당한다.

(3) 유통 경로 갈등의 원인

유통 경로 갈등의 주요 원인으로는 제한된 자원을 동원해 추구하는 목표 자체가 상이한 데서 오는 목표 불일치, 동일한 목표를 위한 행동에 대한 정보, 인식의 차이에서 오는 인식 불일치 등을 꼽을 수 있다.

예컨대 제품에 대한 고객 만족도 제고는 유통 업체보다 제조업체가 더 강하게 희망하며, 점포에 대한 충성도는 그 반대로 유통 업체가 더 염원한다. 이럴 경우 목표 불일치로 인해 상대에 대한 불평이 생겨날 수 있다. 또는 제조업체와 소매업체가 상대방의 행동 의도를 의심하는 경우 인식 불일치로 인한 비효율성이 생길 수 있다.

2) 유통 경로 갈등의 관리 방안

흔히 유통 경로 갈등은 당연한 척결 대상으로 간주되지만 경우에 따라 유통 경로 갈등은 마케팅 성과 제고에 기여할 수 있음이 밝혀지고 있다. 다시 말해 유통 경로 시스템에서의 갈등은 역기능과 순기능을 함께 지니고 있어 갈등과 성과와의 관계에서는 역-U 부분이 존재한다고 한다.

전술한 예에서 B와 C 중간상 간의 과당 경쟁으로 인한 갈등은 A 의료기관 입장에서 볼 때 득실을 따져볼 필요가 있는 현상이지 무조건 갈등 최소화를 추구해야 하는 것은 아닌 것이다. 앞서 지적한 바와 같이 갈등 최소화를 위해 양 중간상의 영역을 철저하게 분리하는 경우 소비자의 불편이 야기될 수도 있으므로 신중한 의사 결정이 요구된다.

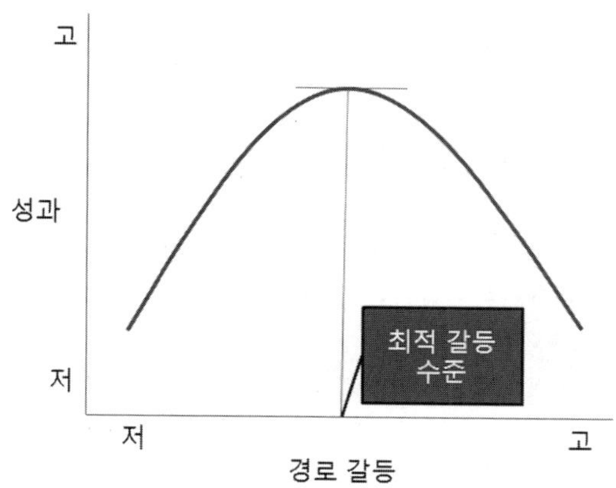

[그림 11-7] 경로 갈등과 성과의 관계

- **경로 갈등의 역기능**

갈등을 함으로써 비용과 시간, 노력이 낭비되고 이는 전체 유통 시스템의 비효율화를 초래할 수 있다. 갈등을 겪는 과정 속에서 경로 구성원의 만족, 신뢰, 몰입 등이 감소되고 정보 공유 기피로 인해 의해 최적 의사 결정에 어려움이 따르게 된다.

- **경로 갈등의 순기능**

그러나 경로 갈등을 통해 경로 내 문제를 발견하고 이를 해결함으로써 경로 성과 향상을 가져오는 순기능을 갖는다. 구체적으로는 우선, 경로 구성원 간의 의사소통 기회를 늘림으로써 정보 교환을 활발하게 만들 수 있어 그 결과 자신과 상대방의 목표와 현실 인식, 행위를 이해할 수 있게 해 준다. 그리고 고충 처리와 갈등 해결의 공식 창구와 표준 절차를 마련하는 데 도움을 준다. 갈등을 겪으면서 자신의 과거 행동을 비판적으로 되돌아보게 하고 유통 시스템 내의 자원을 보다 공평하게 배분해 줌으로써 힘이 강한 구성원에 의한 불공정한 힘의 행사를 억제하고 경로 구성원 간의 힘의 균형을 이루게 해 준다. 또한 향후 발생 가능한 갈등을 해결할 수 있는 표준화된 방법을 개발해 준다.

결국 마케터가 유통 경로 갈등을 제대로 관리하기 위해서는 지나치게 높거나 낮은 갈등 수준이 되지 않도록 적절한 수준으로 관리하겠다는 자세가 무엇보다도 긴요하다. 나아가 마케터로서는 갈등 관리를 위해 협상, 인사 교류, 설득, 제3자 중재 등 다양한 방식을 상황에 맞게 구사할 수 있어야 할 것이다.

토의 문제

1. 글로벌 의료서비스와 관련하여 유통 관리란 무엇인지 생각해 보시오. 특히 유형 제품 유통 관리와 어떤 점에서 다른지 생각해 보시오.
2. 글로벌 의료서비스 유통 경로 설계 과정을 생각해 보시오. 아울러 글로벌 의료서비스 유통 경로 설계를 위해 고려해야 할 요인을 제시해 보시오.
3. 글로벌 의료서비스 마케터가 본국의 중간상을 사용하는 경우와 현지국의 중간상을 사용하는 경우의 장단점을 비교해 보시오.
4. 서로 다른 글로벌 의료서비스 유통 전략을 취하는 사례를 조사해 보시오.
5. 우리나라의 글로벌 의료서비스 마케터가 취할 수 있는 유통 전략을 생각해 보시오.

참고문헌

안광호, 권익현, 임병훈, 2005, 『마케팅: 관리적 접근』, 3판, 학현사.

윤형호, 2007, 「서울시의료관광의국제마케팅육성방안」, 서울시정개발연구원.

임영균, 안광호, 김상용, 2006, 『고객지향적유통관리』, 학현사.

주우진, 박철, 김현식, 『마케팅관리』, 홍문사, 출판 예정.

Kotler, Philip, 2003, *Marketing Management*, 11th ed., Prentice-Hall, Inc.

Kotler, Philip and Gary Armstrong, 2004, *Principles of Marketing*, 10th ed., Pearson Education, Inc.

Stern and El-Ansary(1992), *Marketing Channels*, 4th ed., Prentice-Hall, Inc.

제12장 글로벌 의료서비스 마케팅 커뮤니케이션 관리

도입 사례

PR을 통한 네트워크를 추구하는 Mayo Clinics

[그림 12-1] 애리조나 Mayo Clinic Hospital 정경

[그림 12-2] 플로리다 Mayo Clinic Hospital 정경

[그림 12-3] 미네소타 Mayo Clinic Hospital 정경

[그림 12-4] 미네소타 Mayo Clinic Hospital 로비 정경

자료: http://www.mayoclinic.org

세계에서 가장 앞선 의료서비스 품질 수준을 자랑하는 Mayo Clinic의 IMC(integrated marketing communication) 핵심은 PR이다.

미국에 위치한 Mayo Clinic에서 2000년 50,894명, 2001년 50,382명, 2002년 501,019명, 2003년 511,000명의 환자가 진료를 받았으며, 병원 영업 수익으로 2001년 5,320만 달러, 2002년 6,139만 달러, 2003년 13,200만 달러를 달성하고 있다.

특히 해외 환자는 전체 환자 수의 40% 정도를 차지하고, 병원 수익은 약 50% 비중을 차지하는 경향을 보인다. 이와 같이 높은 해외 환자 비중은 Mayo Clinic이 재정 건정성 제고의 열쇠 중 하나로 해외 환자 유치에 초점을 맞추고 다각적인 글로벌 의료서비스 마케팅 노력을 경주하는 데 기인하기도 한다. 다만 9.11 테러 이후 중동 지역 환자가 급감하는 반면 캐나다 환자의 증가세가 두드러지고 있다고 한다.

Mayo Clinic이 기울이는 글로벌 의료서비스 마케팅 노력의 예를 보면 해외 환자에 대한 원활한 서비스 제공을 위해 30명 이상의 통역사와 20명 이상의 on-call 인력을 운용하고 있다. 2000년대에는 Star Tribune지에 심장 수술 센터에 대한 광고를 게재하는 등 다양한 커뮤니케이션 시도를 하고 있다.

해외 의료기관과의 네트워크 강화를 위한 PR 강화

Mayo Clinic의 글로벌 마케팅을 위한 IMC에서 가장 큰 비중을 차지하는 것은 PR이다. Mayo Foundation은 두바이 Healthcare City에 의료서비스를 제공하기로 합의한 상태로 알려져 있으며, 2003년, Mayo Clinic 설립 이래 최초로 환자 진료를 위해 의료진을 직접 해외에 파견하기도 했다. 특히 아랍에미리트에 매달 일주일 동안 심장의를 파견하여 기본적인 의료서비스를 제공하고 특별히 복잡한 수술을 요하는 환자는 Mayo Clinic 본원으로 전원시키도록 되어 있다.

그 밖에도 개발도상국의 의료서비스 인프라 구축을 위해 개발도상 국가와 협력 네트워크를 형성하는 데도 신경을 쓰고 있다. 그 결과로 일부 멕시코 의료기관은 특정한 분석이 요구될 경우 lab test를 Mayo의 임상 진단 기관에 보내 결과를 확인하기도 한다. 또한 요르단과 사우디아라비아 의료기관에 경영 컨설팅을 지원하며, 아랍에미리트의 제3의 병원과 원격 진료 협약을 맺은 바 있다.

결국 Mayo Clinic은 전 세계에 걸쳐 해외 환자 유치에 핵심적인 역할을 할 것으로 판단되는 주요 주체들과 중장기적인 네트워크 관계를 형성하는 PR 노력을 지속적으로 전개함으로써 글로벌 의료서비스 마케팅 성과를 지속적으로 창출하고 있다고 볼 수 있다(자료: 한국보건산업진흥원, 「미국의 해외 환자 유치 배경 및 현황」, 2007. 6. 7, Mayo Clinic 홈페이지 자료 토대로 작성).

[참고 자료]

해외 환자 커뮤니케이션 여건 변화

"…2009년 개정된 의료법에 따르면 의료기관이 대외 경쟁력 향상을 위해 외국인 환자를 유치하는 활동을 할 수 있게 되었다. 기존 의료법에서는 영리를 목적으로 환자를 의료기관이나 의료인에게 소개, 알선, 유인하는 행위 및 사주하는 행위를 금하였다. 개정된 의료법은 외국인에 한해서는 영리 목적으로 환자를 유인, 알선하는 행위가 허용되도록 하였다.

2009년 5월 이후 외국인 환자에 대해서는 원칙적으로 기존 의료 광고 사항만이 아니라 의료비 할인, 다른 서비스 상품(예: 관광) 연계를 통한 환자 유인, 기타 편의시설 제공 등 다양한 형태의 환자 유치 행위를 할 수 있다. 아울러 이를 위해 다양한 광고 등을 할 수 있다.

다만 해당 의료법 제56조 2항 10호에 의해 이러한 다양한 마케팅 활동이 국내에서는 허용되지 않는다는 점에 유의해야 할 것이다…"(자료: 장욱, "의료광고 법제변화와 개선방향," 2009).

학습 목표

1. 통합적 마케팅 커뮤니케이션(IMC)이란 무엇이며 왜 필요한지 이해한다.
2. 통합적 마케팅 커뮤니케이션(IMC)에서 사용할 수 있는 촉진 수단들을 이해하고 유형별로 정리해 본다.
3. 광고의 개념과 특징을 이해하고 글로벌 의료서비스 맥락에서 사용되는 광고의 차별점을 생각해 본다.
4. PR의 개념과 특징을 이해하고 글로벌 의료서비스 맥락에서 사용되는 PR의 특징을 정리해 본다.
5. 판매 촉진의 개념과 특징을 이해하고 글로벌 의료서비스 맥락에서 사용되는 판매 촉진의 특수성을 생각해 본다.
6. 인적 판매의 개념과 특징을 이해하고 글로벌 의료서비스 맥락에서 사용되는 인적 판매의 차별점을 생각해 본다.
7. 글로벌 의료서비스와 관련된 IMC 사례들을 조사하여 시사점을 도출해 본다.

1. 글로벌 의료서비스 통합 마케팅 커뮤니케이션(IMC)

1) 글로벌 의료서비스 통합 마케팅 커뮤니케이션(IMC)

IMC(integrated marketing communication)의 정의는 아래와 같이 다양한 형태로 존재한다.

IMC란 '소비자, 고객, 잠재 고객, 기타 조직 내외의 표적 청중을 대상으로 일관성 있게 조정된 설득적 브랜드 커뮤니케이션 프로그램을 계획, 실행, 평가하는 전략적 사업 과정'이다(Schultz, D. E. and H. F. Schultz, 1998. 참조).

IMC란 '다른 커뮤니케이션 대안의 내용과 본질을 반영하는 복수의 커뮤니케이션 대안으로 구성된 마케팅 커뮤니케이션 프로그램의 설계, 실행, 평가 및 피드백의 과정'이다(Keller, K. L., 2001. 참조).

IMC란 '표적에게 명확하고 일관된 메시지가 전달될 수 있도록 모든 커뮤니케이션 통로가 신중하게 통합·조정되어 이루어지는 커뮤니케이션 과정'이다(Kotler and Armstrong, 2004).

이하에서는 Keller(2001)와 Kotler and Armstrong(2004)의 정의를 결합하여 사용하였다. 글로벌 의료서비스 마케터는 표적시장 소비자를 겨냥하여 신중하게 계획된 통합 마케팅 커뮤니케이션 활동을 전개해야 한다.

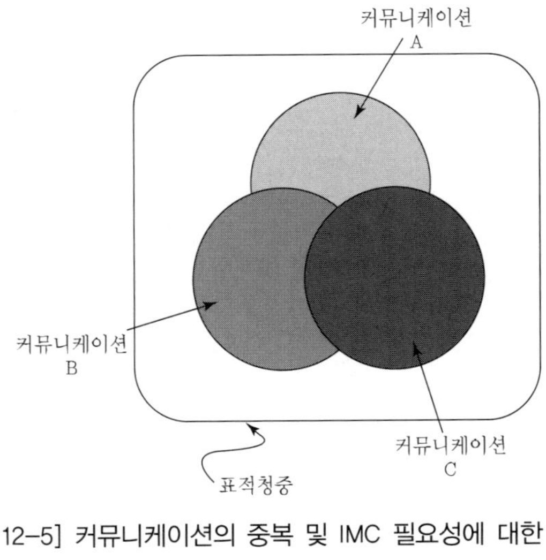

[그림 12-5] 커뮤니케이션의 중복 및 IMC 필요성에 대한 개념도

자료: Keller(2001)

IMC의 등장 배경은 마케터가 사용하는 커뮤니케이션 채널의 폭발적 증가라는 기업 외부 요인과 다양한 마케팅 커뮤니케이션 채널 관리의 어려움 증대라는 기업 내부 요인으로 나누

어 살펴볼 수 있다.

■ **마케팅 커뮤니케이션 채널의 폭발적 증가**

커뮤니케이션과 관련된 정보 기술의 급속한 발전은 새로운 마케팅 커뮤니케이션의 시대를 열고 있다. TV, 잡지, 신문 등 대중 매체는 여전히 중요한 수단으로 남아 있지만 그 채널 지배력은 감소하고 있다. 보다 더 세분화가 가능하고 개별화가 가능한 이메일, 상호 작용 TV, 케이블 TV 등 새로운 전문 매체의 비중이 확대되고 있다. 새로운 시대의 소비자들도 과거의 대중 매체 사용을 줄이고 전문 매체를 점점 더 사용하고 있다. 이는 마케터의 선택 폭이 커짐과 동시에 효과적인 마케팅 커뮤니케이션 방안을 찾기가 점점 어려워진다는 의미를 지닌다.

■ **마케팅 커뮤니케이션 채널 관리의 어려움 증대**

마케터가 속한 기업들은 이미 매우 다양한 커뮤니케이션 채널을 사용하고 있다. 문제는 서로 다른 부서에서 활용하는 서로 다른 커뮤니케이션 채널을 체계적으로 조정하지 못하고 필요를 느껴 먼저 시도하는 부서에서 각자 개별적으로 각각의 방식을 독립적으로 사용하는 것이 일반적인 현상이라는 점이다. 예컨대 광고는 광고 부서가 광고 기획사를 통해 실행하고, 인적 판매 채널을 통한 커뮤니케이션은 판매 관리 부서에서 책임지고 수행하며, 홍보 업무는 홍보팀에서 수행하고, 콜센터에서는 텔레마케터들이 전화 영업에 열을 올린다. 더군다나 촉진 이외의 다른 마케팅 믹스까지 고려하면 더 더욱 혼란스러운 모습이 연출된다. 이처럼 같은 소비자 혹은 청중에게 서로 다른 메시지나 신호가 무질서하게 전달되는 현상은 소비자의 혼란을 가중시킬 소지가 있다.

2) 글로벌 의료서비스 촉진 믹스 결정

[그림 12-6] 글로벌 의료서비스 촉진 믹스 선정

자료: Keller(2001) 토대로 작성

글로벌 의료서비스 마케터는 바람직한 촉진 믹스를 구성하기 위해서 가능한 촉진 믹스 대안을 IMC의 효과 면에서 다각도로 평가하여 촉진 믹스를 구성해야 한다. IMC의 효과 면에서 촉진 믹스 대안을 평가하기 위해 살펴보아야 할 체크리스트 항목이 담고 있는 의미를 살펴보면 다음과 같다(Keller, 2001 참조).

(1) 도달 범위(coverage)

각각의 촉진 수단이 도달할 수 있는 표적 청중의 범위는 어디인가? 서로 다른 촉진 수단이 중첩되어 도달하게 되는 표적 청중 범위는 어디인가? 서로 다른 촉진 수단이 중복 없이 단독으로 도달하게 되는 표적 청중의 범위는 어디인가? 글로벌 의료서비스 마케터는 범위에 대한 검토를 통해 서로 다른 마케팅 커뮤니케이션 방식의 중복 범위를 최소화하여 가능한 한 많은 표적시장 소비자에게 도달할 수 있는 마케팅 커뮤니케이션 활동을 전개해야 한다.

(2) 기여도(contribution)

이 촉진 수단은 다른 촉진 수단에 노출되지 않은 표적 청중으로부터 마케터가 원하는 반응을 이끌어내는 데 얼마나 효과적인가? 기여도는 촉진 믹스 각각의 효과를 측정하기 위해 검토해 보아야 할 사항이다. 글로벌 의료서비스 마케터는 각 마케팅 커뮤니케이션 방식의 기여도를 파악하여 통합 마케팅 커뮤니케이션 계획을 수립해야 한다.

(3) 공통성(commonality)

이 촉진 수단들을 통해 표적 청중에게 브랜드가 추구하는 핵심 연상을 공통적으로 추구하고 강화할 수 있는가? 표적 청중에 대한 다양한 촉진 활동들이 IMC의 핵심인 일관성을 해치지 않고 있는지 검토하기 위해 고려해야 할 부분이다. 지나친 단조로움으로 인한 지루함을 덜되 글로벌 의료서비스 마케터의 의도대로 표적시장 소비자의 뇌리 속에 목표 포지션에 자사 브랜드를 자리매김시키려면 이러한 공통성에 대한 검토는 필수불가결하다고 볼 수 있다.

(4) 보완성(complementarity)

이 촉진 수단을 통해서 다른 촉진 수단이 전달하기 어려운 보완적 연상을 표적 청중에게 전달하고 심어 줄 수 있는가? 글로벌 의료서비스 마케터는 다른 촉진 수단의 단점을 보완하여 바람직한 연상을 소비자에게 심어 줄 수 있도록 마케팅 커뮤니케이션 활동을 전개해야 한다.

(5) 강도(robustness)

이 촉진 수단은 다른 촉진 수단에 노출된 표적 청중이나 노출되지 않은 표적 청중 모두에 효과적일 수 있는가? 이 촉진 수단은 다양한 매체를 통해 서로 다른 메시지에 노출된 표적 청중 모두로부터 여전히 마케터가 원하는 반응을 이끌어낼 수 있는가? 글로벌 의료서비스 마케터는 경쟁자의 혼란스러운 메시지를 극복하고 희망하는 표적시장 소비자의 반응을 이끌어 낼 수 있는 마케팅 커뮤니케이션 활동을 전개해야 할 것이다.

(6) 비용(cost)

이 촉진 수단은 비용 면에서 타당성이 있는가? 비용 대 혜택이 합리적 결과를 도출시키는가? 글로벌 의료서비스 마케터는 비용 대비 효과가 가장 큰 마케팅 커뮤니케이션 믹스를 설계해서 시행할 필요가 있다. 제한된 자원 하에서 목표를 추구해야 하는 글로벌 의료서비스 마케터로서는 비용 기준은 반드시 고려해야 하는 기준이라고 볼 수 있다.

2. 글로벌 의료서비스 광고

1) 글로벌 의료서비스 광고

광고란 '제품, 서비스 또는 아이디어를 제시하거나 촉진하기 위해 비용을 지불하고 전개하는 비대면적 커뮤니케이션'이다. 다시 말해 마케터가 표적 청중에게 제품이나 서비스에 관해 정보를 제공하거나 설득하기 위해 유료로 매체를 이용하는 과정인 셈이다.

광고의 본원적 기능은 크게 정보 전달 기능, 설득 기능 그리고 상기 기능의 세 가지로 분류해 볼 수 있으며 이 외에도 여타 다른 촉진 믹스의 활동을 지원하는 보조적 기능을 수행한다.

첫째, 광고는 표적 청중이 인지하고 지식을 형성할 수 있도록 필요한 정보를 알리는 정보 전달 기능(informative function)을 수행한다. 예컨대 신제품의 등장을 알리기 위해 실시되는 '티저 광고'는 정보 전달 기능에 역점을 두는 경향이 있다.

둘째, 광고는 표적 청중이 호감을 형성하고 제품을 선호하여 확신을 가지고 실제 구매하도록 호소하는 설득 기능(persuasive function)을 수행한다. 즐거운 감정을 유발하거나 신중한 의사 결정을 촉구하는 메시지를 통해 자기 브랜드에 대한 선호도를 고양시키거나 표적시장 소비자의 구매 행동을 유도하는 광고들은 설득 기능에 역점을 두고 있다고 볼 수 있다.

셋째, 광고는 표적 청중이 스스로 도달한 구매 준비 단계(buyer-readiness stage)를 잊지 않고 기억하도록 하는 상기 기능(reminder function)을 수행한다. 표적 청중에게 서비스 구매 장소를 상기시키거나 비수요기에 시도되는 광고들은 상기 기능에 역점을 두는 경향이 있다.

2) 글로벌 의료서비스 광고 대안

통상 촉진 예산에서 가장 큰 비중을 차지하는 것이 광고이며 이 중에서도 매체 사용에 소요되는 비용이 가장 크다. 광고의 매체 선정은 메시지의 최종 목적지가 표적 청중과 가장 잘 맞아 떨어지도록 선정해야 비용 대비 효과를 극대화시킬 수 있으며 글로벌 의료서비스 마케터의 주요 임무 중 하나는 잠재 고객들의 매체 사용 성향을 분석하여 이들이 실제 자주 접하는 매체에 자사 브랜드의 광고를 담아내는 것이다. 따라서 매체 유형에 따른 특성 및 장단점을 잘 이해할 때에야 비로소 광고의 본원적 기능 발현을 극대화시킬 수 있다.

광고를 전달되는 매체를 중심으로 하여 유형화해 본다면 TV 광고, 라디오 광고, 잡지 광고, 신문 광고, 인터넷 광고, 옥외 광고(전광판 / 게시판 / 교통 포스터 / PPL / POP), 일 대 일 직접 광고(DM / 전화 / 이메일 / KIOSK / 카탈로그) 등으로 구분해 볼 수 있다.

(1) TV 광고

TV 광고의 장점으로는 도달 범위가 넓으며 화면, 동작, 소리 등 시청각 단서를 입체적으로 차용하여 극적인 효과를 이끌어낼 수 있다는 점, 청중의 주의 집중도를 높게 유지시킬 수 있다는 점 등을 들 수 있다. 반면에 표적 청중을 엄밀히 선별해 내기 어렵다는 점, 메시지 제안 시한이 매우 짧다는 점, 제작 및 매체 선점 비용이 높다는 점 등은 TV 광고의 단점으로 꼽을 수 있다.

(2) 라디오 광고

라디오 광고는 지역적 선별이 가능하다는 점, 비교적 비용 부담이 적다는 점, 청중이 잘 세분화되어 있다는 점 등의 이점을 지니고 있다. 그러나 청각 하나에만 의존하는 만큼 메시지 포맷이 제한적이어서 청취자로 하여금 브랜드 이미지를 마케터의 의도대로 그려 내도록 하는 데 어려움이 크고, 라디오 청취 습관이 평상 다른 일과 병행하여 이뤄진다는 매체 이용 습관 때문에 주의 집중도가 낮다는 단점이 있다. 또한 TV와 마찬가지로 15, 20, 30초 등의 시간 제약이 있어 메시지 노출의 시간이 상대적으로 짧다는 한계를 지니고 있다.

(3) 잡지 광고

잡지 광고는 정보를 풍부하게 담을 수 있으며, 메시지의 지속성이 비교적 높고, 구독자가 적절히 세분화되어 있으며, 고품질로 재생될 수 있다는 등의 이점을 지니고 있다. 다만 순간의 스냅샷(snap shot)에 해당되는 정적인 시각 정보만이 활용 가능하고, 비교적 단가가 높으며, 게재 위치의 확보가 쉽지 않다는 점 등의 한계를 지니고 있다. 또한 광고 개재까지의 기간이 1주일에서 한 달, 1분기, 1년 등의 긴 소요 기간이 요구된다는 점에서 시장의 변화에 탄력적으로 대응하기 어렵다는 단점을 지니고 있기도 하다.

(4) 신문 광고

신문 광고는 도달률이 높고, 비교적 저비용 매체이며 관심 섹션에 광고 배치가 가능하고 적시성이 높은 데다가 쿠폰 연계가 용이하다는 등의 장점을 지니고 있다. 하지만 노출 주기가 짧고 독자의 광고에 대한 주의 집중도가 낮으며 노출 독자의 표면적이 제한적인 동시에 재생 품질이 낮다는 등의 한계를 지니고 있다.

(5) 인터넷 광고

인터넷 광고의 장점으로는 청중 선별이 용이하고 저비용 매체이며 즉시성이 높고 상호 작용성이 높다는 점 등을 들 수 있다. 반면 표적 청중이 노출을 전적으로 통제하고 선택적 주의에 의해 전적으로 광고가 무시되거나 간과될 수 있다는 단점이 있다. 예컨대 인터넷 서핑 도중 사용자가 마주치게 되는 수많은 팝업 광고, 배너 광고 중 실제 사용자의 눈길을 잡아끌어 1번이라도 클릭을 유도하는 광고가 몇 개나 될까 헤아려 본다면 다섯 손가락 안에 모두 꼽을 정도일 것이다. 이는 상황별, 개인별 편차가 크긴 하지만 자신의 목표 관심 키워드를 중심으로 인터넷 서핑을 하는 사용자의 경우에 관심 영역 밖에서 불쑥 튀어나오는 광고는 아예 외면될 수 있음을 의미하는 것이기도 하다. 따라서 광고 매체로 인터넷을 선택하게 될 경우에는 표적 청중의 인터넷 사용 습관, 해당 사이트나 포털의 이용자 현황 및 특색 등을 꼼꼼히 점검해 보아야 할 것이다.

(6) 옥외 광고(전광판 / 게시판 / 교통 포스터 / PPL / POP)

옥외 광고의 유형에는 전광판, 게시판, 교통 포스터, PPL, POP 등이 있다. 드라마나 영화에서 종종 후원받은 브랜드가 등장하고(Product Placement: PPL), 대형 할인점의 청과물 판매 섹션에서 '제주산 햇귤 오늘 입하'와 같은 글씨를 크게 걸어 놓고 쇼핑 중인 고객들의 눈길을 잡아끄는 것(Point of Purchase: POP) 등이 대표적 옥외 광고 중 하나라고 할 수 있다. 또한 성형외과/피부과/치과/한의원 등에서 내원 환자들을 대상으로 하여 필링, 보톡스, 임플란트, 탈모 등 비보험과의 특정 시술에 대해 안내하는 스탠딩 배너를 설치해 놓은 것도 POP의 한 예라고 할 수 있다. PPL은 영상 시장의 확대로 TV 광고 못지않은 주목 효과를 거두게 되어 기업들이 특정 드라마나 영화의 제작 후원사로 적극 나서게끔 독려하는 요인으로 작용하고 있다. 최근에는 게임 속 PPL의 사례도 크게 늘어 자동차, 패스트푸드에 이르기까지 다양한 품목의 브랜드들이 속속 가상 게임 속 실제성을 높여 주는 브랜드로 선을 보이고 있다. 이 같은 옥외 광고의 장점은 특별한 순간, 특별한 장소에서 높은 주목을 받을 수 있다는 것이다. 그러나 노출 시간이 짧고 공간적 제한이 있으며 표현의 제약이 크다는 점 등은 단점으로 꼽히고 있다.

(7) 일 대 일 직접 광고(DM / 전화 / 이메일 / KIOSK / 카탈로그)

일 대 일 직접 광고는 DM(Direct Mail), 전화, 이메일, KIOSK, 카탈로그 등을 통해 표적 청중에게 직접 브랜드에 대한 광고 메시지를 전달하는 방식을 일컫는다. 최근에는 자사 인터넷 사이트에 가입한 회원들을 대상으로 보내는 이메일을 통해 신제품 출시, 가격 할인, 이벤트 공지 등의 광고 메시지를 전달하는 직접 광고 방식이 크게 늘고 있다. 이 같은 직접 광고의 장점으로는 표적 청중에게 선별적으로 다가서기 때문에 광고 효율성이 상대적으로 높다는 점, 매체 내 다른 광고와의 경쟁이 없다는 점, 보다 개별 청중에게 맞춤화된 메시지를 전달할 가능성이 높다는 점 등을 들 수 있다. 그러나 단위 노출당 비용이 높고 '스팸' 이미지가 따라붙을 수 있다는 점 등은 단점으로 꼽힐 수 있다.

3) 글로벌 의료서비스 광고 방향

〈표 12-1〉 서비스 특성을 고려한 글로벌 의료서비스 광고 방향

<table>
<tr><th>무형성의 특징</th><th>광고 전략</th><th>설명</th></tr>
<tr><td>무형적인 존재</td><td>물리적인 표현</td><td>독특하고 높은 품질을 나타내며, 올바른 연상을 만들 수 있는 서비스의 물리적인 요소를 보여 줌</td></tr>
<tr><td rowspan="3">일반성</td><td>시스템 증거 자료</td><td>사실과 형상을 보여 줌으로써 물리적 시스템 능력의 증거를 객관적으로 보여 줌</td></tr>
<tr><td>성과 증거 자료</td><td>과거의 긍정적인 성과 통계치를 인용하고 증거로 보여 줌</td></tr>
<tr><td>서비스 성과 에피소드</td><td>중요한 서비스 속성과 관련된 실제 서비스 제공 사건의 생생한 이야기를 제시함</td></tr>
<tr><td>추상성</td><td>서비스 소비 에피소드</td><td>일반적인 고객들이 서비스로부터 얻는 편익을 포착하고 전시하고 특정 사건을 환기시킴</td></tr>
<tr><td rowspan="2">조사 불가능성</td><td>성과 증거 자료</td><td>독립적으로 감사를 받은 성과를 인용</td></tr>
<tr><td>소비 증거 자료</td><td>고객의 추천을 수집하고 보여 줌</td></tr>
<tr><td rowspan="2">상상의 어려움</td><td>서비스 과정 에피소드</td><td>서비스 과정의 단계마다 생생한 증거 자료를 보여 줌</td></tr>
<tr><td>예시 역사 에피소드</td><td>특정 고객을 위해 기업이 무엇을 했는지 실제의 과거 예시를 보여 줌</td></tr>
</table>

자료: Mittal(1999), 자이타믈, 비트너, 그레믈러 지음, 전인수, 배일현 역(2007)에서 재인용

글로벌 의료서비스는 촉진 관리상 몇 가지 어려움을 내포한다. 글로벌 의료서비스는 형태를 지니지 않아 소비자에게 보여 주기가 어렵다. 글로벌 의료서비스는 탐색적으로 품질을 알아내거나 체험적으로 확인하기도 난감한 일종의 신뢰재(credence goods) 성격을 지닌다. 글로벌 의료서비스는 복잡하고 다차원적이어서 소비자가 마음속으로 상상하거나 이해하기가 어렵다.

Mittal(1999)은 이러한 어려움을 극복하기 위해 서비스의 특성을 고려한 특별한 광고 전략을 검토할 필요가 있다는 점을 지적한다. 먼저 글로벌 의료서비스 마케터는 독특하고 유리한 물리적인 요소를 제시하여 서비스의 무형성을 극복해 가는 것이 바람직할 수 있다. 아울러 글로벌 의료서비스 마케터는 객관성을 유지할 수 있는 기관의 인증 등을 통해 서비스 증거 정보를 제시하거나 소비자들의 추천 관련 정보를 제시하는 등의 노력을 할 필요가 있다. 끝으로 의료서비스 마케터는 서비스 과정 단계마다의 실제적인 사례나 에피소드들을 제시하여 소비자들이 서비스를 보다 잘 이해할 수 있도록 여건을 조성해 가는 것이 바람직할 수 있다.

3. 글로벌 의료서비스 PR

1) 글로벌 의료서비스 PR

PR(public relations)이란 '글로벌 의료서비스 마케터가 이미지 쇄신, 호의적 평판의 유도, 비호의적 평판의 완화 등을 목적으로 글로벌 의료서비스 마케터와 직·간접적으로 관련된 여러 유형의 집단들과 좋은 관계를 구축하고 유지해 나가기 위해 벌이는 비대면적 커뮤니케이션 활동'이라 정의내릴 수 있다. 다시 말해 글로벌 의료서비스 마케터가 자기 주변에 '우군'을 늘려가는 과정이라고 할 수 있다. 고객뿐 아니라 종업원, 주주 등 기업의 모든 이해관계자들과 두루 호의적 관계를 구축, 유지시켜 감으로써 이러한 호의도가 기업의 브랜드 자산으로 전환, 축적될 수 있게끔 독려하는 커뮤니케이션 활동이 PR 활동이라고 할 수 있는 것이다.

글로벌 의료서비스 마케터의 마케팅 커뮤니케이션 활동 영역에 있어 PR 활동이 담당하는 기능을 요약하여 보면 다음과 같다.

첫째, 표적 청중의 이목을 집중시켜 주의를 환기시키는 역할을 수행한다. 신제품 출시, 기존 제품의 변경, 신규 매장 오픈 등의 정보를 담은 기사는 해당 브랜드의 인지도를 고양시킬 수 있다. 이것은 앞서 살펴본 광고의 정보 전달 기능에 비견되는 것으로서 이러한 주의 환기를 위한 홍보 활동은 광고와 병행되거나 혹은 별개로 진행될 수 있다. 그리고 기업에 불리한 루머 등이 유포되는 초기 시점에서 더 큰 논란거리로 확산되는 것을 막기 위해 펼치는 적극적 반론 활동은 표적 청중의 태도가 비우호적으로 안착되는 것을 미리 예방하는 주의 환기 효과를 거둘 수 있다.

둘째, 표적 청중의 태도를 변화시킬 수 있다. 기업에 불리한 루머의 확산이 이미 상당히 진행된 상태에서 청중들은 그릇된 정보를 바탕으로 해당 브랜드에 대해 비우호적 태도를 견지하고 있을 수 있다. 이때 기업은 보다 신뢰성이 높은 근거들을 바탕으로 한 반론 자료를 통해 표적 청중의 태도 변화를 유도해 볼 수 있다.

셋째, 기존 고객의 충성도를 강화시킬 수 있다. 기업의 사회적 책임 활동(Corporate Social Responsibility)의 일환으로 장학재단 설립, 소년소녀가장 활동 후원, 독거노인 무료 진찰 등의 활동을 후원하고 이 사실을 각종 매체를 통해 알리게 되면 기존 고객들은 해당 브랜드에 대한 신뢰감을 드높이는 한편, 거리감을 좁혀나갈 수 있을 것이다.

PR 활동의 가장 큰 특징 중 하나는 광고와 달리 인과관계가 명확한 금전적 교환 관계가 성립되지 않는다는 것이다. 광고의 경우에는 확인된 광고주가 브랜드에 대한 호의적 정보 유포에 대한 대가로 일정한 광고비를 매체사에 지불하게 되지만, PR 활동에서는 이러한 교환 관계가 명백하게 성립하지 않는다. 즉, 매체 편집자들은 신제품 출시, 기존 제품의 변경 등과 같은 소식들 중 매체 이용자들의 눈길을 끌 만한 몇 가지만 선별적으로 기사화해 청중에 노출시키려 든다. 따라서 글로벌 의료서비스 마케터 입장에서는 본래 의도대로 PR 활동을 전개하는 것에 상당한 제약을 받게 되고 광고에 비해 그 노출 면적의 확대가 상대적으로 더 어렵다고 느끼게 된다. 다만 자사에 대한 뉴스가 유포된다 하여도 이에 대한 금전적 대가의 지불이 의무적이거나 명시적이지 않기 때문에 무상으로 이러한 커뮤니케이션 효과를 누릴 수 있으며 나아가 광고보다 더 높은 신뢰를 받을 수 있다는 장점이 있다.

2) 글로벌 의료서비스 PR 대안

(1) 홍보(publicity)

홍보(publicity)란 바람직한 공중 관계를 조성하기 위해 언론 매체를 통하여 벌이는 비대면적 커뮤니케이션 활동을 말한다. 소비자 입장에서 보면 홍보 메시지는 글로벌 의료서비스 마케터로부터 직접 전달되는 것이 아니라 저널리스트를 거쳐 전달받는 것이기 때문에 보다 신뢰성 및 권위를 인정받을 만하다고 간주하게 된다. 언론 매체의 편집 과정을 통해 정보가 필터링되는 만큼 제품 판매자의 입장에 서 있는 기업의 이해관계뿐 아니라 매체를 구독하는 청중의 입장도 고려된다고 믿는 것이다. 따라서 언론 매체를 통해 유포되는 홍보 기사는 광고에 비해 중립적인(unbiased) 정보라고 여겨진다.

그러나 홍보 활동 자체는 기업 주관 하에 있다 하더라고 일단 기업의 손을 떠나 언론 매체로 흘러 들어간 홍보 메시지는 편집 데스크팀의 결정에 따라 수정되거나 누락될 수 있기 때문에 메시지에 대한 사전 점검이 요구된다. 일단 통제권을 상실한 홍보 메시지의 파장이 일파만파 커지게 되면, 이에 대한 수습 비용은 천문학적으로 커질 수 있다. 게다가 거액의 비용을 들인다 하더라도 일단 훼손된 브랜드 이미지는 좀처럼 회복되지 않을 수도 있다.

한편 이 같은 홍보 활동의 구체적 유형을 살펴보자면 보도 자료 배포(press release), 기자간담회(press conference), 인터뷰(press interview) 등을 꼽아볼 수 있다.

① 보도 자료 배포(press release)

보도 자료 배포(press release)는 언론 매체(news media)에 보도될 수 있는 정보를 제시하여 기사화되도록 유도하는 과정을 말한다. 주로 바람직한 공중 관계를 형성하는 데 도움이 될 수 있는 긍정적 정보를 자발적으로 제시하거나 바람직한 공중 관계를 훼손할 수 있는 부정적 이슈를 희석시키는 대응적 형태의 두 가지로 나뉜다.

그러나 언론 매체에서 이 같은 보도 자료를 항상 기업의 의도대로 우호적 방향에서 편집, 유포하는 것은 아니다. 언론 매체의 특성 상 마케터 일방의 입장만을 담아낸 기사만으로는 표적 청중의 관심을 집중시킬 수 없기 때문에 경쟁 브랜드와 비교, 대조하는 방식으로 이를 재구성하여 공중에 유포하기도 한다. 따라서 보도 자료 배포 임무는 기사화된 후 해당 메시지가 본래 의도대로 표적 청중에 전달되었는지, 여론의 향방은 어떻게 흘러가고 있는지에 대한 사후 검토까지 연장된다.

② 기자 간담회(press conference)

기자 간담회(press conference)는 기자 등 언론 매체 종사자를 초빙하여 여론 매체의 청중이 관심을 가질 만큼 흥미롭고 바람직한 공중 관계를 형성하는 데 도움이 될 수 있는 중요 정보를 공개적으로 발표하는 과정을 말한다. 혁신적인 신기술 혹은 신제품 개발 등 흥미를 끌 수 있는 소식을 공표하는 데 활용될 수 있다. 기자 간담회는 언론 매체의 주목을 한 번에 집중시킴으로써 홍보 메시지의 순간적 파급력을 극대화할 수 있으며 브랜드 관련 문의에 대한 답변 전달의 중복을 피할 수 있어 커뮤니케이션 활동의 효율성을 높인다는 장점이 있다.

③ 언론 인터뷰(press interview)

언론 인터뷰(press interview)란 개인 혹은 소규모 언론 매체 종사자를 대상으로 진행하는 인터뷰를 의미한다. 기자 간담회가 일 대 다의 방식으로 여러 언론 매체를 상대로 홍보 활동을 벌인다면, 인터뷰는 평상 일 대 일 방식으로 해당 언론사에 초점을 맞추고 메시지를 전달한다는 차이점이 있다.

(2) 후원(sponsorship)

후원(sponsorship)이란 외부의 개인이나 조직에 대한 직접 혹은 간접적 지원을 통해 바람직한 공중 관계를 조성해 가는 과정을 말한다. 특히 여론의 주목도가 높은 스포츠, 문화/예술, 연예, 학술 활동 등에 대해 벌이는 후원 활동을 이벤트성 후원 활동이라고 한다면, 공공의 요구에 부응하여 사회적 대의명분에 기여하는 각종 공헌 활동은 대의명분 마케팅(Cause-Related Marketing)이라고 할 수 있다. 전자가 여론의 이목이 집중된 스포츠 스타나 연예인에 대한 후원 활동을 통해 해당 인물의 호감도 및 인지도를 자사 브랜드로 확장하는 데 주력한다면 후자는 글로벌 의료서비스 마케터의 내/외부 이해관계자들 모두와 두루 긍정적 관계를 조성, 유지해 가는 데 초점을 맞추고 있다고 볼 수 있다.

① 이벤트성 후원 활동

스포츠, 문화/예술, 연예, 학술 활동 등과 관련하여 주목도가 높은 인물이나 조직 등에 물적, 인적 자원 등을 투입하는 후원 활동을 말한다. 궁극적으로 매출 증대, 브랜드 인지도 제고, 브랜드 이미지 개선, 기업 명성 제고 등의 다양한 효과 창출을 목적으로 진행되는 이벤트성 후원 활동은 크게 스포츠 후원 활동, 문화/예술 후원 활동 그리고 학술 후원 활동 등으로 구분해 볼 수 있다.

▪ **스포츠 후원**

스포츠 후원은 스포츠팀이나 스포츠 경기에 대한 후원 등을 포괄한다. 삼성전자는 영국 프리미어리그 명문 구단인 첼시의 공식 후원사로 활동하면서 브랜드 인지도를 2005년 35.5%에서 2007년 48.25%로 증대시키는 효과를 거두기도 하였다. 스포츠 후원 활동은 스타플레이어뿐 아니라 대회 자체를 후원함으로써 이뤄지기도 한다. 기아차는 호주 오픈 테니스 대회의 주요 후원사로 활동함으로써 2009년 봄 한 시즌에만 총 6억 달러(약 8,361억 원)의 홍보 효과를 거둔바 있다. 글로벌 의료서비스 마케터도 스포츠 후원 방안에 대한 검토를 할 필요가 있을 것이다.

▪ **문화/예술 후원**

문화/예술에의 후원은 문화/예술 기관이나 문화/예술 행사에 대한 후원 등을 포괄한다. 미술관 후원이나 유명 화가 초대전 후원, 연극 및 음악 공연 후원 등이 일례로 꼽힐 수 있다. 금호아시아나문화재단은 클래식 음악 후원사로서 음악 엘리트 발굴 육성 프로그램 등을 운영하며 이들에 대해 명품 고액 악기 무상 임대(악기 은행), 해외 유학 장학금 수여 등의 후원 활동을 벌이고 있다. 또한 젊은 아티스트들의 데뷔 무대를 마련해 주기 위해 '금호 영아티스트 콘서트'를 개최하기도 하며 자체적으로 '금호아시아나 솔로이스츠 실내악단'을 운영하고 있기도 하다.

▪ **학술 후원**

학술 후원은 각종 학교 등 학술 기관 후원과 학술 행사 후원 등을 포괄한다. 예컨대 대학 기부금, 학회 후원, 장학금 기탁 등이 여기에 해당될 수 있다. 대산문화재단의 한국 문학 및 외국 문학 번역 지원, 창작 기금 지원 사업 등은 한국 문학 및 문화 전반에 초점을 맞추고 벌이는 학술 후원 활동이라고 볼 수 있다. 글로벌 의료서비스 마케터들은 각국의 의료기관 종사자의 학술 행사를 적극적으로 후원하기도 한다.

② 대의명분 마케팅(Cause-Related Marketing)

[그림 12-7] 심장병 환자 돕기 캠페인을 벌이는 Bumrungrad병원의 대의명분 마케팅 사례

자료: Bumrungrad병원 홈페이지

사회적 대의명분(Cause)을 위해 관련 기관의 활동을 후원하거나 공동으로 캠페인을 벌이는 것을 대의명분 마케팅이라고 한다. 통상 비영리 조직인 피후원 기관은 자신들의 대의명분을 실현시키기 위해 요구되는 재정적 후원을 기업으로 받는 대신 후원사인 기업은 자사 브랜드를 피후원 업체가 벌이는 캠페인의 공공성과 연관시켜 인지도 및 이미지를 제고시키고자 한다. 이 같은 사회적 현안에 적극 참여하는 모습을 보임으로써 기업은 영리 기업으로서의 한정된 이미지를 탈피하여 기업의 내·외부 이해관계자들에게 긍정적 이미지를 심으며 이들과의 호의적 관계를 조성, 유지시킬 수 있다.

[그림 12-8] 〈Korea Medical Tourism Familiarization Tour〉

한국관광공사와 닥스투어가 함께 주관한 팸투어차 한국을 방문한 베트남 소비자들. 베트남 하노이 병원장을 비롯한 의사 5명과 피부 미용 센터 대표, 여행사 직원 및 기자, 베트남 국영은행 국장, 의료기기 무역 회사 대표 등 총 23명으로 구성된 베트남 팸투어단이 2009년 8월 중 JK성형외과 등 서울 시내 병원을 방문한 장면. 자료: 연합뉴스, 2009. 8. 25.

(3) 이벤트(event)

이벤트(event)란 글로벌 의료서비스 마케터가 바람직한 공중 관계를 조성해 가기 위해 직접 개최하는 특별한 행사를 의미한다. 고객을 대상으로 한 새로운 서비스 발표회, 시연회 등의 체험 마케팅이나 주주를 대상으로 한 투자 설명회 등이 이벤트에 포함될 수 있다.

체험 마케팅은 고객에게 직접 경험하고 느끼는 기회의 장을 제공함으로써 브랜드에 대한 이미지 제고 및 인지도 상승을 꾀하는 것이다. 특히, 불특정 다수의 공중을 대상으로 하는 언론 홍보 활동 등과 달리 체험 마케팅은 실수요자를 공략한다는 점에서 다른 홍보 수단과 구별된다. 시승식이나 시연회를 개최하여 실수요자와 거의 일치하는 표적 청중을 행사에 끌어들임으로써 제품에 대한 인지도 및 이미지 제고를 꾀하는 것이다.

한편 투자 설명회는 투자자가 기업의 중요 이해관계자 중 하나일 뿐 아니라 이들이 곧 충성 고객 집단과 중복된다는 자각에서 비롯된 것이다. 투자자를 대상으로 한 홍보 활동은 주주를 모으며 자사의 주가를 관리(Investor Relations: IR)하는 일차적 목적에서 시작되지만, 궁극적으로는 고객을 대상으로 하는 시장에서의 매력도 증진에도 일정 부분 기여를 하게 된다는 점에서 글로벌 의료서비스 마케터의 주요 임무 중 하나로 부상하고 있다.

(4) **간행물 출판**(publications)

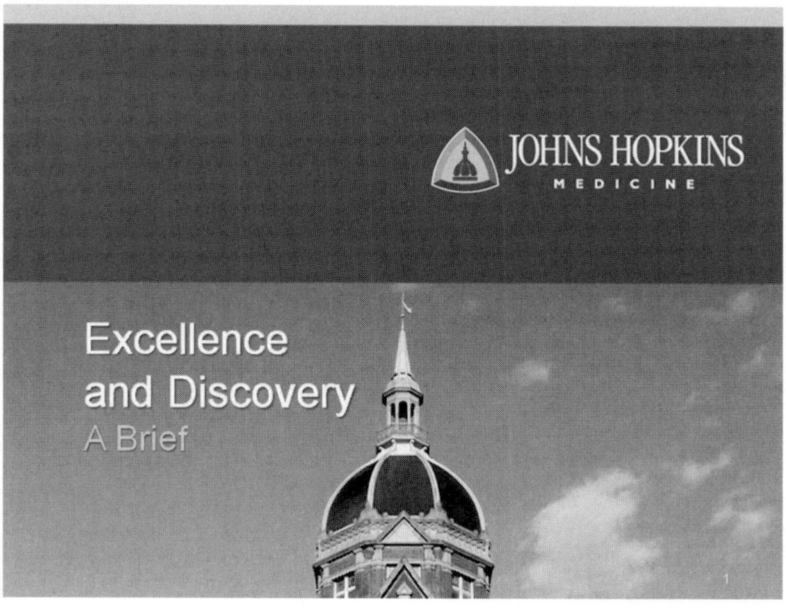

[그림 12-9] Johns Hopkins병원 소개 PDF 간행물

자료: Johns Hopkins병원 홈페이지

간행물 출판(publications)이란 마케터가 바람직한 공중 관계를 조성해 가기 위해 각종 문서 형태의 자료를 생성하여 배포하는 과정이다. 종업원을 대상으로 하는 사보, 투자자를 대상으로 하는 연차 보고서, 정부 및 공공 기관에 제출할 보고서 등이 간행물 출판의 범주에 포함될 수 있다. 최근에는 인쇄물로뿐 아니라 온라인상에서 PDF 파일 형식으로 사보나 사회 공헌 활동 백서 등을 받아볼 수 있어 이러한 간행물의 유포 면적을 크게 확대할 수 있게 되었다. Johns Hopkins병원, Mayo Clinic, Raffles병원 등 다양한 글로벌 의료서비스 마케터의 홈페이지를 보면 PDF 파일 형식으로 다양한 간행물을 전시해서 배포하고 있다.

(5) 로비(lobby)

로비(lobby)란 마케터가 직접 혹은 간접적으로 정부 혹은 공공 기관 등을 대상으로 바람직한 공중 관계를 조성해 가기 위해 활용하는 합법적인 의사소통 과정을 의미한다. 통신 주파수 배정의 효과에 대한 자료 제공, 경유차의 오염 규제 기준에 대한 자료 제공 등이 예로 포함될 수 있다. 글로벌 의료서비스 마케터도 줄기세포 치료에 대한 의견을 적극적으로 제시하여 정책화될 수 있도록 하는 등 다양한 로비 활동을 전개하기도 한다.

(6) 고객 관계 관리(customer relationship management: CRM)

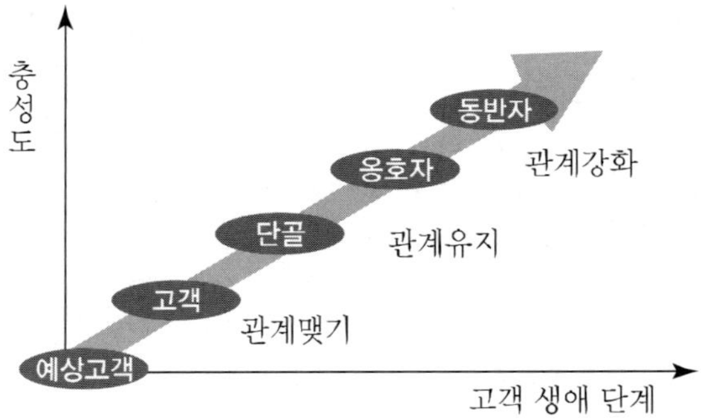

[그림 12-10] 고객 관계 발전 단계

자료: 최정환, 이유재(2002)

치과	……	환자 추천자에게 꽃, 티켓 증정
볼링장	……	단골고객 중 추첨해 동행자 무료 볼링권 제공
신용카드	……	신규고객 추천인에게 마일리지 제공
나이트클럽	……	명함 추첨해 무료파티-친구들 초청
컨택트렌즈	……	고객에게 친구 이름 기입하도록 이중 구매시 고객당 15달러 제공

[그림 12-11] 고객 참여 유도 방안 사례

자료: 자이타믈, 비트너 지음, 전인수 역(1998) 참조

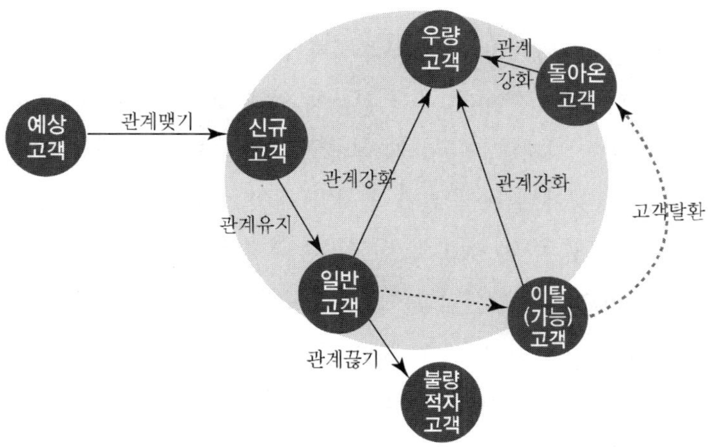

[그림 12-12] CRM의 고객 관리 흐름도 예시

자료: 최정환, 이유재(2002)

고객 관계 관리(customer relationship management)란 기업이나 브랜드를 지지하는 고객을 모집하고 지원함으로써 바람직한 고객 관계를 조성해 가는 과정을 말한다. 최근에는 인터넷 상 고객들의 구전 활동(word-of-mouth)이 활발해진 덕분에 각종 커뮤니티를 통해 심심치 않게 고객들의 상품 관련 구전 활동을 찾아볼 수 있다. 여기서 구전(Word of Mouth: WOM) 커뮤니케이션이란 "커뮤니케이터가 메시지 수신자가 구두 상으로 하는 개인 간(person to person) 커뮤니케이션으로서 이때 메시지 수신자는 커뮤니케이터가 브랜드, 제품, 서비스,

기업과 관련한 어떠한 상업적 의도도 가지고 있지 않다고 지각한다"는 특징을 지니고 있다. 특히 이 같은 구전 커뮤니케이션이 이메일, 하이퍼텍스트 등의 온라인 미디어를 통해 이뤄지는 경우를 일컬어 e-WOM이라고 하며 커뮤니케이션에 참여하는 사람들이 물리적으로 현격히 떨어져 있고 다 대 다(多對多, many to many)로 이뤄진다는 점에서 전통적 의미에서의 구전 활동들과 구분된다. 이른바 블로그 마케팅이라 하여 파워 블로그나 까페의 위력이 점차 드높아지는 것도 이 같은 e-WOM의 진화와 그 맥을 같이한다고 볼 수 있겠다.

실제로 인터넷 상에 개설되어 있는 글로벌 의료서비스 관련 까페나 블로그에서는 다양한 글로벌 의료서비스에 관한 정보가 공유되고 있다. 이들 까페나 블로그의 구전 효과가 극대화 될 수 있었던 것은 이곳으로 모여드는 회원들의 구심점에 바로 상품 구매 및 사용과 직결된 '화두(topic)'가 놓여 있기 때문이라고 볼 수 있다. 최초에는 호사가(dilettante)적 호기심과 취향 때문에 시작된 블로그 활동일지라도 블로거들의 트래픽이 증가하게 되면, 이들 간의 커뮤니케이션이 활성화되고 이에 따라 인접 카테고리에 제품을 출시해 놓은 기업들로부터 주목을 받게 마련이기 때문이다.

중요한 것은 구전 커뮤니케이션에 있어 수신자가 발신자인 커뮤니케이터의 의도에 대해 어떻게 지각하고 있느냐 하는 것이다. 구전 활동에 의해 입수된 정보가 소비자로부터 신뢰를 잃지 않으려면 앞서 밝힌 것처럼 커뮤니케이터가 상업적 의도를 갖고 있지 않다는 지각이 선행되어야 하며 블로그 등에 실린 리뷰가 점차 본래의 의도를 퇴색시키고 상업화되어 간다고 지각되기 시작하면 해당 구전 정보의 신뢰성과 효력은 점차 희석될 수밖에 없다.

P&G는 구전 커뮤니케이션을 활성화할 목적으로 2005년 보컬포인트(Vocalpoint)라는 구전 마케팅 프로그램을 고안해 낸바 있다. 이 프로그램에 등록되어 있는 약 60만 명(2006년 5월)의 회원들은 P&G 관련 구전 커뮤니케이션의 촉매 역할을 담당한다. 즉, 신제품 견본이나 쿠폰 등을 P&G측으로부터 공급받은 후 사용담을 주변 지인들에게 들려줌으로써 구전 커뮤니케이션을 적극적으로 활성화시키는 레버리지 역할을 맡게 되는 것이다. 보컬포인트의 회원들은 평상 28세에서 45세의 연령대에 이르는 주부들로서 이들이 P&G의 일반 고객들과 가장 차이를 나타내는 부분은 일반 주부들이 하루 평균 5명의 사람들과 얘기를 나누는 데 반해 이들은 평균 25~30명 정도 사람들과 얘기를 나눌 정도로 인맥이 넓다는 것이다. 즉, 입소문이 전파되는 사회적 네트워크 중 가장 미시적 단위의 허브(hub)를 담당하고 있는 것이다. 그러나 문제는 Vocalpoint 회원들이 구전 활동을 벌임에 있어 P&G사와 자신들의 관계를 밝히지 않아도 윤리적으로 무방하냐 하는 것이다. 백 퍼센트 자발적으로 벌이는 구전 활동이라고 하기에는 Vocalpoint라는 간판까지 내건 P&G사의 구전 커뮤니케이션 프로그램이 상당히 노

골적이라고 할 수 있으며 구전 커뮤니케이션 메시지의 수신자가 이를 일단 간파한 이후에는 이러한 구전 커뮤니케이션의 공신력은 현저히 떨어질 수밖에 없다.

4. 글로벌 의료서비스 판매 촉진

1) 글로벌 의료서비스 판매 촉진

판매 촉진(sales promotion)이란 '글로벌 의료서비스 마케터가 표적 고객의 행동을 촉발할 목적으로 전개하는 인센티브 위주의 커뮤니케이션 활동'을 말한다. 이때 표적 고객은 최종 소비자뿐 아니라 유통 경로에 놓여 있는 중간상을 모두 포함한다. 즉, 글로벌 의료서비스 마케터가 자사 브랜드의 판매고를 증진시킬 목적으로 중간상에 자사 브랜드의 판매에 대한 유인책을 제시하거나 최종 소비자의 구매 행동을 촉진하기 위해 유인책을 제시하는 경우 모두 판매 촉진에 해당된다.

이처럼 최종 소비자를 대상으로 한 판매 촉진을 가리켜서는 소비자 판매 촉진(consumer promotion)이라고 명명하는 반면 중간상에게 펼치는 판매 촉진을 가리켜서는 중간상 판매 촉진(trade promotion)이라고 지칭한다. 이 같은 중간상 판매 촉진은 유통 경로를 통해 최종 소비자에게 제품이나 서비스를 밀어내는 방식(push strategy)으로 매출액을 증대시킬 때 특히 유용하다.

2) 글로벌 의료서비스 판매 촉진 대안

판매 촉진은 앞서 언급한 것처럼 대상에 따라 소비자 판매 촉진(consumer promotion)과 중간상 판매 촉진(trade promotion)으로 유형화해 볼 수 있다. 다음에서는 소비자 판매 촉진과 중간상 판매 촉진의 세부 내용에 대해서 살펴보도록 하겠다.

(1) 소비자 판매 촉진(consumer promotion)

소비자 판매 촉진에는 샘플(sample), 보너스 팩(price pack), 사은품(premium), 마일리지(mileage), 콘테스트(contests), 추첨(sweepstakes), 게임(game), 쿠폰(coupon), 할인(price-offs), 환불(rebate) 등이 있다.

① 샘플(sample)

잠재 고객의 시험 구매(trial)를 유발하기 위해 무료로 배포하는 서비스 체험 기회를 일컫는다. 샘플은 주로 신서비스 출시 직후에 배포되며, 일회적인 체험만으로도 서비스의 특성을 충분히 체감할 수 있는 경우에 자주 활용된다.

신서비스의 경우 구매 실패에 대한 심리적 부담이 상대적으로 더욱 크기 때문에 글로벌 의료서비스 마케터는 샘플 서비스를 직접 소비자에게 제공하여 체험하게 해 봄으로써 소비자의 지각된 위험 수준을 낮춰줄 수 있다. 다만 샘플 서비스 체험이 어려운 경우도 많다는 점이 제한점 중의 하나이다.

② 보너스팩(price pack)

하나 가격에 그 이상의 서비스를 묶어서 제공하는 판매 촉진 방식을 일컫는다. 예컨대 물리치료 1+1 행사나 피트니스 센터에서 기존 회원들에게 신설된 스킨케어 서비스의 사용을 유도하기 위해 1+1 행사(피트니스 이용권 + 스킨케어)를 벌이는 경우도 서비스 부문에 보너스 팩을 접목한 사례라고 볼 수 있다. 이 같은 보너스 팩의 장점으로는 준거 가격을 낮추지 않으면서 가격 할인 효과를 베풀 수 있어 단기적 매출 신장에 보다 효과적이라는 것이다. 보너스 팩은 같은 가격에 덤으로 물건이나 서비스를 얹어주는 것이기 때문에 소비자 입장에서 보면 결과적으로 가격 할인과 같은 효과를 갖게 된다.

③ 사은품(premium)

사은품(premium)이란 서비스 구매 시 무료로 추가 제공되는 소정의 답례품을 의미하는 것으로서 주유 시 제공되는 휴지나 와인 구매 시 제공되는 와인글라스 등이 여기에 해당된다. 해당 서비스와는 다른 제품이나 서비스를 인센티브로 제공한다는 점에서 동일한 서비스를 제공하는 샘플과 다르다.

④ 마일리지(mileage)

단골 고객일수록 더 많이 제공되는 현금 혹은 그에 준하는 보상을 의미하는 것으로 사용량, 빈도가 증가함에 따라 그에 부가되는 혜택 또한 증대되는 판촉 프로그램을 의미한다. 마일리지 프로그램은 항공사의 단골 고객 프로그램(frequent-flyer program)에서 활성화된 이래로 최근에는 인터넷 포털, 다양한 서비스 분야 등에까지 확대 적용되고 있다. 예를 들어 아시아나 항공은 적립된 마일리지의 크기에 따라 보너스 항공권의 신청, 호텔 숙박, 면세점 쇼핑, 레스토랑 이용, 영화 관람 등의 다양한 혜택도 제공하고 있다. 이 같은 마일리지 프로그램의 본 목적은 고객 충성도(loyalty)의 진작 및 유지이며 이를 통해 경쟁사로의 브랜드 전환 비용(switching cost)을 높이는 것이다. 글로벌 의료서비스 마케터도 지속적인 관리가 필요한 고객에게 마일리지를 부여해 보는 방안도 고려할 수 있을 것이다.

⑤ 콘테스트(contests)

콘테스트(contests)는 소비자가 제시하는 아이디어나 노력을 평가하여 소정의 상품 혹은 상금을 제공하는 판매 촉진 방식이다. 예컨대 신서비스 브랜드명 공모, 커피나 여행지와 관련된 사연 응모, 브랜드 관련 아마추어 UCC 공모전 등이 여기에 해당된다. 이 같은 콘테스트의 이점은 직간접적으로 브랜드와 관련된 콘테스트 주제들에 콘테스트 참가자들이 깊이 관여하게끔 만들어 궁극적으로는 해당 브랜드에 대한 애착 및 유대를 형성 및 고양시킬 수 있다는 점이다. 그리고 콘테스트 참가들에 대한 프로필 정보를 데이터베이스로 구축하여 잠재 고객들에 대한 윤곽을 대략적으로나마 그려낼 수 있다는 점도 콘테스트의 이점 중 하나로 꼽을 수 있다.

⑥ 추첨(sweepstakes)

추첨(sweepstakes)은 소비자의 노력 여부와 무관하게 무작위로 상품 혹은 상금을 제공하는 판매 촉진 방식이다. 경품을 내건다는 점에서는 콘테스트와 유사하지만, 콘테스트가 참가자의 노력 여하에 따라 경품 당첨 확률을 높일 수 있는 데 반해 추첨은 노력 여하에 상관없이 무작위 추첨을 통해 소위 운이 좋은 응모자들에게 경품 혜택을 선사한다는 점이 다르다. 이 같은 추첨을 통한 경품 지급 행사는 단기간에 표적 청중들의 이목을 집중시킬 수 있으며 응모를 통해 관여도를 높일 수 있다는 장점이 있지만 의도했던 표적 청중이 아닌 경품 사냥꾼들만의 주목을 끌어 실수요를 자극하지 못할 수 있다는 한계를 지니고 있다.

⑦ 게임(game)

게임(game)은 서비스 구매 시마다 퍼즐, 빈칸 채우기 등 간단한 게임을 풀어서 답을 제시하면 추첨을 통해 상품이나 상금을 제공하는 방식이다. 해당 브랜드에 대한 호기심을 자극하여 신규 브랜드에 대해서는 친밀감을 형성시키는 한편, 기존 브랜드에 대해서는 새롭게 재상기시키는 계기를 마련해 준다는 이점이 있다.

⑧ 쿠폰(coupon)

쿠폰(coupon)은 정해진 기간에 특정 서비스 구매 시 기재된 조건만큼 할인 판매한다는 약속을 명시한 각종 증빙 자료를 말한다. 최근에는 인쇄물에 국한되지 않고 인터넷 상에서 소비자가 직접 출력받거나 휴대전화로 연계될 수 있는 소위 '모바일 쿠폰' 등의 형태로 진화하고 있다. 쿠폰은 가격 민감도가 높은 표적 고객을 선별하는 기능이 있고 시험 구매를 유발하는 효과도 있다. 즉, 가격 할인을 받기 위해 쿠폰을 자르고 모으고 하기까지의 노력을 기울이는 것은 가격에 대한 민감도가 상대적으로 높은 표적 청중일 확률이 높고, 이들이 쿠폰의 수집 및 지참 등에 투자하는 기회 비용은 쿠폰 미사용자보다 낮다고 볼 수 있다. 쿠폰 미사용자는 쿠폰 수집 및 지참에 소요되는 기회 비용이 쿠폰 지참으로 얻게 되는 가격 할인의 혜택보다 더욱 크다고 느끼기 때문이다. 다만 쿠폰은 발행 후 유효 기간을 명시한다 해도 회수 기간을 정확히 예측하기 어렵고 소매업체의 허위 상환이 발생할 위험이 높다는 단점이 있다.

⑨ 할인(price-offs)

할인(price-offs)이란 기본 가격을 일시적으로 낮추는 판매 촉진 방안이다. 사실상 할인은 판매 촉진 방안이면서 가격 결정 문제이기도 하다. 소비자들의 비용 부담을 덜어 줌으로써 즉각적인 구매 동인 활성화의 효과를 거둘 수 있지만, 잦은 가격 할인은 소비자들의 지각된 준거 가격 자체를 낮추는 결과를 초래할 수 있다. 게다가 잦은 가격 할인 판촉 활동은 경쟁 브랜드 간의 가격 인하 경쟁을 촉발시켜 궁극적으로 제품의 수익성을 악화시키는 출혈 경쟁을 초래할 수도 있다.

할인은 기본적으로 가격에 관한 의사 결정인 동시에 판매 촉진 방식의 촉진 의사 결정 성격을 가진다.

(2) 중간상 판매 촉진(trade promotion)

중간상 판매 촉진에는 광고 판촉물(specialty advertising items), 영업 지원금(push money), 사은품(premium), 콘테스트(contests), 할인(price-offs), 촉진 수당(advertisement allowance) 등이 있다.

① 광고 판촉물(specialty advertising items)

브랜드를 새겨 무료로 제공하는 볼펜, 달력, 메모지, 라이터와 같은 소품 일체를 일컫는다. 광고 판촉물은 다른 매체의 커뮤니케이션을 보조적으로 강화하며 브랜드 인지도 제고에 기여하는 효과를 나을 수 있으며, 유용하고 독특한 소품의 경우에는 브랜드에 대한 호감도와 선호도를 유의미하게 증대시킬 수도 있다.

② 영업 지원금(push money)

중간상에 속한 영업 사원에게 마케터가 현물이나 현금을 제공하여 중간상에게 자기 브랜드를 보다 적극적으로 영업하게끔 유도하는 판촉 프로그램을 일컫는다. 의료서비스의 경우 소비자가 해당 카테고리에 대한 지식이 상대적으로 취약하거나 품질을 판단하기 어려우므로 정보의 비대칭이 커 영업 사원의 설명과 권유가 최종 구매에 보다 결정적 영향을 미치게 되기 때문에 이 같은 영업 지원금의 영향이 보다 증대될 수 있다.

③ 진열 수당(Display Allowance)

중간상으로 하여금 자사 브랜드를 보다 눈에 잘 띄는 곳에 진열 및 배치하여 소비자들로부터 보다 자주, 많이 주목을 받을 수 있도록 하기 위해 서비스 업체가 중간상에게 지불하는 금액을 말한다. 특히, 신규 브랜드 출시를 앞두고 여러 판촉 활동 행사를 병행하게 될 경우에는 최종 구매 시점에서 소비자들 눈에 보다 잘 띄게끔 해당 브랜드를 진열 및 배치하여 충동구매를 이끌어 내는 것이 중요하다.

④ 촉진 수당(advertisement allowance)

촉진 수당(advertisement allowance)은 중간상이 글로벌 의료서비스 광고에 쓴 금액을 보충해 주는 판매 촉진 방식을 일컫는다. 예컨대 중간상이 의료서비스 관련 광고를 게재하는 경우 의료서비스 제공자가 보조해 주는 광고비가 촉진 수당에 해당된다고 할 수 있다. 중간상은 촉진 수당을 받은 브랜드에 대해 매출 신장에 보다 협조적 태도를 취할 수 있으며 지면 광고뿐 아니라 매장 전시, 제품 설명 등에 있어서도 해당 브랜드에 대해 보다 적극적으로 나설 수 있다.

5. 글로벌 의료서비스 인적 판매

[그림 12-13] Johns Hopkins International Hospital의 코디네이터 안내 장면

자료: Johns Hopkins International Hospital 홈페이지

1) 글로벌 의료서비스 인적 판매

인적 판매(personal selling)란 '제품이나 서비스의 판매와 고객 관계 구축을 목적으로 하는 영업 사원 개인의 대면적 커뮤니케이션'을 일컫는다. 하나 또는 그 이상의 잠재 고객과 직접 대면하면서 대화를 통해 판매를 실현시키는 방법이라고 할 수 있는 것이다.

인적 판매는 다양한 형태로 이루어질 수 있다. 단순히 고객의 주문을 받아서 안내하거나 처리하는 경우부터 서비스 정보를 전달하여 수요를 유발하는 경우까지 다양한 양상으로 이루어진다.

인적 판매의 전개에 있어 핵심이 되는 것은 바로 이러한 대면적 커뮤니케이션을 담당하는 영업 사원이다. 영업 사원은 상품 또는 서비스의 구입을 유도하기 위해 기존 고객이나 잠재 고객과 직접 접촉을 통해 정보를 제공하며 자사 브랜드로의 전환을 설득하고 수요를 환기시키는 역할을 담당하게 된다. 고객과의 접점에서 기업의 마케팅 대리인 역할을 수행하는 것이다. 최근에는 단발성 판매 유발을 넘어 지속적인 관계를 관리하는 역할(relationship marketing)을 떠맡는 경향을 보이고 있다.

제품의 기능 내지 성능이 잘 발휘되지 못할 때에는 기술상의 문제점들을 포착하여 문제해결을 도우며 때로는 가격 협상을 대리하는 역할도 수행한다. 이처럼 고객과의 폭넓고도 지속적인 관계 설정을 이끌어 가게 되는 영업 사원의 활약은 제약, 자동차, 의료 장비나 헬스머신 같은 복잡한 내구재나 고가의 서비스 등의 판매에서 곧잘 목격된다.

이러한 영업 사원을 활용한 인적 판매의 장점을 살펴보면 다음과 같다.

첫째, 소비자들의 요구를 직접 알아내어 즉각적으로 유연하게 대응할 수 있다. 비인적 매체를 사용하는 광고 등에 비해 대면 커뮤니케이션을 활용하는 인적 판매는 소비자의 상황별로 맞춤식 커뮤니케이션이 가능하다. 예컨대 TV 광고는 소비자의 상황에 상관없이 일정한 메시지를 쏟아내지만 인적 판매의 경우 소비자의 상황이 적절치 않은 경우를 피해 준비된 상황에서 심도 있는 의사소통을 할 수 있다.

둘째, 개인적 커뮤니케이션이므로 광고에 비해 상대방이 메시지에 더 많은 주위를 기울이고 반응하는 경향이 있다. 광고는 표적 청중을 향한 일 대 다의 커뮤니케이션인 데 반해 인적 판매는 일 대 일 대면 접촉을 통해 고객 일인에 집중한 마케팅 활동을 펼칠 수 있다. 특히 의료서비스는 복잡성이 높아 정보 비대칭성은 큰 데 반해 재정 부담도 적지 않기 때문에 소비자가 구매에 보다 유보적이며 신중하고 보수적인 성향을 띠게 된다. 즉, 일회적 충동구매의 유혹에 휩쓸리기보다는 구매 전 과정부터 신중하게 대안 상품군들을 고려해 보게 되는 것이다.

셋째, 여타 촉진 믹스에 비해 소비자의 구매 준비 단계인 선호, 확신, 구매 행동 단계에서 가장 높은 효과성을 보인다. 광고나 홍보를 통해 형성된 호의적 이미지만으로 고가의 의료서비스를 구입하기에는 소비자가 체감하게 되는 위험 부담이 상당히 크다. 이러한 제품들의 구매 실패는 자칫 의료 사고나 상당한 재정 자원의 손실을 발생시킬 수 있기 때문이다. 따라서 고객과 돈독한 신뢰 관계를 구축한 영업 사원의 적극적인 커뮤니케이션 행동은 소비자의 행동에 영향을 미칠 수 있다.

반면, 인적 판매의 단점을 살펴보자면 다음과 같이 정리해 볼 수 있다.

첫째, 판매 조직의 크기를 변화시키는 등의 중대한 변화를 도모하기가 어렵다. 여타 촉진 믹스들에 대한 예산 활동의 배분은 임의로 조정이 가능하지만, 인적 판매는 조직의 축소 및 확대가 인력의 수급과 관련되어 있기 때문에 임의로 증감시키기가 상대적으로 어렵다. 요컨대 인적 판매망 자체가 고객과의 신뢰에 기반을 둔 관계 구축의 기반이 되기 때문에 판매 조직의 크기 조정은 상당히 비탄력적이라고 볼 수 있다.

둘째, 여타 마케팅 커뮤니케이션 방식에 비해 상대적으로 많은 고정 비용이 요구된다. 광고, 홍보, 판촉 비용은 비수기나 불황 시에 일제히 삭감될 수 있지만, 인적 판매에 지출되는 비용은 영업 사원에 투자되는 인건비와 관련되어 있기 때문에 상대적으로 비탄력적으로 운영된다. 노동 탄력성의 문제 때문에 함부로 영업 사원의 운용에 들어가는 비용이나 조직을 함부로 삭감시킬 수 없다는 것이다.

2) 글로벌 의료서비스 인적 판매 과정

기존의 인적 판매 촉진 활동이 수행하던 다양한 기능을 담당하는 비대면적 일 대 일 커뮤니케이션이 인적 판매의 범주에 포함될 것인지에 대해서는 다양한 견해가 존재한다. 예컨대 전화를 통한 텔레마케팅은 광고, 인적 판매, 직접 마케팅(DM)의 카테고리 모두에 중첩되는 특성을 지니고 있기 때문이다.

그러나 이 책에서는 일 대 일 직접 광고만을 인적 판매의 고유 유형으로 파악하여 일괄 기술하고자 한다. 따라서 적어도 본서의 견지에서는 전술한 인적 판매의 정의(제품이나 서비스의 판매와 고객관계 구축을 목적으로 하는 영업 사원 개인의 대면적 커뮤니케이션)에 부합되는 영업 사원의 대면적 커뮤니케이션만이 인적 판매의 고유 영역에 포함되는 것으로 간주하기로 한다.

개별적 인적 판매 과정은 우선 가망 고객 선별(prospecting and qualifying)로부터 사전 준비(pre-approach), 접촉(approach), 제품 소개와 시연(presentation and demonstration), 이의 처리(objection-handling), 계약 체결(closing), 후속 조치(follow-up) 등에 이르는 7단계로 구분해 볼 수 있다. 이하는 앞서 언급한 7단계에 대한 상세 내용이다.

(1) 가망 고객 선별(prospecting and qualifying)

가망 고객 선별(prospecting and qualifying)은 잠재 고객 발굴과 가망 고객 선별로 구성된다. 인적 판매의 첫 단추는 잠재 고객 발굴이다. 잠재 고객 발굴을 위해서는 기존 고객, 공급업체, 동료 영업 사원, 업계 명부, 사내 정보 시스템, 인터넷 등의 정보 원천을 활용해야 한다. 다음에는 잠재 고객 중에서 구매 가능성이 있는 가망 고객을 재선별해 내도록 해야 한다. 잠재 고객의 재무 상태, 욕구 유형 및 강도, 성장 가능성 등은 가망 고객의 선별 기준이 될 수 있다.

(2) 사전 준비(pre-approach)

사전 준비(pre-approach)란 가망 고객의 주요 특성 정보를 수집하고 분석한 후 효과적인 커뮤니케이션 방안을 위한 시사점을 도출하는 과정을 일컫는다. 온라인의 공개 자료를 통하거나 주변에서 가망 고객과 직·간접적 관련이 있는 사람 등을 통해 필요한 정보를 얻을 수 있다.

(3) 접촉(approach)

접촉(approach)은 가망 고객을 최초로 만나서 대화를 통해 관계를 형성하고 상대의 욕구를 이해하는 커뮤니케이션 과정을 지칭한다.

(4) 제품 소개와 시연(presentation and demonstration)

서비스 소개와 시연(presentation and demonstration)은 가망 고객에게 제품을 소개하며 인지와 지식을 형성토록 하고 서비스의 차별적 장점이 가망 고객의 문제를 어떻게 해소해 줄 수 있는지 전달함으로써 호감과 선호를 형성토록 하는 커뮤니케이션 과정이다.

(5) 이의 처리(objection-handling)

이의 처리(objection-handling)는 가망 고객이 선호 단계에서 확신 단계로 이전되는 데 걸림돌이 되는 의문이나 반대 의견을 해소해 가는 커뮤니케이션 과정이다. 효과적인 커뮤니케이션을 위해서는 격렬한 논쟁을 피하고 사실적인 정보를 토대로 하는 차분한 설득이 필요하다.

(6) 계약 체결(closing)

계약 체결(closing)이란 가망 고객의 확신이 어느 정도 고착된 상태에서 구매 의사를 물어보고 나아가 구매 권유를 함으로써 구매 행동이 이루어지도록 유도하는 과정이다. 이때 구매 권유의 타이밍과 어조가 적절하게 선택되어야 하며 이를 위해서는 적절한 훈련이 요구된다.

(7) 후속 조치(follow-up)

대금 지불, 서비스 체험, 서비스 전 교육, 사용 중 문제 대응 등 일련의 구매 후 관리 과정은 고객의 만족도와 충성도 제고에 중요한 영향을 미친다. 빈틈없는 후속 조치는 해당 고객의 추가 구매와 새로운 가망 고객의 추천으로 이어지는 연결고리라고 할 수 있다.

3) 글로벌 의료서비스 인적 판매 관리 대안

(1) 글로벌 의료서비스 인적 판매 조직 구조 결정

인적 판매 조직 구조에는 지역별 조직(geographic organization), 제품별 조직(product-line organization), 시장별 조직(market-based organization), 기능별 조직(functional organization) 등의 4가지 기본 대안이 있다. Shimp, T. A.(1993)에 따르면 각 기본 대안의 특성은 다음과 같다.

① 지역별 조직(geographic organization)

지역별 조직(geographic organization)의 장점은 저비용 구조이고 지리적 중복과 고객 중복이 없으며 관리 단계가 단순하다는 점 등이며, 지역별 조직의 단점은 전문화에 제약이 있고 제품별 관리 통제에 한계가 있다는 점 등이다.

② 제품별 조직(product-line organization)

제품별 조직(product-line organization)의 장점은 인적 판매 사원이 제품별 전문가가 될 수 있으며 제품별 커뮤니케이션 노력에 대한 밀접한 관리가 가능하다는 점 등이며, 제품별 조직의 단점은 고비용 구조이고 지리적 중복과 고객 중복이 불가피하다는 점 등이다.

③ 시장별 조직(market-based organization)

시장별 조직(market-based organization)의 장점은 인적 판매 사원이 고객별 전문가가 될 수 있고 시장별 커뮤니케이션 노력에 대한 밀접한 관리가 가능하다는 점 등이며, 시장별 조직의 단점은 고비용 구조이고 지리적 중복이 불가피하다는 점 등이다.

④ 기능별 조직(functional organization)

기능별 조직(functional organization)의 장점은 인적 판매의 효율성 극대화가 용이하다는 점이고, 기능별 조직의 단점은 지리적 중복이 불가피하며 제품 및 시장별로 인적 판매 과정의 상호 조정에 한계가 있다는 점 등이다.

이처럼 각각의 인적 판매 조직 구조는 장단점이 서로 다르며 절대적으로 우월한 대안은 없다. 마케터는 상황에 적합한 구조를 선택해야 한다.

(2) 인적 판매 조직 규모 결정

글로벌 의료서비스 마케터는 업무 부담 분석(workload analysis)을 통해 바람직한 인적 판매 조직의 규모를 추정할 수 있다.

예컨대 SSS사가 1,000개의 A형 거래처, 2,000개의 B형 거래처가 있다고 가정하자. A형 거래처는 연간 36번의 방문을 필요로 하고 B형 거래처는 연간 12번의 방문을 필요로 한다. 인적 판매 사원 1인당 평균 1,000번 거래처 방문을 할 수 있다면 SSS사는 몇 명의 인적 판매 사원을 확보해야 할까?

우선 SSS사 인적 판매 조직의 총 업무 부담은 60,000번 방문(1,000 × 36 + 2,000 × 12)이다. 따라서 SSS사의 필요 인적 판매 조직 규모는 60명(60,000 ÷ 1,000)임을 알 수 있다(Kotler and Armstrong, 2006 참조).

(3) 인적 판매 조직 관리

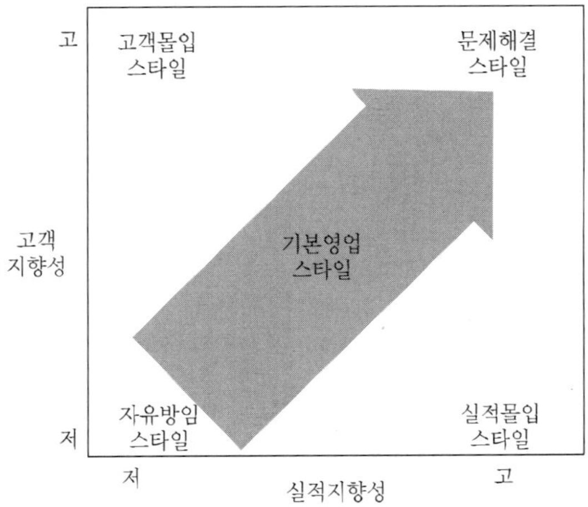

[그림 12-14] Blake and Mouton 인적 판매 격자

자료: Fortenberry(2010) 참고로 작성

Blake and Mouton 인적 판매 격자는 인적 판매 조직을 평가하여 관리하기 위한 도구로 개발되어 사용되고 있다. 일반적으로 우측 상단의 '문제 해결 스타일' 방식의 인적 판매 방식이 장단기 성과 등 여러 면에서 바람직한 것으로 알려지고 있다.

글로벌 의료서비스 마케터는 인적 판매 조직 및 인적 판매 사원별로 Blake and Mouton 인적 판매 격자를 작성하여 평가 및 교육 훈련에 사용할 수 있을 것이다.

토의 문제

1. 글로벌 의료서비스와 관련하여 IMC란 무엇인지 생각해 보시오.
2. 글로벌 의료서비스 마케터가 IMC 과정에서 사용할 수 있는 마케팅 커뮤니케이션 방식들을 나열해 보고 유형별로 분류해 보시오.
3. 글로벌 의료서비스 IMC 과정을 생각해 보시오. 아울러 글로벌 의료서비스 IMC를 위해 고려해야 할 요인을 제시해 보시오.
3. 글로벌 의료서비스 마케터가 사용하는 실제적인 마케팅 커뮤니케이션 사례들을 조사해 보시오.
4. 서로 다른 글로벌 의료서비스 IMC 전략을 취하는 사례를 조사해 보시오.
5. 우리나라의 글로벌 의료서비스 마케터가 취할 수 있는 IMC 전략을 생각해 보시오.

참고문헌

안광호, 권익혁, 임병훈, 2005, 『마케팅: 관리적 접근』, 3판, 학현사.

자이타믈, 비트너 지음, 전인수 역, 1998, 『서비스 마케팅』, 석정.

자이타믈, 비트너, 그레믈러 지음, 전인수, 배일현 역, 2007, 『서비스 마케팅』, 4판, McGraw-Hill Korea.

주우진, 박철, 김현식, 『마케팅관리』, 홍문사, 출판예정.

최정환, 이유재, 2002, 『죽은 CRM 살아있는 CRM』, 한언.

Fortenberry, John L., 2010, *Health Care Marketing: Tools and Techniques*, 3rd ed., Jones and Bartlett Publishers.

Keller, Kevin Lane, 1998, *Strategic Brand Management*, Prentice-Hall, Inc.

Keller, K. L., 2001, "Mastering the marketing communications mix: micro and macro perspectives on integrated marketing communication programs," *Journal of Marketing Management* 17.

Kotler, Philip, 2003, *Marketing Management*, 11th ed., Prentice-Hall, Inc.

Kotler, Philip and Gary Armstrong, 2004, *Principles of Marketing*, 10th ed., Pearson Education, Inc.

Kotler, Philip and Gary Armstrong, 2006, *Principles of Marketing*, 12th ed., Prentice Hall, Inc.

Kotabe, Masaaki and Kristiaan Helsen, 2004, *Global Marketing Management*, 3rd ed., John Wiley and Sons, Inc.

Mittal, B., 1999, "The Advertising of Service: Meeting the Challenge of Intangibility," *Journal of Service Research* 2(1).

Schultz, D. E. and H. F. Schultz, 1998, "Transitioning marketing communications into the twenty-first centry," *Journal of Marketing Communications* 4(1), pp.9-26.

Shimp, Terence A., 1993, *Promotion Management and Marketing Communications*, 3rd ed., The Dryden Press.

제4편

글로벌 의료마케팅의 전망과 발전 방향

제13장 글로벌 의료마케팅의 고객 만족과 윤리

도입 사례

"식도암 수술을 받고 싶다는 러시아인 환자가 있었습니다. 난이도가 높아 처음엔 거절했는데 환자가 계속 원해서 1차 치료를 저희 병원에서 하고 모 대학병원에 수술 의뢰를 했어요. 수술 과정에서 위에까지 암이 퍼진 것을 발견하고 수술을 했는데 봉합에 문제가 있어 재수술을 받고 현재 대학병원에 입원 중입니다. 환자가 불만을 표시하면 곤란하기 때문에 저희 병원장이 자주 찾아가 환자 상태를 살펴 줍니다. 한 번 맡은 환자를 끝까지 돌보면서 신뢰가 생긴다고 생각합니다."

학습 목표

1. 의료마케팅 고객 만족을 정의하고, 중요성에 대해 다룬다.
2. 글로벌 고객 만족과 고부가가치 성과를 달성하기 위한 내용을 알아본다.
3. 의료 공급자의 윤리성을 정의하고 필요성에 대해 살펴본다.

1. 의료마케팅에 대한 고객 반응 검토

고객에게 제공되는 서비스 수준이 고객이 예상하는 기대치를 충족할 때 이를 고객 만족(Customer Satisfaction: CS)이라고 한다. 고객에게 만족을 주는 의료서비스 마케팅을 실시함으로써 의료서비스에 대한 재구매율을 향상시켜 의료서비스 제공자는 매출을 증가시키고 서비스 상품이 유지 발전하게 된다.

고객 만족의 핵심은 고객에게 있다. 고객 만족을 위한 마케팅은 의료기관의 이익을 달성하고 수익 구조를 확보하는 중요한 수단이 된다. 의료마케팅은 신규 고객의 창출과 충성 고객 확보의 정책 목표를 달성할 수 있어야 한다. 충성 고객을 확보하기 위해서는 고객의 성향을 파악하고 대응하며 고객의 욕구를 충족시킨다면 제공 의료서비스에 대한 충성도가 발현되어 확보 가능하게 된다. 고객들은 구매를 한 후 더 좋은 대안이 없다고 생각하면 그 제품에 대한 지속적인 관계를 형성하고 기억하여 재구매 시 선택하게 된다.

신규 고객은 의료서비스를 이용할 때 정보의 제한, 이용의 불편성 등으로 마케팅 활동만큼의 성과를 조기 달성하기에 어렵다. 따라서 이용 시의 장애 요소가 무엇인지를 예측 판단하여 제거하거나 최소화함으로써 상품 구매율을 향상시키도록 노력해야 한다.

1) 고객 만족을 위한 의료마케팅

의료마케팅으로 고객의 만족을 향상시키고 결과를 반영한 효율적인 글로벌 마케팅 전략을 수행하기 위한 몇 가지 마케팅 기법은 아래와 같다.

(1) CEM 마케팅(Customer Exprience Management)

CEM(고객 경험 관리)은 제공되는 서비스의 의료라는 특수성을 활용한 마케팅으로서 내용은 광범위하지만 최종 목표는 기존 고객 유지를 통한 고객 만족 경영에 있으며 고객 개개인의 요구와 성향에 맞춘 차별화된 서비스를 제공함으로써 고객의 기대 수준에 부응하여 충성고객을 창출하기 위한 마케팅 전략이다.

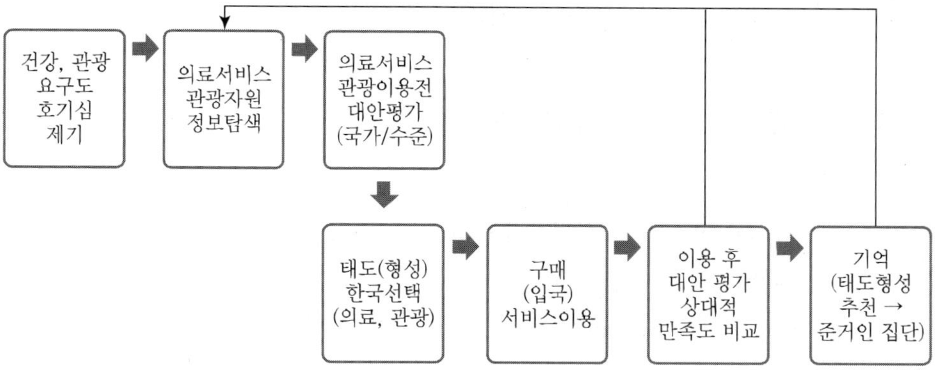

[그림 13-1] 의료 소비자 행동

의료는 경영학에서 얘기하는 고관여 제품으로서 의료의 특성상 주변인의 추천(준거인 집단의 영향력)이 매우 큰 영향력이 있으므로 고객 관계, 경험 관리에 노력해야 한다.

(2) 데이터베이스 마케팅(Database Marketing)

데이터베이스 마케팅은 의료마케팅에 있어서 매우 중요한 기법으로 고객의 정보를 수집, 분석, 가공하여 향후 필요한 전략을 수립하는 마케팅이다. 이를 위해서는 고객 정보의 수집이 필요하며 수집하는 과정 및 결과 도출은 전산 DB화로 진행되어야 활용 가치가 높으며 도출된 결과는 시장세분화, 상품 차별화 전략을 위해 활용된다. 데이터베이스 마케팅은 쌍방향 커뮤니케이션을 실시하는 특성이 있으며 이메일 마케팅이 대표적인 사례이다.

(3) VIP 마케팅(VIP Marketing)

VIP 마케팅이란 고품격 의료서비스를 원하는 고객을 대상으로 고객의 Needs를 최대로 충족시켜 줌으로써 고부가가치의 수익과 고객과 기업 상호간 브랜드 가치를 높이는 마케팅이라 할 수 있다. 병원의 VIP실이나 특실에 양질의 서비스를 제공하는 형태가 VIP 마케팅이다.

이상의 몇 가지 마케팅 기법은 상품화된 글로벌 의료서비스를 효율적으로 수행하여 지속적인 고객 유지와 신규 고객을 창출하기 위한 실질적인 내용으로 수행하기 쉬우면서 할 수 있는 마케팅 기법을 채택한다면 좋은 결과를 도출할 수 있을 것이다.

2. 글로벌 의료 환경 변화에 대한 고객 만족

1) 글로벌 의료서비스 통계 네트워크 구축

글로벌 의료서비스를 제공하는 의료기관은 고객에 대한 분석이 필요하다. 이를 위해서는 의료기관을 최초 내원하였을 시점부터 진료 및 사후 관리에 이르기까지 고객의 진료 패턴 등 모든 고객의 활동들이 체크되어야 된다. 고객의 거주 형태, 내원 경로, 제공 의료서비스의 형태 및 양(입원 일수, 치료비 등) 등에 관한 데이터를 준비하여 글로벌 의료서비스 정책의 성과 분석과 지원에 활용할 수 있도록 해야 한다. 따라서 한국보건산업진흥원 국제의료사업 정책팀에서는 이러한 통계에 관한 표준 양식을 정하고 연도별로 통계를 작성하여 정보를 상호 교환하고 이를 의료산업화 정책 자료로 활용하는 것이 중요하다. 그리고 고객이 경험한 의료에 대한 정확한 정보를 객관화된 국제 수준의 통계 형식으로 중앙정부가 발표한다면 대한민국 글로벌 의료에 대한 신뢰도가 높아질 것이다.

또한 이러한 통계 자료는 타깃 국가별 언어로 번역하여 홍보가 되어야 하며, IT 인프라를 활용한 중앙정부 및 관련 기관 홈페이지를 통한 온라인 홍보도 적극적으로 진행되어야 된다.

특히 한국관광공사의 의료관광지원센터 홈페이지를 활용하여 글로벌 고객이 한국의 의료서비스에 대한 정확인 정보 안내를 받을 수 있도록 시스템을 확장하여야 할 것이다.

이와 같은 다양한 네트워크를 통한 의료 장비시설, 수술 방법, 수술 비용, 입원 기간 등에 대한 통계 정보를 고객에게 객관적으로 알려주어야 한다.

2) 의료서비스 만족도 조사

의료마케팅의 결과물인 의료산업화(의료관광)를 글로벌 고객 맞춤형으로 발전시키기 위해서는 고객의 의료관광에 대한 전반적인 만족도 조사가 반드시 시행되어야 한다.

의료서비스 고려 사항, 접촉 경로, 진료 만족도, 재방문 의사, 주변 추천 등 다양한 항목으로 설문 조사를 하여 향후 개선 방안을 마련해야 한다. 실제 2008년 한국관광공사에서는 국내 최초로 의료관광시장 및 이용 만족도를 조사하였으며 산출된 통계 자료를 활용하여 국가별 마케팅 포인트, 타깃 시장 선정 등에 활용한바 있다. 이와 같이 고객에 대한 만족도 조사 결과는 고객 유치의 핵심 정보로 활용되는바 그 중요성은 매우 크다 할 수 있다.

3) 고객 정보 DB 관리

의료서비스를 이용한 고객의 정보를 각 의료기관별로 데이터베이스를 구축하여 정기적으로 의료, 건강 및 관광 관련 뉴스를 e-매거진 형태로 발송하여 고객들에 대한 재구매율의 욕구를 갖도록 노력하여야 하며, 보건복지부는 e-매거진 내용 중 국가 홍보가 필요한 부분을 발췌하여 통합 홍보 마케팅 자료로 활용하도록 한다.

3. 의료서비스 윤리성의 정의 및 필요성

의료마케팅은 공공적인 면과 상업적인 면의 양면성이 있어 상충 관계를 조화롭게 유지해야 하는 어려움이 있다. 윤리적 치료 철학으로 병원 경영 원칙이나 치료 원칙이 분명하여야 하고 세부 고객으로 분류된 모든 고객에 대한 이해가 매우 중요하다. 그러나 의료마케팅을 통해 고객들에게 전달된 의료서비스 정보에는 처음의 내용과는 달리 고객의 기대치에 못 미치는 경우가 발생하는데 이때 고객들은 실망하게 되고 특히 고객들이 비용, 시간을 투입하였을 경우에는 불만이 발생하기도 한다. 이러한 비윤리적인 마케팅은 내부 커뮤니케이션에서도 발생하는데, 고객들이 합리적으로 기대할 수 있는 서비스 수행 수준과 관련하여 운영 및 마케팅 부서 사이의 커뮤니케이션 에러에 의해서 발생되기도 하고 비윤리적인 광고주와 마케터가 판매를 하기 위해 과장된 약속을 하면서 발생되기도 하는데, 이는 비윤리적인 마케팅 활동으로서 고객들로 하여금 기대치를 높게 가지게끔 하면서 발생하게 된다.

또한 공격적인 마케팅 활동(텔레마케팅, 다이렉트 메일, 이메일 등)으로 인해 고객들이 원하지 않은 상황에서 개인의 사생활이 침해되는 경우이다.

이러한 고객들의 민감한 생각을 감안하여 윤리적인 의료서비스와 의료마케팅 활동이 필요하며 지속적인 고객 만족에 따른 수익 창출을 위해서는 반드시 지켜져야 될 것이다.

의료서비스 마케터는 많은 윤리적 딜레마에 직면한다. 많은 경우 불확실한 상태에서 어떻게 하면 가장 좋은 결정이 될 수 있을지를 판단해야 한다. 모든 의료기관이 충분히 훌륭한 윤리 감각을 지닌 것은 아니므로, 모든 사람이 반드시 따라야 하는 광범위한 지침인 의료마케팅 윤리 방침(Medical Marketing Ethics Policies)을 개발할 필요가 있다. 이런 방침은 에이전시와의 관계, 의료 광고 기준, 의료서비스, 진료 수가 정책, 의료상품 개발, 일반적인 윤리 기준을 포괄한다. 의료서비스 마케팅 관리자가 각 상황에서 윤리적인 중요성을 파악하는 데 몇 가지 원칙을 정하고, 양심상 떳떳하게 할 수 있는 일이 어디까지인지 결정할 필요가 있으므로 점점 더 많은 의료서비스 마케터의 윤리를 묻는 질문에 대답할 수 있도록 의료 정책이나 지침을 고객에게 제공할 필요성을 느끼고, 노력하여야 한다. 물론 어떤 좋은 지침이라도 개인이나 조직이 내려야 하는 모든 어려운 윤리적 결정을 해결할 수는 없다. 그러나 의료서비스 마케터가 선택할 수 있는 원칙은 있다. 자유 시장과 법제도 안에서 결정되어야 하며, 책임은 제도에 있는 것이 아니라 개별 의료기관과 관리자의 손에 있다고 본다. 각 의료기관의 의료서비스 마케팅 관리자는 사회적으로 책임감 있고 윤리적인 행위를 한다는 철학을 실행해야 한다. 사회적 마케팅 개념에 따르면 관리자는 합법적으로 허용되는 범위를 넘어서 개인적 청렴, 조직의 양심, 장기적 고객 건강 증진에 기반을 둔 기준을 개발해야만 한다. 의료산업화의 기준과 수준은 국가별로 다르기 때문에 윤리 문제는 국제 의료 마케터에게는 중요한 쟁점이 될 수도 있다. 전 세계적으로 공유되는 의료서비스 윤리 기준에 부합되도록 노력하는 것이 오늘날 의료서비스 마케터 사이에서의 과제로서 이러한 노력은 점점 더 늘고 있는 추세이다.

토의 문제

1. 고객 만족을 위한 마케팅 기법에는 어떤 것이 있는지 논하라.
2. 고객 만족을 위한 인프라 구축 중 IT의 역할과 그 중요성에 대해 논하라
3. 의료의 윤리성을 확보하기 위한 의료서비스 마케터의 태도와 윤리성이 왜 중요한지를 설명하라.

참고문헌

손동원, 2008, 『기업 생로병사의 비밀』, 삼성경제연구소.
오자사 요시히사, 코페리더스클럽 옮김, 2008, *Motivation Leadership*, 한국재정경제연구소.
조현, 2004, 『잘되는 병원에는 이유가 있다』, 한언.

제14장 한국 의료마케팅의 전망과 발전 방향

학습 목표

1. 한국 의료마케팅 활성화와 제도적 보완점에 대해 다룬다.
2. 글로벌 의료마케팅 발전을 위한 내용을 알아본다.

1. 한국 의료마케팅의 보완점 및 과제

의료관광 및 의료마케팅에 대한 인지도를 제고하고 해외 고객을 유치하기 위한 실질적인 마케팅 방안도 중요하지만, 장기적으로 의료마케팅의 기초를 다지는 국제 수준의 의료서비스를 제공하는 의료기관과 전문 인력들의 네트워크를 신속히 구축하는 일이 매우 중요하다. 또한 의료 복합 단지, 글로벌 의료 기기 센터 같은 물리적인 환경 구축 및 시설의 건설 등이 필요하다.

또한 의료마케팅은 단기적 수지 분석을 초월한 정책적 결정과 의지가 필요하다. 국제화 사업과 글로벌 의료마케팅의 지속적 추진의 일관성 유지하기 위해서는 전담 기구 신설 운영이 필요하며, 국제적 역량의 우수 인재 확보(scout) 및 내부 인력 양성이 반드시 병행되어야 될 것이며 중장기적 국제화 선두 주자 위상 확보를 위한 인프라(시설, 의료 장비)의 Up-Grade를 추진하고, 정부, 의료기관의 경영진 등 관련 기관장의 전폭적 의지와 지원 및 국가적인 유기적 협조 시스템(글로벌 헬스케어 추진 기구)을 구축하여야 할 것이다.

2. 한국형 의료마케팅 발전 방안

1) 의료마케팅 활성화 전략

(1) 한국형 글로벌 의료마케팅 인프라 구축

한국형 의료관광은 의료 중심의 싱가포르형 의료관광산업과 관광 중심의 태국형 의료관광산업의 혼합형으로 의료를 중심으로 하지만 한류 등 차별화된 관광자원과도 연계한 의료관광산업으로 발전시켜야 하며, 이를 위한 글로벌 의료마케팅이 필요하다. 또한 한국형 의료관광산업을 지식 서비스 산업으로 산업화하여 국내 도시들이 동북아의 의료 허브가 되도록 노력하여야 한다. 우리나라는 동북아 지역 국가 중 의료 수준이 높고 이송 거리가 짧아 의료 허브로는 최적지라 할 수 있으며 북미의 환자가 선택 수술을 받으러 가는 동남아보다 가까운 위치에 있기 때문에 북미 환자를 유치할 수 있는 유리한 입지에 있다. 더욱이 한류 영향으로 성형 분야에서는 찾아오고 싶은 국가로 평판을 얻고 있다. 이러한 지정학적 입지, 높은 의료 수준, 성형 분야의 우위성을 바탕으로 하는 동북아 의료 허브로서 의료관광을 활성화할 수 있는 인프라를 구축하여야 한다. 정부와 각 지자체는 민간 의료기관이 진행하고 있는 지역 의료 특화 사업을 동북아 네트워크 구축과 연계하는 사업과 협력할 수 있는 방안으로 지원하여야 한다.

또한 저개발 국가 의료진에 대한 연수 사업을 활성화하여 현지 의료인이 한국의 선진화 의료 시스템을 경험하고 지속적으로 의료 정보를 교환하는 펠로우십 시스템을 구축하여 현지 고객 유치 및 사후 관리를 위한 협력 병원으로 활용될 수 있도록 한다.

(2) 의료서비스의 산업화 지원

의료마케팅의 활성화는 의료서비스의 산업화와 밀접하게 연결되어 있다. 의료산업화를 위한 정부의 규제 완화는 의료기관들의 수익 창출 증대라는 시장 경제의 경영 원칙을 도입하게 될 것이다. 따라서 의료마케팅은 수요자 선호 혹은 시장 흐름에 따라 진행될 것이다.

의료마케팅 활성화는 의료서비스의 산업화와 의료기관의 경영 원리 도입이 우선되어야 한다.

수익원의 다변화 마케팅을 실행할 수 있다. 수요자가 진료 수준과 제공 서비스 범위를 선택할 수 있도록 의료마케팅을 진행한다.

또한 국제 수가(외국인 수가-민간 수가)를 탄력적 적용하는 마케팅을 실행할 수 있는데 이는 가격 규제를 받지 않는 고품질 의료서비스의 허용으로 고소득층 및 외국인의 수요를 창출할 수 있어야 한다.

의료서비스를 첨단 산업 및 벤처 산업과 같이 산업 및 경제에 유익한 분야로 간주하여 병원의 영리 활동을 보장하고 병원 소득에 대해 세금 감면안을 고려하여야 하며 에이전시 수수료도 영세 사업장으로 구분 적용하여 부가가치세 감면을 고려하여야 한다.

병원 산업에 금융 투자가 이뤄지도록 하여 병원 가치를 극대화하는 산업으로 발전하여야 한다. 산업화에 걸림돌이 되는 법·규제의 철폐 및 완화와 함께 의료관광을 신성장 동력 산업으로 육성하기 위한 의료 분야별 마케팅 지원 정책 지원을 고려하여 이를 실천할 세부적인 계획들을 만들어야 한다.

(3) 글로벌 네트워크 구축

글로벌 의료마케팅 실현을 위한 의료 정보 시스템을 구축하여야 한다.

의료 정보는 다국어 언어 지원, 24시간 상담 코디네이터 서비스 등의 인적 네트워크뿐만 아니라 의료서비스에 대한 자세한 정보(수술 정보, 가격 등), 서비스 이용 후기(You Tube Link) 등 다양한 콘텐츠를 포함한 의료 정보 시스템 망으로 온라인 의료마케팅의 수단으로 활용하여야 한다.

또한 글로벌 보험회사와의 네트워크 구축을 통한 국제적 신뢰와 고객 수요 확보가 필요하다.

인적 네트워크 구축으로는 해외 한인 의료 인력, 한인회와의 네트워크 구축 등이 있다.

(4) 타깃 마케팅 필요

지자체 또는 의료기관의 차별화 의료서비스를 개발하여 선별적 타깃 마케팅이 필요하다. 예를 들어 제주형 의료마케팅은 무리한 규모 확장보다는 장점을 살린 특성화 전략으로 치료와 휴양, 치료 후 휴양이 가능한 의료서비스 위주(치과 임플란트, 비만-재활 치료 포함, 한방-대체의학)로 마케팅을 하고, M.I.C.E 융합 관광 패키지로 제주-그린 시티 이미지를 마케팅하는 것이 필요하다. 그리고 비자 연장 원-스톱 서비스 제공이 가능하도록 지자체의 협조가 필요하다.

(5) 가격 경쟁력 확보 시스템 구축

지속적인 국제시장 동향 파악 및 경쟁 진료 서비스 개발로 치료 우위, 가격 우위 시스템 구축과 국가별 탄력 적용 국제 수가(외국인 수가) 개발 시스템도 필요하다.

〈표 14-1〉 국제 수가 비교

MTA(Medical Tourism Association, 2008년) (단위: 달러)

Procedure Area	Procedure Name	USA	Canada	Belgiuni	Singapore	Thailand	India	Mexico
Surgery	Heart Bypass	144,000			13,500	24,000	8,500	20,000
	Heart Valve Replacement	170,000			13,500	22,000	1,200	30,000
	Angioplasty	57,000			7,500	7,000	8,500	16,000
	Lap Band	30,000			12,000	12,000	7,500	8,430
	Hystereckomy	15,000			4,000	5,000	5,500	6,675
Orthopedic	Hip Replacement	43,000			11,100	14,000	8,000	13,125
	Hip Resurfacing				12,100	16,000	8,000	12,800
	Knee Replacement	50,000			10,800	12,000	7,000	10,650
	spinal Fusion	100,000			18,300	11,000	12,000	7,000
Dental	Dental Implant	2,000 ~10,000			2,900	3,000	12,000	910
Cosmetic	Breast Implants	10,000			5,400	3,700	4,500	8,000
	Rhinoplasty	8,000			2,700	3,400	3,500	4,165
	Face lift	15,000			4,000	6,600	7,000	7,200

MTA(Medical Tourism Association, 2008년) (단위: 달러)

Procedure Area	Procedure Name	USA	Canada	Belgium	Singapore	Thailand	India	Mexico
Surgery	Heart Bypass	70,000 ~133,000			16,300	22,000	7,000	
	Heart Valve Replacement with Bypass	75,000 ~140,000			22,000	25,000	9,500	
	Gastnic Bypass	35,000 ~52,000			16,500	13,000	9,300	
	Prostate Surgery (TURP)	10,000 ~16,000			5,300	4,400	3,600	
Crthopedic	Hip Replacement	33,000 ~57,000			12,000	12,700	10,200	
	Knee Replacement	30,000 ~53,000			9,600	11,500	9,200	
Dental	Dental Implant	2,200				2,150		1,500
Cosmetic	Face lift	10,500 ~16,000			7,500	5,000	4,800	

Patients Beyond Boarders(PBB) (2008년 기준) (단위: 달러)

Procedure Area	Procedure Name	USA	Canada	Belgiuni	Singapore	Thailand	India	Mexico
Surgery	Heart Bypass(CABG)	129,750	72,966	16,163	15,300	11,000	8,666	22,239
	Heart Valve Replacement	58,250	124,561		12,500	10,000	11,750	25,300
	Angioplasty(Coronary)	57,250	42,263	7,867	9,900	13,000	7,833	10,726
	Gastiric Band (LAP BAND) Surgery	25,000	21,250	7,238	8,800	8,800	5,250	7,100
	Gastric Bypass	15,000	15,708	11,334	13,389	10,500	9,900	12,325
	Hystereckomy	20,000	20,000	6,276		5,200	4,250	5,514
Crthopedic	Hip Replacement	45,000	30,062	13,292	10,725	12,500	7,000	13,674
	Hip Resurfacing Surgery(Bimingham)	49,830	49,830	13,995	12,500	9,500	9,000	10,500
	Knee Replacement	40,000	40,000	14,493	9,350	10,500	7,833	12,088
	Spinal Fusion Surgery	62,000	62,000	17,696	9,000	7,000	12,000	
Dental	Dental Implant	2,800	2,400		2,500	1,600	763	1,115
Cosmetic	Breast Implants	9,000	7,000	3,043	5,000	2,600	2,520	3,963
	Nose Reconstruction (Rhinoplasty)	9,800	4,900	2,264	2,000	5,118	3,800	3,745
	Face lift	14,500	11,000	3,524	5,000	2,400	4,800	4,926

AllMedicalTourism.com(AMT) (2008년 기준)

〈표 14-2〉 Procedure Name의 한글명

Procedure Area	Procedure Name	시술명
Surgery	Cardiopulmonary Bypass(Heart Bypass)	심장폐 우회로(심폐 우회술)
	Heart Valve Replacement	심장판막 교환
	Angioplasty(Coronary)	혈관 성형술
	Laparosoopic Adjustable Gastric Banding	조절형 위밴드 설치술
	Gastinic Bypass	위우회술(비만 치료 목적)
	Hysterectomy	자궁 적출술
	Prostatectomy	전립선 절제술
Crthopedic	Hip Replacement Arthroplasty(THR)	엉덩이 관절 전체 교체
	Hip Resurfacing Arthroplasty, total	엉덩이 관절 성형술 (THR 후의 재교체술)
	Knee Replacement Arthroplasty, total	전체 무릎 관절 교체
Cosmetic	Breast Implant Procedure	유방 삽입술
	Rhinoplasty	코 성형술
	Face Lift	얼굴 올림술; 얼굴 주름 성형술
Dental	Dental Prosthesis Implantation	인공치아 이식

(6) 의료 분쟁 방지 체계 구축 및 의료기관 간 네트워크 형성

의료 분쟁 예방 및 해결 방안을 위해 리스크 감소를 위한 체크리스트, 가이드라인을 마련하고 설명하여야 한다. 해외 환자(의료관광 포함) 진료 시 사전에 의료 분쟁 소송 진행에 대한 서면 고지가 필요하며, 국내 전문 의료기관과의 네트워킹 활성화로 상호 시너지 효과를 창출하도록 한다.

(7) 재외 동포 대상 마케팅

재미 동포의 자영업자 비율이 높으므로 무보험 비율은 30% 정도로 추산되며 한 달 건강보험료를 고액 지불하고 있다. 따라서 현재 치료를 위해 많은 사람이 입국하여 건강보험 혹은 자비로 치료를 받고 있다. 이런 상황을 감안하여 미국 현지 동포를 상대로 의료보험을 판매하는 마케팅도 고려해 볼 수 있다.

2) 제도적 발전 방안 제언

(1) 보건복지가족부

보건복지가족부는 의료산업을 신성장 동력 산업으로 하여 의료와 관광 · 문화가 결합된 서비스 개발을 추진할 계획이다.

이를 위해 세계적 수준의 신약 · 첨단 의료 복합 단지 조성과 의료와 관광 · 문화를 결합하여 해외 환자 유치 활성화의 계획이 있다. 또한 해외 환자를 위해 차별화된 마케팅을 실시하고, 전문 인력을 양성하여, 2013년 20만 명의 의료관광객을 유치하여 스마트 메디컬 코리아(Smart Medical Korea)의 국가 브랜드 가치를 창출할 계획이다.

(2) 문화체육관광부

문화체육관광부에서는 관광산업의 고수익 구조화를 위해 의료관광을 육성하고 의료관광객을 위한 일괄 처리 시스템을 구축하였다. 특히 한국 의료관광 기반 구축 및 해외 홍보 마케팅을 위한 의료관광안내센터를 설치하여 의료관광 여행사를 알선하고 통역을 지원하고, 출입국 관련 규정 개정을 통한 비자 발급 제도(G-1)를 개선하여 환자 외에 보호자까지도 장기 체류를 허용하였다.

(3) 한국보건산업진흥원

한국보건산업진흥원은 의료산업화를 주도하는 정책 기관의 역할과 실질적인 수요 창출을 위한 홍보 마케팅 업무를 초기부터 담당하였다. 해외 환자 유치 글로벌헬스케어센터 조직을 구성하여 의료산업화를 중점 사업으로 진행함과 동시에 향후 효율적인 사업 모델 운영을 위한 관련 정책, 규제 등에 대한 개정, 신설 업무도 진행하고 있으며, 해외 환자 유치를 위한 의료기관, 에이전시 등록 사업도 보건복지부를 대행하여 수행 중에 있으며, 해외 환자 유치 보험 상품 개발도 진행 중이다. 이는 글로벌 헬스케어 시장인 미국 시장을 공략하기 위한 국가적 사업이다.

(4) 한국관광공사

한국관광공사는 직접적인 의료마케팅을 민간 의료기관과 실시하여 해외 홍보 설명회(Direct Marketing), 해외 지사를 통한 온, 오프라인 홍보 등의 활동을 하였으며 여행사와 협력하여 다양한 국가의 의료관광 관계자 대상 팸투어를 수차례 진행하였다. 2008년 후반부터 인천공항에 의료관광안내센터를 설치 및 운영하고 있다.

(5) 한국국제의료협의

해외 환자 유치에 의지가 많고 경쟁력이 있는 분야의 의료기관이 자율적으로 참여하는 한국국제의료협회는 보건복지가족부 · 한국보건산업진흥원 · 한국관광공사 · 민간 의료기관 등이 협력하여 2010년 3월에 출범하였다.

종합 검진 분야, 정형(척추) 분야, 성형 분야, 치과, 한방 등 세계 시장에서 경쟁력 있는 분야를 중심으로 종합 전문 병원부터 의원급까지 40여 개 기관이 참여하고 있으며 해외 환자 유치 활성화를 위해 한국의료홈페이지 링크, 홍보 책자 및 CD 소개, 현지 설명회 참여를 통한 상품 개발 및 마케팅 활동 참여, 해외 현지 의료 관련 종사자 체험 서비스 제공 기관으로 우선 참여 등 한국이 해외 환자 유치의 선도 국가로 발돋움하는 데 중심적인 역할을 수행하고 있다.

토의 문제

1. 글로벌 의료마케팅의 발전적 제도 보완점에 대해 논하라.
2. 글로벌 의료서비스 마케터와 고객의 관계를 증진시키기 위한 방안과 그 중요성에 대해 설명하라.

3. 마치는 말

글로벌 의료마케팅은 그동안 의료산업화 사업을 통하여 해외 환자 유치 및 의료관광사업에서 중요한 역할을 해 오고 있다.

세계적인 경제 불황과 금융위기 속에서도 대한민국의 선진 의료 국가 브랜딩과 개별 의료기관의 경영 개선을 위하여 의료마케터, 코디네이터들이 노력을 하고 있으며, 마케팅은 한국형 의료산업화 사업 모델 개발과 활성화의 일익을 담당하고 있다.

고객, 경쟁, 변화(3C)는 새로운 비즈니스 환경을 제시하고 적응하기를 강요하고 있다.

- **고객(Customer)**인 의료 소비자는 더 이상 의료 공급자의 밑에 위치하지 않는다. 고객은 선택권이 생겼으며 다양해졌다. 자신에게 맞는 독창적이고 특별한 의료서비스를 요구하고 있다.
  더 이상 '고객들'은 존재하지 않는다. 매 순간 자신만을 외치는 '고객'만이 있을 뿐이다.
- **경쟁(Competition)** 또한 심화, 다양해졌다. 비슷한 의료상품이 국가, 시기, 고객에 따라 다른 양상을 보여 주고 있다.
  낮은 의료 수가, 높은 의료의 질, 최고의 서비스 이 모든 것이 경쟁의 표준이 되어 버렸다.
- **변화(Change)**, 새로운 시대, 격동의 시대가 도래하였다. 끊임없는 변화가 시시각각 빠르게 일어나고 있다.
  미래는 '변화'의 환경에 적응력이 강한 조직, 사람이 발전할 것이다. 무엇보다도 변화는 광범위하고 불가피한 일이라는 것이다.

앞에서 본 바와 같이 어려운 비즈니스 환경이 심화되고 있음을 알 수 있다. 그러나 글로벌 의료마케팅 시장, 의료산업화의 성공은 의료상품이 아니라 그 의료상품을 생산, 서비스를 제공해 주는 '프로세스'이다.

3C의 비즈니스 환경을 극복하며 지속적 성장을 위해서는 프로세스의 승리가 필요하다.

현 시점에서의 다소 미흡한 정책이나, 제도 등은 지혜를 모아 함께 풀어 나가야 하며, 글로벌 무한 경쟁 시대 속에서 No.1이 되기 위해 정부 기관, 민간단체 등 모두 하나의 목표를 향해 매진해 가면 반드시 승리의 프로세스는 우리와 함께할 것이다.

참고문헌

신재기, 유명희, 2009, 『의료관광마케팅』, 한올출판사.

서병로, 강한승, 김기홍, 2009, 『의료관광산업』, 대왕사.

안광호, 권익혁, 임병훈, 2008, 『마케팅-관리적 접근』, 3판, 학현사.

조현, 2004, 『잘되는 병원에는 이유가 있다』, 한언.

오마에 겐이치, 홍을표 옮김, 한혜론 감수, 2003, 『기업경영과 전략적 사고』, 생활지혜사.

「인하대병원 해외환자 유치활성화 전략보고서」, 2010.

Philip Kotler, John A. Caslione, 2009, *Chaotics: The Business of Managing and Marketing in the Age of Turbulencer*, American Management Association.

Kotler, Philip and Gary Armstrong, 2008, *Principles of Marketing*, 12th ed., Pearson Education, Inc.

Michael Hammer, James Champy, 2004, *Reengineering the Corporation: A Manifesto for Business Revolution Paperback*, Revised & Updated Harper Business.

글로벌 의료마케팅

초판발행 | 2010년 4월 30일

지은이 | 김현식 · 윤동훈
발행인 | 고화숙
발행처 | 도서출판 소화
등 록 | 제13-412호
주 소 | 서울시 영등포구 영등포동 7가 94-97
전 화 | 2677-5890
팩 스 | 2636-6393
홈페이지 | www.sowha.com

ISBN 978-89-8410-377-1 93320

값 18,000원